Hannsdieter Loy war Jetpilot, Kommandeur in einem Kampfgeschwader und Direktor in der Industrieversicherung, bevor er sich ganz dem Schreiben widmete. HDL lebt und arbeitet dort, wo seine Romane spielen, und in Spanien. Er ist Autor des Hunderomans »Die Donislbande« und des München-Thrillers »Der Lächler«. Im Emons Verlag erschienen seine Ottakring-Kriminalromane »Rosen für eine Leiche«, »Rosenschmerz« und »Rosenmörder«.

Dieses Buch ist ein Roman. Handlungen und Personen sind frei erfunden. Ähnlichkeiten mit lebenden oder toten Personen sind rein zufällig.

HANNSDIETER LOY

Rosen für eine Leiche

OBERBAYERN KRIMI

emons:

© Hermann-Josef Emons Verlag
Alle Rechte vorbehalten
Umschlagzeichnung: Heribert Stragholz
Druck und Bindung: Clausen & Bosse GmbH, Leck
Printed in Germany 2009
Erstausgabe 2008
ISBN 978-3-89705-559-9
Oberbayern Krimi 6
Originalausgabe

Unser Newsletter informiert Sie
regelmäßig über Neues von emons:
Kostenlos bestellen unter
www.emons-verlag.de

Ein Krimiautor ist ein Mensch, der aus Angst vor den Folgen seine wahren Neigungen als Roman verpackt.

Anonym

EINS

Die beiden Leichen wurden an den Strand getrieben, als Liebermanns Biergarten voller Menschen war. Alles hätte ich in dieser Stunde erwartet, nur keine Leichen. Ich saß allein an einem Tisch mit Blick auf den Chiemsee, ein Glas Weißbier vor mir. Die Hitze des Tages durchwanderte gerade den frühen Abend, über meiner Bauchgegend hatten sich nasse Flecken auf dem gelben Poloshirt gebildet. Es war einer jener schwülen Frühsommertage im Rosenheimer Land, die einem zu schaffen machen. Etwas Trostloses lag in der Art, wie sich die Hitze gegen jede Bewegung wehrte. Es herrschte eine bedrückende Stimmung.

Unter der Terrasse zum See hin und entlang der seitlichen Hauswände wuchsen Rhododendronbüsche, die in voller Blüte standen; die Hortensien schwangen sich gerade dazu auf – ein Anblick wie aus einem Rosamunde-Pilcher-Film. Grüne und rote Boote lagerten kieloben am Ufersaum; sie sahen aus wie schlafende Seekühe. Das Blattwerk der alten Eichen säuselte leise, Zeichen einer Abendbrise, die man darunter im Biergarten nicht spürte. Links vom See die Kampenwand, noch mit Schnee im zerklüfteten Fels, den die Sonne langsam rosa färbte. Die Autobahn darunter rauschte leicht.

In der Nacht hatte es gestürmt. Obwohl die Brise nun wieder auffrischte, vibrierte die Luft und sang in hoher Frequenz. Alle Schnaken der Gegend waren aus dem Schilf gekrochen und wuselten um mich herum. Sie ließen sich an den freien Flecken meines Körpers nieder und begannen hartnäckig, mich auszusaugen. Zur Gegenwehr hatte ich nur den Spray aus der Dose, die Liebermann auf jeden einzelnen der Tische postiert hatte. Anstatt zu sprühen, hätte ich mit dem Ding auch werfen können – es hätte genauso wenig geholfen.

Am Anfang hatte ich nur einen schwarzen Punkt gesehen. Die Dünung des Chiemsees trug ihn aus Richtung Fraueninsel herüber. Als der Punkt zum Strich wurde, hielt ich ihn zuerst für ein Stück Holz oder ein Kleidungsstück, das im Wasser trieb. Dann erkannte ich eine Form.

»Tach, Ottakring.«

Eine schwere Hand legte sich auf meine Schulter.

»Ham Se eine Rauchbombe nötich?«

Liebermann in seiner viel zu warmen Jägerkluft ragte neben mir empor. Er blickte zufrieden auf seine Stiefelspitzen. Sein Gasthaus brummte. Er bezeichnete sich als Mischlingsbayer, stammte ursprünglich aus Westfalen. Früher war er Opernsänger gewesen, Bariton. Von seinen Einkünften hatte er sich dieses Wirtshaus am südöstlichen Chiemseeufer gekauft, Stück für Stück renoviert und einen Biergarten direkt ans Wasser gesetzt.

»Rauchbombe? Wenn's hilft, absolut«, sagte ich und nahm die Zigarre, die er mir hinhielt. Ich steckte sie mir an, drückte mit der ersten Rauchwolke, die ich ausstieß, einen Schwarm Schnaken gegen die Tischplatte und schlug mit der flachen Hand zu. Blut spritzte. Wahrscheinlich meines. Eine Frau am Nebentisch tat entsetzt. Ich blies, ohne hinzusehen, den Rauch meines zweiten Zugs aus dem Mundwinkel in ihre Richtung.

»Schauen Sie mal«, sagte ich zu Liebermann. Meine Hand zeigte auf das Treibgut.

Liebermann schaute aufs Wasser hinaus.

Für eine Minute schwiegen wir.

»Das ist ein Boot, nich?«, sagte Liebermann.

Ein Hund kam von irgendwoher. Mittelgroß, schwarz, wuscheliges Fell, lange, abgeklappte Ohren und ein Blick, treuer als ein Schaf – nur wesentlich intelligenter.

Ich wollte auch gern einen Hund haben. Jetzt wartete ich darauf, dass dieser sich setzte. Doch er blieb stehen, mit den Pfoten im seichten Wasser, wedelte unschlüssig mit dem Schwanz und blickte hinaus.

Wie das herantreibende Boot da auf den schwachen Wellen schaukelte, ähnelte es einem Schwimmer, der im Wasser die Luft anhält und den toten Mann markiert.

»Das ist ein Kahn«, sagte ich. »Ein ruderloser Kahn.«

Ich löschte sorgfältig die Zigarre, stand auf und lehnte mich neben Liebermann an einen Baum.

Der Hund tappte durchs seichte Wasser, dann schwamm er hinaus, dem gemächlich anlandenden Kahn entgegen. Offenbar vermisste niemand den schwarzen Kerl. Ob es ein Vergehen war, ihn einfach mitzunehmen?

Kein Mensch hätte der ganzen Sache weitere Aufmerksamkeit geschenkt, wäre die Ankunft des Kahns nicht vom Zischen zweier Schwäne und dem Gekläff des Hundes begleitet worden, der mit dem Kahn zurück an den Strand geschwommen kam und jetzt aufgeregt darum herumplanschte. Etwas stimmte nicht. Ich zog Liebermann zum Wasser. Es handelte sich um ein gewöhnliches Ruderboot, wie man es zu Ausflügen auf dem See oder zum Angeln benutzt.

Der Hund hatte sich in ein Stück Holz verbissen, das aus dem Kahn ragte. Knurrend zerrte er daran. Ich fand, dass ich eingreifen musste, zog die Schuhe aus, stieg ins flache Wasser, angelte nach der Bugleine, deren loses Ende im Wasser vorausschwamm, und zerrte den Kahn an Land.

Liebermann schien kriminologischen Instinkt zu besitzen, denn er tat, was sich gleich darauf als das Richtige erweisen sollte: Er scheuchte eine Handvoll Neugieriger weg.

Im Innenraum des Kahns hatten sich einige dürre Zweige ineinander verhakt, wie die Finger zweier Hände sich verhaken. Schemenhaft zeichnete sich darunter etwas ab.

Liebermann meldete sich zu Wort. »Diese Zweige hat bestimmt der Nachtwind angeweht. Das macht der öfters. Im und am See. Weiß der Henker, wie.«

In diesen Tagen herrschte die gelbe Pollenpest, die es nur alle sieben Jahre gibt. Man merkte es daran, dass die Äste und der ganze Kahn mit gelbem Blütenstaub bedeckt waren. Als ich das Geäst und die Blätter vorsichtig zur Seite räumte, heftete sich der feuchte Staub wie Schminke an meine Arme.

Ich zog den oberen Teil weg.

Köpfe kamen zum Vorschein. Zwei Köpfe, die zu Menschen gehörten, die auf dem nassen Boden des Kahns lagen. Eine Frau und ein Mann – beide tot.

Die Frau war jung, vielleicht Ende zwanzig. Sie hatte ihr Haar hochgesteckt, vage war dezent aufgetragener bläulicher Lidschatten zu erkennen. In brutalem Kontrast: das Loch in ihrer Stirn.

Das Alter des Mannes konnte man möglicherweise an dem weißen Haarkranz bestimmen, nicht aber am Gesicht. Dessen rechte Hälfte fehlte bis zu den Wangen.

Ich warf einen Blick zu Liebermann hinüber. Seine Augen richteten sich verwirrt auf mich, so, als ob es an mir wäre, das Rätsel zu lösen. Ein Rätsel, das keine gute Lösung versprach.

Ich neigte den Kopf und schloss die Augen. Ein plötzlich auftauchender stechender Schmerz in meiner Brust drohte mich zu zerreißen. Er zog bis an die Kehle hinauf. Mein Körper reagierte auf ein Gefühl der Panik, als sei ich zu dicht an einen Abgrund geraten.

Erst kurz zuvor war ich in dieses Rosenheimer Land gezogen. Weil ich im Ruhestand meine Ruhe haben wollte und weil ich nie mehr im Leben einen menschlichen Kadaver sehen wollte. Jahre um Jahre in der Münchener Mordkommission zu ermitteln, Stunden um Stunden in der Pathologie zu verbringen, das zehrt auf Dauer an den Nerven.

Und jetzt das.

Ich holte so heftig Luft, dass Liebermann, der ein paar Meter halb links hinter mir stand, es bemerkt haben musste und besorgt mit einem Tuch zu mir herüberwinkte. Sein Gesicht war weiß und um die Nase grünlich. Einen kurzen Moment lang glaubte ich, er werde ohnmächtig. Er wischte sich mit dem Tuch über die Stirn. Doch als er das Tuch sorgfältig gefaltet und über den Arm gelegt hatte, hatte er sich wieder im Griff. Mit der für ihn typischen Art versuchte er sein Entsetzen zu überspielen:

»Eine einzige Vergnüchung für Sie bei uns hier am Chiemsee, nich?«, rief er mir in einem Anflug von tapferer Ironie vom Ufer her zu.

Ein lautloses, hechelndes Lachen stieg in mir hoch. Der Krampf in meiner Brust war weg. Ich zerrte vorsichtig an dem Geäst wie an einem Vorhang, um mir ein Blickfeld zu verschaffen.

Beide Körper waren nackt. Der Mann umklammerte mit der Rechten eine Pistole. Die Waffe zog meinen Blick an. Sie war selten und ungewöhnlich. Ich kannte das Modell, ein Irrtum war

9

ausgeschlossen: Der Tote hielt eine Neun-Millimeter-SIG-Sauer-P-226 in der Hand. Sechzehnschüssig, fast ein Kilo schwer im ungeladenen Zustand.

Es dauerte ein paar Momente, bis ich meine Augen von der Waffe lösen konnte.

Die Frau hatte eine zerbrechlich wirkende Figur und bildete einen herben Kontrast zu dem bauchlastigen, schwammigen Altmännergebilde neben ihr. Sie ruhte auf der rechten Seite, an die Schulter des Mannes geschmiegt, als ob sie friere. Ihre toten Augen starrten blicklos in den Himmel, die blutleeren Lippen wie im Traum geöffnet. Der linke Arm lag über ihrem Oberkörper und berührte den rechten Ellbogen. Dazwischen kleine Brüste, deren halbdunkle Nacktheit die verschämte Haltung noch mehr betonte, mit der sie sich unter die Zweige verkrochen zu haben schien.

»Mein Gott«, rief Liebermann, »dat sind ja Rosen. Rosen.«

Tatsächlich hielt die Frau eine rote Rose in der rechten Hand, deren Rücken den Oberschenkel des Mannes oberhalb des Knies berührte. Weitere Rosen waren unregelmäßig über den nackten Körper verstreut.

»Princess Alexandra of Kent. Eine Rose von David Austin«, sagte ich versonnen.

David-Austin-Rosen kannte ich gut. Sie wuchsen in meinem Garten.

Eine seltsame Regung überkam mich. Da war diese äußerst seltene Pistole und daneben die Rosen, die mir so vertraut waren. Es war wie ein Zeichen. Ein geheimes Zeichen, das nur ich verstehen konnte. Sehr behutsam, um für die Spurensicherung nichts zu verändern, ließ ich die Zweige wieder zurückgleiten.

Mittlerweile hatte sich eine aufgeregte Traube von Menschen hinter Liebermann gebildet. Ihre Stimmen pflanzten sich bis zu den hintersten Tischen fort.

»Ja mei«, sagte Liebermann und deutete zum Boot. Seine Gesichtsfarbe war wieder ins übliche Rot übergegangen »Dat is ja Geschäftsschädigung. Wollen die mich ruinieren?«

Ich musste zugeben, sein Sarkasmus hatte etwas Cooles. »Bestimmt liegen die nicht da drin, weil sie zu laut im Kirchenchor gesungen haben«, gab ich zwischen den Zähnen zurück. Und dann deutlicher: »Lassen Sie die KPI Rosenheim verständigen.«

Im Zurückwaten rief ich ihm die Nummer zu, Liebermann zückte Block und Stift und notierte. Seit München besaß ich selbst kein Handy mehr. Ich fand, ich war auch so erreichbar genug.

»Was ist das, KPE?«, fragte der Mann mit Handy, dem Liebermann den Block in die Hand drückte.

»KPI«, verbesserte ich. »Das ist die Einsatzzentrale der Kriminalpolizeiinspektion. Machen Sie schon.«

Ungern verscheuchte ich den tropfnassen Hund, aber es musste sein. Ich trat neben das Boot, das ich mit dem Bug auf den Strand gezogen hatte. Ich lugte durch die Zweige, ohne sie zu berühren, und sah mir die Waffe aus der Nähe an. Ich las die Aufschrift »P 226« auf der geriffelten Griffschale. Wo zum Teufel war ich diesem Pistolentyp zum letzten Mal begegnet?

Liebermann legte ein paar aufgespannte Sonnenschirme auf den Kiesboden, mit der Breitseite zum Publikum, Absperrung und Sichtschutz zugleich. Ich nickte ihm anerkennend zu.

Mein Weißbier stand noch auf dem Tisch. Der schwarze Wuschelhund hatte sich daruntergelegt. Seine großen braunen Augen spähten mir entgegen. Ich griff nach dem Bier über ihm und machte einen so tiefen Zug, dass ich mich verschluckte.

Aus dem aktiven Dienst hatte ich mich mit zwei klaren Vorsätzen verabschiedet. Der erste war: Nie wieder Mord! Und jetzt stolperte ich allem Anschein nach über Selbstmord und Mord gleichzeitig. Einfach so, beim Relaxen und Weißbiertrinken, ich konnte es nicht fassen! Wer hatte mir das eingebrockt?

Der andere Vorsatz: Falls mir dennoch jemals wieder ein Mord vor die Füße fallen sollte, wollte ich ihn einfach ignorieren. Mich überhaupt nicht darum kümmern. Wozu gab es die jüngeren Kollegen von der lokalen Kripo? Auf einen alten Sack wie mich würden die sowieso nicht hören. Also Finger weg von diesem Fall, Joe Ottakring!

Nachdem ich ausgehustet hatte, geschah etwas, was mir zuvor noch nie passiert war. Ich ging zu Liebermann, legte ihm mit gestreckten Armen beide Hände auf die Schultern, sah in sein ungläubiges Gesicht, ließ den Kopf hängen und stieß einen geflüsterten, gehauchten Schrei in Richtung Kiesboden aus: »Neiiiiiin!«

Der Ermittlungstrupp aus Rosenheim war nach dreiundzwanzig Minuten da. Es waren zwei Männer und Chili Toledo in einem Zivilfahrzeug mit Rosenheimer Nummer, dem Tatortkombi. Darin war alles, was man zur Spurensicherung braucht. Unter anderem der große Alukoffer mit Fotoapparaten, Instrumenten und Chemikalien. Nummerntäfelchen, Absperr- und Messbänder, Behälter mit chemischen Pulvern, Wattestäbchen und Reagenzgläser zur DNA-Abnahme.

Chili Toledo war achtundzwanzig Jahre alt, hatte einen Hang zu Ehrgeiz und Perfektion und einen eigenen Sinn für Humor. Sie war Kommissarin im K3, der Abteilung Erkennungsdienst. Die EDler trafen immer zuerst am Tatort ein.

»Hi, Onkel Josef«, sagte sie. Sie kaute an einer Chilischote herum.

Jeden anderen hätte ich auf der Stelle in den See getaucht, wenn er mich Onkel Josef genannt hätte. Nicht aber die Tochter meines Freundes Torsten Toledo. »Grüß dich«, sagte ich. »Grüß dich, Chili.«

Chili lebte seit gut zwei Jahren in Bayern. Davor hatte sie von ihrer Geburt an sechsundzwanzig Jahre in Schleswig-Holstein verbracht. Inzwischen sprach sie ein charmantes Touristenbayerisch. Nur an ihrem s-pitzen S-tein blieb sie zwischendurch immer wieder hängen. Sie trug ihr terrakottabraunes Haar lang und offen, was die weiche Linie des Halses und die sanfte Schwellung ihres Busens über dem Rand des schwarzen Tops gut zur Geltung brachte. Ich musterte Chili mit Stolz und Wohlgefallen, und dabei begegnete mir der Blick ihrer dunklen Mandelaugen. Einen Moment zu lange zögerte ich, bevor ich ihre ausgestreckte Hand zum Gruß ergriff.

Es war kurz vor acht Uhr abends, die Eichen warfen lange Schatten. Ein aggressives Knirschen im Kies des Parkplatzes riss uns aus der gerade beginnenden Verlegenheit. Mit Blaulicht stürmte der grün-weiße BMW der Priener Kollegen aufs Areal. Mit einem weiteren BMW, zivil dunkelblau, traf Chilis Chef ein und kurz darauf in einem schwarzen Audi Sebastian Scholl vom K1, Tötungsdelikte. Die Staatsanwältin vom Rosenheimer Amtsgericht würde auch bald anrauschen, und ich nahm an, dass der Jourdienst in der KPI die Rechtsmedizin in München benachrichtigt hatte. Dort kannte ich jeden. Hierher in die Provinz würden sie den Jüngsten schicken, den mit der intelligenten Rundbrille. Der würde nach Kontusionsringen, den Quetschungen um die Einschusswunde, suchen. Er würde den Schusskanal feststellen, nach Druckstellen an den Leichen forschen, nach Blutunterlaufungen, Kratzern, Schmutz. Er würde an den Opfern deren eigene und mögliche fremde DNA-Proben sichern und den ungefähren Todeszeitpunkt bestimmen, dem K1-Chef und der Staatsanwältin gegenüber eine erste Einschätzung abgeben. Die lokale Feuerwehr würde für Beleuchtung sorgen, die Bestatter schließlich die Leichen nach München in die Frauenlobstraße schaffen, wo vermutlich noch heute Nacht die Obduktion stattfinden würde.

Die Gedankenkette spulte sich in meinem Kopf ab, ohne dass ich etwas dagegen tun konnte. Zu oft hatte ich das Ritual in all den Jahren selbst durchexerziert. Neun Jahre Chef der Münchener Mordkommission, davor zweiundzwanzig lange Jahre Ermittler – das prägt.

Ich schüttelte mich innerlich, versuchte die Gedanken abzustreifen, blickte auf den See hinaus, hinüber zur Kampenwand. Deren Flanken wurden vom Abendlicht in ein von dunklem Lila überhauchtes Schwarz getaucht. Wieder musste ich an die SIG Sauer in der Hand des Toten denken. Ich wusste, dass die Bundespolizei in den USA, das FBI, damit ausgerüstet war. Auch in der Schweiz war sie verbreitet, und in Jerry-Cotton-Romanen spielte sie eine Rolle. Bei uns war sie so selten wie der Biss eines Skorpions am Chiemseestrand.

Da war noch etwas in meinem Hinterkopf. Ein Detail von Bedeutung. Aber jetzt spielten plötzlich meine grauen Zellen nicht mehr richtig mit. Die Hitze! Temperaturen über dem Gefrierpunkt verbunden mit einer Luftfeuchtigkeit nahe der Regengrenze waren für mich unmenschlich. Die Arktis wäre vermutlich eher mein Revier gewesen.

Ich ließ die Kollegen ihre Arbeit machen und stellte mich zu Liebermann an die Bar im Inneren des Lokals. Weiter drüben nippte eine große Blonde an ihrem Pils. Schweigend sah ich mich um.

Gemälde von Künstlern der Region hingen an weiß gekalkten Wänden, an der Decke Holzvertäfelung mit sparsam bemalten Kassetten. Mein schwarzer Hundefreund und eine Katze streunten zwischen den Tischen umher. Die Gäste saßen da, tranken ihr Bier, wischten sich mit schweißnassen Taschentüchern die Stirn trocken. Gedämpftes Gemurmel lastete im Raum wie zuvor die Schwüle des Nachmittags.

Das Geschehen draußen schien bereits in die Gehirne der Menschen vorgedrungen zu sein. Sie wollten sich ablenken. Mit einem Mal raffte einer der vier Männer an einem Tisch in der Ecke die verstreut liegenden Spielkarten zusammen, formte sie zum Stapel und stieß ihn auf der Ahornplatte des Tisches glatt.

»Wer gibt jetzt?«, fragte er in die scharfen, kurzen Knaller hinein.

»Immer der, der fragt«, war die Antwort des bärtigen Basses ihm gegenüber.

Der Schafkopf nahm seinen Fortgang. Das war das Signal gewesen. In der ganzen Wirtsstube hob wieder Stimmengewirr an. Zögerlich mischte sich Lachen in den Lärm. Mit gleichzeitig einsetzendem Geschirrgeklapper wehte auch der Duft von gekochtem Fisch und gebratenem Schnitzel aus der Küche herüber.

»Wie lang wird das wohl dauern?«, fragte mich Liebermann.

Ich war so benommen von der herrschenden Stimmung, dass ich eine Weile brauchte, bis ich antwortete.

»Bis wir vernommen werden? Wenn wir halt dran sind.«

Doch dann fiel mir etwas ein.

»Heut ist doch Sonntag? Mann, da hab ich noch was vor. Um zwanzig nach elf kommt ›Herrenhaus‹ im Fernsehen.«

Ich sah Liebermann an, dass er keine Ahnung hatte, wovon ich sprach.

»›Herrenhaus‹«, wiederholte ich, »kennen Sie nicht?«

»Nee. Sollte ich?«

»Ach geh weiter, kennst du nicht?«, sagte die kühle Blonde ungefragt aus dem Hintergrund und wickelte sich eine Locke um den Finger. »Diese Talkshow im Bayerischen. Kommt sonntags um dreiundzwanzig Uhr zwanzig. Supersendung, ›Herrenhaus‹.« Sie schaute auf die Uhr. »Heut ist Sonntag«, sagte sie wie überrascht und rief nach einem Mann mit grauem struppigem Haar, der allein am übernächsten Tisch saß. »Luggi, komm, wir gehen.«

Kurz darauf vernahm mich der Kollege Scholl vom K1 als Zeuge. Die Routinefragen: Zeitpunkt, Wahrnehmungen, Details, mögliche Auffälligkeiten. Zum Abschluss fragte er: »Und was ist Ihre Meinung dazu?«

»Ach Scholl«, sagte ich, »das fragen Sie doch nur höflichkeitshalber. Sie wollen meine Meinung doch gar nicht wissen. Sie haben ja eine eigene.«

Mit großen Augen sah er mich an. »Ihnen bedeutet die Sache anscheinend nicht sehr viel?«, fragte er. »Sie wissen doch, wie wichtig jedes Krümelchen ist. Vielleicht haben Sie etwas bemerkt, was uns weiterbringen kann. Sie mit Ihrer Münchener Erfahrung. Wär doch schön, wenn Sie uns ein bisschen helfen würden, Herrschaftszeiten.«

Das letzte Wort hatte er laut gesprochen. Doch gleich dämpfte er die Stimme wieder und hielt mir die Hand hin:

»Oder?«

Ich nahm die Hand.

Ich merkte, dass ich zu weit gegangen war. Natürlich hatte ich draußen am Fundort vieles gesehen, was nach einer Deutung verlangte. Etliches, was ich noch nicht verstand, ebenso wenig wie Scholl. Die Art, wie die Leichen dalagen. Und irgendetwas war mit den Rosen. Einer, der jemanden tötet, dekoriert die Leiche mit Rosen. Warum macht er sich die Mühe? Er will etwas sagen. Aber was – und wem?

Vorerst wollte ich diese Gedanken jedoch für mich behalten. Sie waren noch zu unausgegoren. Nicht klar genug, um sie dem Kollegen anzuvertrauen. Und – hatte ich mir nicht vorgenommen, jeden Mord zu ignorieren, der mir vor die Füße fiel? Also gemach, gemach, Ottakring!

Nichtssagend antwortete ich: »Absolut. Wenn mir was einfällt, sag ich's Ihnen.«

Scholls Blick durchbohrte mich. Eine Weile überlegte er. »Wie Sie wollen«, sagte er schließlich und entließ mich.

Die Enttäuschung war ihm anzumerken.

Ich aber wollte »Herrenhaus« nicht verpassen.

Tatsächlich kam ich gerade heim, als die Livesendung begann. Lola hatte sich Charles Bardot vorgenommen, den für seine provokante Art berüchtigten Schauspieler. Lolas brauner Pagenschnitt glänzte im Scheinwerferlicht, sie trug ein blaues Kleid mit schmalen Trägern, das ich noch nicht kannte, meine Rosenkette aus Strass um den Hals und sah über die Maßen gut aus.

Und sie war auch gut. Bardot versuchte sie herauszufordern, doch sie kam fabelhaft mit ihm zurecht. Ich war stolz darauf, dass diese Frau meine Partnerin war. In einer früheren Sendung hatte sie einmal das Kürzel LAG für unsere Verbindung verwendet.

»Was bedeutet das?«, hatte ich sie danach am Telefon gefragt.

»Kennst du nicht?« Sie lachte spitzbübisch. »Lebensabschnittsgefährte. Weiß doch heutzutage jedes Kind.«

Wieder mal hinterm Mond gewesen. Ich weiß genau, mit mir hat man's nicht leicht. Doch ich hab mich nicht auf diese Welt bestellt. Ich hab mich einfach vorgefunden und mich auch erst im Lauf der Jahre an mich gewöhnen müssen.

Jedenfalls sahen wir uns in der weiteren Entwicklung immer seltener, Lola und ich. Doch jedes Mal landeten wir im Bett. Ein Glöckchen klingelte, und wir stürzten uns aufeinander. Die Lust aneinander hielt uns zusammen. Wir stritten heftig, doch dann fanden wir uns schwitzend und keuchend auf dem Rücken liegend wieder. Uns war klar, obwohl wir nie darüber redeten: Wir schafften es nicht, auseinanderzugehen. Also blieben wir zusammen.

In diesem Augenblick, als sie mich aus dem Bildschirm heraus anlächelte, war ich wieder einmal von ihr fasziniert. Ich liebte Lola sehr.

Ich war nie der Typ gewesen, der mit Charme um sich wirft

oder quer durch den Saal flirtet. Lola Herrenhaus und ich haben uns vor vier Jahren sehr unspektakulär in der Münchener Stadtbibliothek im Gasteig kennengelernt, als Lola fünfunddreißig war. Sie war beim Aufstehen mit der Stirn gegen einen Lampenschirm gestoßen. Ich ergriff die Chance und stillte die Blutung. In jener Zeit arbeitete sie für die Süddeutsche Zeitung, bekam dann kurz darauf eine Stelle als Radiomoderatorin im Bayerischen Rundfunk. Seit zwei Jahren moderierte sie nun ihre eigene Personality-Show im Fernsehen.

»Wie unsere Beziehung ist?«, hatte sie mich einmal gefragt. Und gleich die Antwort gegeben. »Ein Glas, das zerbricht, wenn man es zu unsicher oder zu fest anfasst.«

Ja. Sie war eine intelligente Frau, meine Lola.

ZWEI

Das traditionsreiche Neubeuern war einmal »Schönstes Dorf
Deutschlands« gewesen. An klaren Tagen konnte ich von meiner
Wohnung aus über die Dächer hinweg den Fernsehturm auf dem
Gipfel des Wendelsteins sehen. Hier zu leben hatte nach der En-
ge in der Großstadt München etwas Sanftes und Beruhigendes.
    Das Dorf liegt zwischen zwei alten Stadttoren auf einem be-
waldeten Hügel unterhalb des Schlosses. Die Fassaden der Häu-
ser sind reich bemalt. Es gibt einen Schmied, eine Apotheke, den
Dorfkramer, einen kleinen Buchladen und kaum Parkplätze.
Um die Kirche herum eine gute Handvoll Wirtshäuser, die das
Leben erträglich machen. Ein bisschen Tratsch überall, keine
Hektik, kein Schickimicki-Getue, jeder kennt hier jeden, und
bald kannten alle mich.
    »Grüß Gott, Herr Ottelfing.«
    Frau Steiner, die Nachbarin, stand auf ihrem Balkon schräg
über meinem Garten, eine Gießkanne in der Hand.
    Ich grüßte zurück. Sprühte aber weiter verdünntes Gift über
meine kranken Rosen. Frisch gepflanzt und schon Mehltau.
    »Ihr Garten wird bestimmt schön«, rief Frau Steiner herun-
ter. Ein Auge zuckte in unregelmäßigen Abständen. »Sie gehen
aber auch mit so viel Ellan herran.« Die Worte purzelten abge-
hackt aus ihrem Mund. Als ob sie sich beeilen müsse beim Sprechen. »Der Harry wird Ihnen schon wieder helfen, wenn's für
Ihr Kreuz zu schwer wird.«
    Ich nickte dankbar zu ihr hinauf. Harry, ihr Sohn, war mir
tatsächlich schon öfters zur Hand gegangen. Die Steinerin und
ihren Sohn musste ich mir warmhalten.
    Meine Mietwohnung lag links unten in einem Vierfamilien-
haus jenseits des Stadttors. Ich bewohnte drei geräumige Zimmer, zwei Terrassen und einen Rasengarten, in dem ich tun und
lassen konnte, was ich wollte. Gleich nach dem Einzug hatte ich
die David-Austin-Rosen gepflanzt. Außerdem Bougainvilleas,
kleine Kirsch- und Zitronenbäume, Fuchsienstämmchen und

Kapmargeriten in Kübeln ausgesetzt. Alles blühte oder war kurz davor. Ein Flirren, ein Zwitschern, ein Traum. Abends roch es göttlich. Wahrscheinlich hätte ich noch tanzende Nymphen und eine beleuchtete Grotte in mein Reich gesetzt oder Gnomen und Pilze aus Ton auf dem Rasen verstreut, hätte nicht Lola über den guten Geschmack gewacht.

Frau Steiners Auge zuckte wieder. »Die Schoff war gut mit der Frau Herrenhaus gestern Abend, wollt ich Ihnen nur sagen. Rrichten Sie ihr bitte schöne Grüße aus?«

»Ja, mach ich gern, Frau Steiner«, sagte ich. »Übrigens, mögen Sie Hunde?«

»Hunde sind neurottisch, Pieselmonster und verewigen sich in jedem Garten.« Sie deutete vom Balkon herunter eine Verbeugung an. »Mit Verlaub«, sagte sie, wandte sich um und ging hinein.

Das goldene Licht der aufgehenden Sonne hatte mich heute früh irgendwann nach fünf Uhr geweckt. Seither ging mir der Hund in Liebermanns Biergarten nicht mehr aus dem Kopf.

Der nächste Gedanke hatte den Leichen aus dem Boot gegolten. Sie waren gewiss in der Nacht aufgeschnitten worden. Ich war gespannt, ob es einen Abklatsch von den Schüssen an den Händen des Mannes gab. Sebastian Scholl würde eine Soko bilden, der Chili als EDlerin gewiss angehören würde. Sie war die Beste im Erkennungsdienst. Ungefähr zu der Zeit, als ich unter der Dusche gestanden hatte, war vermutlich die Uferregion am Chiemsee abgesucht und nach der Herkunft des Kahns geforscht worden. Ich stellte mir vor, dass auch die Waffentechniker des LKA ihr Tagewerk am Boot begannen. Bestimmt suchten sie nach Projektilen und Hülsen. Erschwert wurde der Fall sicherlich, weil Tatort nicht gleich Fundort war. Wenn eine Leiche vom Tatort weggebracht und an anderer Stelle abgelegt wird, gestaltet sich die Aufklärung erheblich schwieriger. Das ist wie ein Gesetz.

Ich neigte den Kopf zurück und schloss die Augen. Mensch, Ottakring, du machst dir schon wieder Gedanken über einen Fall! Begreif doch endlich: Du bist ein verdammter Ruheständler, den diese Sache überhaupt nichts angeht. Auch hat man dich nicht gerufen, und wo bleibt eigentlich dein so fester Grundsatz? Nie, nie, nie mehr wolltest du je wieder etwas mit irgendwelchen Kadavern zu tun haben. Und jetzt? Woran denkst du ständig?

Wahrscheinlich wäre ich mit dem Kopf gegen die Mauer gerannt, um mich zu bestrafen, wäre da nicht meine geliebte Frau Steiner noch einmal angetrabt gekommen. Diesmal mit Sohn.

Harry Steiner hatte ein vernarbtes Gesicht, was von falsch behandelten Pickeln in seiner Jugendzeit herrühren mochte. Meistens trug er weite, bestickte Trachtenhemden und weite, knöchellange Hosen aus Hirschleder. Diese Landhausmode war im Grunde ebenso untypisch für Bayern wie DJ Ötzi für die Volksmusik. Doch im Rosenheimer Land war sie der Renner, vor allem zur Zeit des Herbstfests.

»Ein Mensch ist ein Mensch«, sagte Harry ungefragt. »Aber ein Hund ist nur eine Sache, rein rechtlich gesehen, wissen Sie. Nur wenn er jemanden beißt, zum Beispiel meine Mutter, dann fällt das unter Gefährdungshaftung, und Sie müssen für den Schaden aufkommen. Im Staatsdienst weiß man so was.«

Das wollte ich alles nicht wissen, die Rechtslage eines Hundehalters war mir geläufig. Harry war immer freundlich und hilfsbereit zu mir gewesen, doch er war schwer einzuschätzen. Seine Mutter hatte mir einmal voller Stolz berichtet, dass ihr Sohn »im Staatsdienst« sei. Ich wollte nicht nachfragen, was er denn genau beruflich machte, es interessierte mich zu diesem Zeitpunkt auch nicht. Morgens fuhr er regelmäßig mit seinem Opel Astra weg. Abends kam er wieder heim, meistens eher spät. Jedenfalls würde es schwer werden, in dieser Nachbarschaft einen Hund zu halten.

Doch mein Wunsch war stärker. Einfach mal schauen. Um Punkt halb zehn klingelte ich am Tor des Rosenheimer Tierheims. Der Tag versprach heiß zu werden. Ich hatte den Leiter des Tierheims vorher angerufen. Er wusste schon, dass ich ein ähnliches Tier haben wollte wie den schwarzen Wuschelhund in Liebermanns Biergarten.

Ich hatte etliche Knäste für verurteilte Menschen von innen gesehen. Dies war mein erstes Tierheim. Neben zwei Rhesusaffen, einem Lama und einem diabetischen Kaiman gab es nur Hunde, fast ohne Ausnahme Mischlinge. Hier etwas vom Schäfer, dort so etwas wie ein Pudel, ein bisschen was weiß-schwarz Gepunktetes im Zwinger neben zwei rötlichen Afghanen-Verschnitten, eine Art Basset mit durchhängendem Bauch, ein Rudel goldiger Chihuahuas, ein riesiger Neufundländer mit zerkautem Sportschuh im Maul, der mich anwinselte, als er mich sah.

Scholl würde sich in diesen Stunden darum kümmern, ob die Leichen als vermisst gemeldet waren. Fürs Erste würde er eine Anfrage an die Vermisstenstelle des LKA und Fahndungsschreiben an die örtlichen PIs richten. »Ich bin kein Optimist«, hatte Scholl gesagt, »es gehört immer ein bisschen Glück dazu.« Wie wahr.

Mein Hund kauerte im vorletzten Zwinger. Er besaß alle Merkmale eines Berner Sennenhunds, nur war er kurzhaarig. Weiße Maske, weiße Schuhe, weiße Schwanzspitze. Dunkelbraune Augen, die mich an Lola erinnerten, wenn sie mich manchmal fragend ansah. Er hatte den Kopf auf die gekreuzten Pfoten gelegt. Der Hund war vier Jahre alt und hieß Hotzenplotz.

Ich nahm ihn mit.

Kurz vor der Autobahn hielt ich an. Ich hatte überlegt, ob ich ihm den Namen lassen sollte, aber »Hotzenplotz« war mir zu lang und zu kindisch. »Mozart« war zu süßlich. Lola hätte vielleicht an »Hindemith« gedacht. Ich holte mein Aftershave aus dem Handschuhfach, träufelte ein paar Tropfen auf seinen glänzend schwarzen Scheitel und taufte ihn »Herr Huber«.

Herr Huber saß auf dem zerknautschten Ledersitz neben mir, als ich in die A8 Richtung Salzburg einfuhr. Um heim nach Neubeuern zu kommen, hätte ich bald wieder abbiegen müssen. Doch ich war so in Gedanken, dass ich erst kurz vor dem Chiemsee aufwachte. Nein! Ich wollte mich nicht um diese Toten im Kahn kümmern. Meilenweit wollte ich mich fernhalten von ihnen. Der Hund würde mich genügend beschäftigen. Und die garantiert fällige Diskussion mit den Anwohnern.

Aber wenn ich schon einmal in der Nähe war.

Vier Minuten später knirschten die Reifen meines alten Porsche über den Kiesparkplatz von Liebermanns Biergarten.

»Noch in der Nacht haben sie die Leichen wechgebracht«, sagte Liebermann. Er war wieder in seiner Jägerkluft. Ich konnte mich nicht erinnern, ihn jemals in einem anderen Anzug gesehen zu haben. Wir gingen durchs Lokal auf die Seeseite. Im Biergarten war alles picobello aufgeräumt. Es stellte sich heraus, dass der schwarze Hund, der zwischen den Tischen herumstrich, Liebermann selbst gehörte und so hieß, wie er aussah, nämlich Wuschel. Herr Huber freundete sich sofort mit ihm an. Beim Hinausgehen überließ er Wuschel sogar den Vortritt. Was will man mehr von einem neuen Hund als gute Manieren? Ich sah ihn schon mit Frau Steiner spielen.

Ein rot-weißes Absperrband an dünnen Metallspießen begrenzte den Fundort um das Boot im Abstand von etwa sechs bis acht Metern. Die Waffentechniker arbeiteten noch am Objekt. An Haltung, Gesten und der Art, wie sie miteinander redeten, erkannte ich, dass sie nichts Wesentliches gefunden hatten.

»Droben in der Hirschauer Bucht suchen sie das Ufer ab«, sagte Liebermann. »Und auf den Inseln sind sie auch zugange, das weiß ich von den Wirtskollegen drüben.«

Er legte mir die Hand auf die Schulter. »Haben Sie eine Ahnung, wer eigentlich die Toten sind? Die Herren Beamten rücken nichts raus.«

Ich grinste in mich hinein. Gestern wäre Liebermann fast ohnmächtig geworden beim Anblick der Toten, und nun machte er auf abgebrüht. Wir hielten uns im leeren Biergarten auf, die Stühle waren aufrecht gegen die Tische gelehnt. Eigentlich hätte es rammelvoll sein müssen um diese Tageszeit.

»Hat die Leere hier was mit der Polizei zu tun?«, fragte ich Liebermann. »Bleiben die Gäste weg?«

»Nee«, sagte er, »Montach ist Ruhetach. Haben Sie denn keinen Ruhetach?«

»Doch«, hörte ich mich sagen, »jeden Tach.«

Ich drehte mich um und blickte hinaus auf blau schimmerndes Wasser, auf die beiden Inseln Herren- und Frauenchiemsee und die vielen weißen Tupfer der Segelboote. Durch das seichte Wasser am Strand konnte man die Kiesel sehen, eine kleine Mole ragte in den See, und weiter rechts, nach Norden, lag die Anlage der Wasserwacht auf einer Landzunge. Die Spitzen der Voralpen im Süden stachen durch eine Haube von opalisierendem Dunst.

Wenn man an etwas vollkommen anderes denkt, kommt einem manches, an das man sich vorher nicht erinnern konnte, wieder in den Sinn. Gerade als der Anblick der Berge mir so etwas wie Urlaubsgefühl vermittelte und ich mich frei und entspannt fühlte, fiel mir der Name ein.

Doch weiter kam ich nicht. Meine Überlegungen wurden unterbrochen. Ich hatte gerade einen Gartenstuhl in die Waagrechte gekippt und eine Ferse darauf abgelegt, da hörte ich Chilis Stimme.

»Hi, Joe.«

Sie kam vom Parkplatz her ums Haus, ein Fotoapparat mit Tele hing über ihrer Schulter. Chili sah bezaubernd aus in ihrem weißen Top mit Perlmuttknöpfen und ihren pastellblauen Seglerhosen. Eine leichte Brise blähte ihr Haar über der Stirn auf. »Die anderen sind vorn am Tatortkombi.« Sie schob die unvermeidliche Chilischote in den anderen Mundwinkel und wies mit dem Daumen über die Schulter. Es hörte sich an, als müsse sie sich dafür entschuldigen, dass sie allein vor uns stand.

Liebermann nickte zustimmend.

»Willst du's hören, Joe?«, fragte Chili mich.

Sie rückte einen Stuhl zur Seite und packte die Ausrüstung auf den Tisch. Die Chilischote spuckte sie in den Kies. Im Umdrehen runzelte sie die Stirn, hob die Schote wieder auf und legte sie in einen Aschenbecher.

Was mich irritierte, waren das unruhige Flattern ihrer Hände und die Falten über der Nasenwurzel. Zuerst setzte ich eine fragende Miene auf. Dann antwortete ich:

»Nein.«

Offenbar gab sie nichts drauf. Sie sagte: »Erster Eindruck: ein klassisches Liebesdrama, dieser Meinung sind bisher alle, auch

Scholl. Älterer Herr stellt junger Geliebter nach. Er erschießt zuerst sie und dann sich. Mord und Suizid also. Wenn sich dieser Tatbestand als unwiderlegbar erweisen sollte, sobald wir wissen, wer die beiden sind, würden wir die Ermittlungen einstellen.«

»Einstellen müssen«, murmelte ich. Und fügte fast unhörbar, um mein Gedächtnis zu prüfen, hinzu: »Paragraf 170, Absatz 2, StPO.«

Chili nickte. »In beiden Fällen handelte es sich um einen aufgesetzten Schuss, haben die in der Frauenlobstraße festgestellt. Was wir haben, ist die Waffe, eine Neun-Millimeter-SIG-Sauer. Seltsam.«

Erst in diesem Moment schien sie zu bemerken, dass Liebermann neben uns stand und aufmerksam zuhörte.

»Entschuldigen Sie uns kurz«, sagte sie. Sie nahm meinen Arm und führte mich ans Wasser, vorbei an der abgesperrten Fläche rund um den Kahn. Mit gedämpfter Stimme sprach sie weiter.

»Weder Verletzungen an den Händen der Frau noch Blutspuren oder Hautpartikel unter ihren Fingernägeln. Es hat also keinen Kampf gegeben. Zwei Löcher in der oberen Außenhaut des Kahns, knapp unterhalb vom Dollbord. Sie stammen von den Einschüssen in Höhe der Köpfe. Was fehlt, sind Projektile. Keins in den Körpern, keins im Boot. Am Ufer natürlich auch nicht. Aber weißt du, was uns am meisten zu schaffen macht?«

Sie war stehen geblieben und sah mich unverwandt an. Ich glaube, ich nahm in diesem Moment zum ersten Mal wahr, dass ihre Augen von einem durchscheinenden Dunkelgrün waren.

Was die Ermittler am meisten beschäftigte, konnte ich mir denken. Es war die Identifizierung der Leichen. Sie fragten sich, wer der Mann war, der die Frau erschossen hatte. Sie würden verzweifeln, weil sie die Kleider der Toten nicht finden konnten.

Ich schöpfte aus meiner Erfahrung. Ich begann, mir eine vorläufige Meinung zu bilden. Doch ich sagte nichts zu Chili. Es gibt kaum etwas Unangenehmeres als Menschen, die alles wissen oder können und so tun, als seien sie immer einen Schritt voraus.

Ich löste mich von Chilis Augenfarbe, legte die Arme auf den Rücken und blickte auf den See hinaus. Der Kompass meines

Handelns zeigte nach Norden. Ich hatte mir von Beginn an fest vorgenommen, mich aus dieser Sache herauszuhalten. Dass ich hier unmittelbar in einen Ermittlungsfall hineingeraten war, war reiner Zufall. Die beiden Toten waren direkt vor mich hingetrieben worden. Ich hatte sie entdeckt. Das war alles. Doch dadurch war ich verdammt noch mal nichts als ein ganz einfacher lausiger Zeuge. Kein Ermittler. Kein Reserve-Ermittler. Kein Oberschlauer, der am Rand mitmischt. Hier war ein anderer der Boss. Wenn der mich bitten würde … Nein, nicht einmal dann wollte ich mich einschalten. Meine Gesundheit, der Hund, Lola, mein Garten, die Berge … das hatten die Prioritäten eines Pensionisten zu sein. In dieser Reihenfolge.

Zögernd drehte ich mich um und blickte zu Chili hinüber. Sie erwiderte meinen Blick, gut drei Meter von mir entfernt. Ihre Mandelaugen gaben mir Rätsel auf. Schon öffnete ich den Mund. Doch das, was ich sagen wollte, kam mir nicht über die Lippen.

Chili. Tochter meines Freundes Torsten. Gut aussehend, immer fröhlich, sportlich, sinnlich. Vorbild in unserem Beruf. Ich sollte nach dem Willen ihres Vaters den Aufpasser für sie spielen. Das tat ich auch, so gut es ging. Mein Puls schlug allerdings in diesem Moment Alarm. So wie fast immer, wenn ich dieser Frau begegnete. Ich durfte mir nichts vormachen: Ich hatte Mühe, mich nicht in sie zu verlieben. Was hatte sie in meinem Leben zu suchen? Ich schnaufte tief durch. Es gab in unserer Gesellschaft Mauern und Zäune, die eine ungebremste Beziehung zwischen Männern und Frauen verhinderten. Dass Chili so etwas wie mein Patenkind war, war solch ein Hindernis. Bevor ich über die anderen Dinge, die ich in mir spürte, zu sinnieren begann, zuckte ich mit den Schultern und wiederholte ihre Frage.

»Was euch in diesem Fall am meisten zu schaffen macht?«, sagte ich. Meine Stimme klang brüchig und leicht belegt. »Ihr wisst nicht, wer die beiden sind.«

»Das auch, ja«, sagte Chili. »Es gibt keine Vermisstenmeldungen in dieser Richtung. Klar haben wir Fahndungsschreiben an die Dienststellen rausgegeben, bisher ohne Ergebnis. Wir lassen vorerst eine Isotopenanalyse von Zähnen und Knochen durchführen, um wenigstens ihren Lebensmittelpunkt einzukreisen.

Kennst du ja. Scholl fürchtet schon, wir werden es riskieren müssen, sie öffentlich zu suchen.«

Na ja.

»Noch irgendwas?«, fragte ich.

»In den Lungen des Mannes ist Wasser. Als hätte er unter Wasser gelegen, bevor er die Schüsse abgegeben hat. Noch ist es uns ein Rätsel.«

Etwas rannte über den Kies. Fast holte es mich von den Beinen, als Herr Huber hinter Wuschel her ins Wasser schoss. Dabei spannte sich die Leine, ich stolperte und fing mich gerade noch.

Chili lachte auf. »Hopperla«, sagte sie und wischte sich ein paar Wasserspritzer von der Wange. »Was sagt denn dein erprobter Ermittlerinstinkt, Herr Kriminalrat? Wer sind die beiden?«

Ich musste ein Grinsen unterdrücken. »Der eine gehört zum Wirtshaus. Der andere zu mir. Das ist Herr Huber«, sagte ich.

Sie tat es mit einer Handbewegung ab. »Die Vermissten, meine ich. Wer sind sie? Womit würdest du loslegen?«

Ich rief Herrn Huber zurück und nahm die Leine kurz. Er schüttelte sich, dass Chili und ich bis zur Hüfte nass wurden. Liebermann, der oben im Biergarten geblieben war, schickte Wuschel ins Haus.

»Chili, Mädchen«, sagte ich. »Du kennst doch meine Meinung. Ich bin ein ausrangierter Mördersucher und will nix mehr damit zu tun haben. Eure Soko macht das schon. Du bist doch hoffentlich mit in der Truppe?«

Sie straffte ihren Körper, stemmte die Hände in die Hüfte. Dann bückte sie sich abrupt, fuhr Herrn Huber mit der Hand über den Kopf. »Klaro«, sagte sie. »Sag mal, weiß eigentlich Lola schon davon, dass du dir diesen Hund angeschafft hast?«

Ich schüttelte den Kopf.

»Die wird sich wundern«, sagte sie.

Über unseren Köpfen schrie eine Möwe, stieg und ließ sich in den Aufwind fallen. Sanft wurde sie ins helle Blau über dem See gehoben.

Als ich gegen zehn Uhr abends nach Hause kam, war zweierlei neu.

Der Hund war neu. Und die Wohnung hatte sich verändert. Ein anderer Geruch lag in der Luft. Die Vorhänge kamen mir anders, die Möbel heller vor. In der Küche stand kein schmutziges Geschirr herum, an meinem und an Lolas Waschbecken lagen zwei teure Stücke Seife, frische Handtücher hingen über den Stangen. Die grüne Schaumstoffmatte für meine Abendgymnastik lag bereit.

Herr Huber suchte mit wedelndem Schwanz alles ab, aber bei ihm war der Grund für Neugier und Staunen klar: Für ihn war jeder einzelne Eindruck frisch.

Ich aber roch sofort, dass Lola in der Wohnung war. Im Schlafzimmer fand ich sie, wo sie gerade das Bett bezog. Ich ging hinein und schloss die Tür.

»Ich hab aufgeräumt«, sagte sie, »und ein bisschen sauber gemacht.«

»Ja«, sagte ich. »Das ist nicht zu übersehen.«

»Wieso?«, sagte sie. »Wie kommst du darauf?«

»Ganz leicht«, sagte ich. »Der Klodeckel ist runtergeklappt.«

Einen Augenaufschlag lang sah sie mich an, als hätte einer der Kandidaten in ihrer Show etwas Blödsinniges gesagt. Dann warf sie den Kopf nach hinten und lachte laut.

Ihre Stimme. Sie war kehlig und trotzdem weich, selbst wenn sie lachte.

Obwohl sie lange Jahre als Journalistin unter Männern gearbeitet hatte und sich auch beim Fernsehen zwischen zotigen Kollegen und begehrlichen Blicken behaupten musste, hatte Lola sich eine weibliche Spontaneität und sogar eine gewisse Naivität bewahrt. Doch nie durfte man sie unterschätzen. Sie konnte auch zur Wölfin werden. Ich nahm eine Strähne ihrer braunen Pagenfrisur zwischen Daumen und Zeigefinger und spürte eine tiefe Zärtlichkeit in mir aufsteigen.

»Du siehst aus, als wolltest du sofort auf die Matte«, sagte sie und deutete zu der ausgerollten Gymnastikmatte hin.

Ich ließ ein Knurren hören. »Absolut«, sagte ich. »Aber nicht auf diese.« Ich sog ihren Duft ein. Er erregte mich noch mehr.

Ich streckte die Arme aus und nahm ihre beiden kleinen Hände. Sie fühlten sich warm und weich an.

Ein kleiner Muskel ihres Mundwinkels zog sich zusammen, wodurch ihr Lachen ein wenig schief wurde. »Wann willst du mich heiraten, Joe?«, fragte Lola.

»Was machst du mit mir? Warum bringst du das jetzt? Du lässt nicht locker, was?«

»Nein. Immer dranbleiben, meine Devise, kennst du doch«, sagte sie.

Über ihre Schulter hinweg sah ich, wie sich die Klinke nach unten bewegte. Die Tür ging ruckartig auf.

Herr Huber setzte extrem vorsichtig eine weiß beschuhte Pfote vor die andere. Seine Augen baten um Verzeihung. Doch er bewegte sich im Zeitlupentempo weiter. Hatte Lola die Tür gehört oder seine Krallen, die leise über den Parkettboden klickten, oder spürte sie den Wolfshauch in ihrem Rücken – jedenfalls ließ sie meine Hände los und fuhr herum. Ihr Mund öffnete sich, dann schloss er sich wieder.

»Vergiss es«, sagte sie.

Sie brachte die Zähne kaum auseinander.

»Was?«

»Das mit der Matte.«

Damit hatte ich bereits gerechnet. Aber es kam noch dicker.

»Und das mit dem Heiraten. Du bist ja schon verheiratet.«

Der Hund beäugte sie misstrauisch, maulte ein bisschen und gähnte laut vor Verlegenheit. Dann wedelte er zurückhaltend mit dem Schwanz, drehte sich um und trollte sich.

Ich schluckte.

Wenn Lola bei mir war, war ich von einem tiefen Gefühl der Zufriedenheit, ja von Glück erfüllt. Alles, was dieses Glück störte, war mein Feind.

Doch wie war das mit Herrn Huber?

Ich hatte es geahnt.

DREI

Die Einzigartigkeit eines Verbrechens gibt fast unweigerlich einen klaren Hinweis. Je konturloser und gewöhnlicher hingegen eine Tat erscheint, desto schwieriger ist sie aufzuklären.

Der Fall der beiden Toten im Boot fiel in die Kategorie »einzigartig«. Mehr noch: Er war beispiellos. Und trotzdem wusste man noch nicht einmal, wer die beiden waren.

Scholl und Staatsanwältin Goldner hatten den Fall öffentlich gemacht. Ich konnte mir lebhaft vorstellen, wie es an diesen Tagen im Kommissariat zuging. Lange Abende, alle paar Stunden Leberkässemmeln und literweise Kaffee. Sicher, der Zeitdruck war lange nicht so stark, als wenn jemand entführt und tagelang vermisst wird. Den Unbekannten aus dem Kahn konnte schließlich nichts mehr zustoßen. Mord und Selbstmord, das war der vorläufige Stand der Rechtsmedizin. Ob ich wollte oder nicht, Chili hielt mich auf dem Laufenden.

Als ich das Tor an der Tiefgarage in Neubeuern runterzog und mich gerade in den Porsche setzen wollte, kam Frau Steiner angerannt und hielt mir das Oberbayerische Volksblatt unter die Nase. Der Motor blubberte leise vor sich hin, ich stellte ihn ab. Trotz der Morgenhitze trug die Steinerin eine Strickjacke über dem geblümten Kleid.

»Das ist ja schrecklich, Herr Otterling, so ein junges, schönes Ding schießt man doch nicht tot. Mitten in die Stirn geschossen. Auf dem Bild sieht man aber davon gar nichts.« Sie fuhr mit dem Zeigefinger über das Schwarz-Weiß-Fahndungsfoto. Natürlich war das Bild retuschiert, die Wunde sah man nicht. »Wissen Sie, was ich glaub? Nein? Ich glaub, der Kerrl« – mit zwei r gesprochen – »war einfach zu alt für sie. Und wie das so ist im Leben, ich hab auch mal was mit einem Älteren gehabt, ich weiß, wovon ich sprech. Da lacht sich einer diese Kleine an, einer, der wo so alt ist wie sie selbst. Ihr altertümlicher Typ daheim wird eifersüchtig, und bevor sie ein anderer kriegt, bringt er sich selber um und nimmt sie mit. Ist das nicht schrecklich?«

Ich startete den Motor wieder und fuhr vorsichtig an. Wäre mein Wagen ein Lkw gewesen, wäre die Steinerin unter die Vorderräder geraten. So aber fuhr ich nur sanft gegen ihren Hintern, und der war gut gepolstert. Sie fuchtelte weiter mit der Zeitung umher und hüpfte zur Seite, als der Kies aufspritzte.

Mitunter sind ein Muttermal, eine Tätowierung oder ein reparierter Zahn für die Feststellung der Identität und die Aufklärung eines Verbrechens hilfreicher als alles Wissen um die menschliche Seele. Das gilt schon gleich, wenn die Seele aus dem Körper gewichen ist. Deshalb war man jetzt wohl dabei, alle verfügbaren Angaben über die unbekannten Leichen – Alter, Größe, Schuhgröße, Haarfarbe und -dichte, Augenfarbe, Länge des Penis und Zustand des Afters – mit den Daten in den Computersystemen der Landeskriminalämter und in zweiter Stufe in denen des Bundeskriminalamtes zu vergleichen.

In beiden Fällen, berichtete Chili, waren die Ergebnisse gleich null. Das hieß nicht mehr und nicht weniger, als dass die beiden Personen nirgendwo als vermisst gemeldet worden waren und dass sie bisher nie erkennungsdienstlich behandelt wurden.

»Stell dir vor«, sagte Chili und schob mit dem runden Ende ihres Kugelschreibers ein Farbfoto auf Mattpapier vor mich hin. »Schau dir die doch einmal an.«

Wir saßen beim »Schlosswirt« in Neubeuern im Garten. Das Innere des Lokals war voll besetzt mit durstigen, scheppernden Touristen. Starker Regen hatte eingesetzt, aber der konnte uns auch draußen nichts anhaben. Die Blätter der gewaltigen Linden waren so dicht, als würden wir unter einer soliden Kuppel sitzen. Selbst vor den Böen, die den Regen heftig gegen Haus und Fenster warfen, waren wir halbwegs sicher. Herr Huber hatte sich unter dem Tisch zusammengerollt und den Schwanz zwischen die Hinterbeine gezogen. Neben den Dohlen, die über uns krächzten, als stünden sie kurz vorm Herztod, waren wir die Einzigen, die sich draußen aufhielten.

Ich winkte ab. Schaute demonstrativ von dem Foto weg.

Doch Chili schlug mit der flachen Hand darauf. »Schau hin«, sagte sie noch einmal. »Stell dich gefälligst nicht so an!«

Ich gehorchte.

Das Foto zeigte die beiden Toten im Kahn, so wie wir sie gefunden hatten. Er mit dem weißen Haarkranz, sie mit dem bläulichen Lidschatten.

»Er ist circa fünfundsechzig, sie muss um die dreißig sein«, sagte Chili. »Sie hat eine blaue Tätowierung auf der linken Pobacke, eine kleine, fein ziselierte Rose. Das recherchieren wir noch. Die einzigen Fingerabdrücke auf der Waffe sind seine. Er scheint wirklich erst sie und dann sich selbst erschossen zu haben. Die Pathologie bestätigt uns das. Aber wir haben immer noch kein Projektil gefunden.«

»Was ist mit dem Wasser in der Lunge?«, fragte ich.

»Ja«, sagte sie. »In der Lunge war zwar Wasser. Beide Lungenflügel waren halb voll mit Wasser. Doch der Mann ist nicht daran gestorben. Da sind sie sich sicher in der Frauenlobstraße. Todesursache ist der Schuss.«

Ich konnte eine Frage loswerden, die mir schon länger auf der Zunge lag. »Aber ein Schuss in den Mund reißt einem doch nicht die ganze Gesichtshälfte weg. Der geht normalerweise glatt durch. Haben die LKA-Leute eine Erklärung dafür?«

Trotz der ungemütlich feuchten Luft wurde mir heiß.

»Wenn du schon fragst«, erwiderte Chili. »Weißt du, was die Waffentechniker sagen? Wenn der Mund voller Flüssigkeit ist, dann platzen die Wangen durch den Druck des Schusses.«

»Na, dann ist ja alles klar«, sagte ich. »Er schüttet genießerisch ein letztes Gläschen Wein in sich hinein, lässt es im Mund und drückt ab.«

Sie schüttelte langsam den Kopf. »Wahrscheinlich könnte auch da wieder Wasser im Spiel sein.«

Wenn man so lange im Job ist wie ich, erlischt der Berufseifer wohl nie ganz, selbst wenn man es gern hätte. Chili gegenüber tat ich so, als würde mich ihr Fall überhaupt nicht interessieren. Sie wunderte sich zwar immer wieder, respektierte meine Haltung jedoch. Ich selbst aber begann meine Vorsätze zunehmend über den Haufen zu werfen. Mehr noch. Die Sache nahm immer mehr Besitz von mir. Sie ließ mich nicht mehr los.

Allein schon die Tötungsmethode, der Schuss in die Stirn,

hielt mich in Bann. Dann diese ungewöhnliche Waffe, die SIG Sauer. In meinem Kopf überschlugen sich die Bilder, aber ich bekam keines zu fassen. Die Lebensumstände des toten Paars interessierten mich brennend. Ich musste sie kennenlernen. Immer vorausgesetzt, sie waren ein Paar. Doch als Nichtaktiver wollte ich dabei behutsam vorgehen. Ich durfte Scholl mit seiner Ermittlungstruppe weder in den Weg kommen noch ihn bei seiner Arbeit stören. Mit einem Mal begann ich einen Knoten in meinem Magen zu spüren.

»Hey, was ist mit dir?«

Chili holte mich wieder in die Wirklichkeit zurück.

»Und jetzt?«, fragte ich. »Was habt ihr jetzt vor? Wie ich Scholl einschätze, wird er die Sache nicht schleifen lassen. Ihr könnt zwar nichts mehr retten, ihr jagt auch keinen flüchtigen Verbrecher. Aber hier ist schließlich eine junge Frau ermordet worden.« Ich legte den Finger auf das Foto.

Einen kurzen Moment lehnte ich mich in meinem Gartenstuhl zurück und holte mir noch einmal die Toten vor Augen. Was erzählte mir ihr Tod? Der erste Eindruck war oft der entscheidende. Immer wieder hatte ich die Erfahrung gemacht, dass ich später, selbst nach langwierigen Ermittlungen, wieder zu diesem ersten Eindruck zurückkehrte.

Eine Fliege summte um mein Glas herum und ließ sich auf dem Rand nieder. Dem Küchenfenster des »Schlosswirt« entwich ein wabernder Gestank nach warmem Blut und Sauerkraut. Herr Huber unterm Tisch sog hörbar die Luft ein. Ohne es zu bemerken, war ich, während ich nachdachte, mit der Kuppe des Zeigefingers die Adern an Chilis Handrücken nachgefahren. Ich zuckte zurück.

Chili warf mir diesen speziellen Blick zu, von dem sie vermutlich nicht wusste, was sie damit anrichtete. Ihre Art berührte mich. Trotzdem versuchte ich, mich mit der überlegenen Gelassenheit eines bayerischen Spitzenpolitikers zu tarnen.

»Der Kahn«, sagte sie. »Wir müssen herauskriegen, wo der Kahn her ist. Wir befragen Leute, prüfen, wo er zu Wasser gelassen worden sein könnte, suchen nach einem abgestellten Auto oder Reifenspuren. Nach den Klamotten der beiden. Die Spurensicherung ist das Allerwichtigste, uns darf nichts durch die Lappen gehen.« Sie stützte sich mit den Ellbogen auf, zog die Stirn in Falten und beugte sich vor. »Na, wem erzähl ich das alles. Scholl will bis morgen Abend ein Ergebnis haben. Was er danach vorhat, weiß ich nicht.«

»Und wenn Scholl kein Ergebnis hat?«, fragte ich.

Chili zuckte mit den Schultern.

Die Ausscheidung einer Dohle knallte wie am Faden gezogen mitten auf den grünen Tisch und zerplatzte in weißliche Partikel.

»Ich muss los«, sagte Chili und stand abrupt auf. »Ich hab noch einiges zu erledigen. Ich geh nur noch schnell zur Toilette.« Nach zwei Schritten drehte sie sich um. »Ach, hab ich ganz vergessen. Vater hat angerufen. Ich soll dich herzlich grüßen. Mitten in der Nacht hat er angerufen, wie üblich. Immer im Stress, auch wie üblich. Doch gesundheitlich geht's ihm etwas besser, sagt er.«

»Danke«, sagte ich, »ich grüß ihn ebenso herzlich zurück. Wann besucht er dich nun endlich, der alte Hafenpolizist? Angekündigt hat er's oft genug.«

Chili zeigte mit beiden Handflächen nach oben, bevor sie im Haus verschwand.

»Sitz!«, befahl ich Herrn Huber. Ich freute mich, wie spielerisch er die nötigsten Kommandos gelernt hatte, und schob ein »Platz!« nach. Er streckte die Vorderpfoten und legte den Kopf flach darauf. Die weiße Schwanzspitze zuckte hin und her.

Ich blickte Chili hinterher.

Was wusste ich eigentlich von ihr?

Torsten Toledo, ihr Vater, stammte aus Flensburg. Als junge Männer waren wir in München eine Zeit lang bei der Schutzpolizei gemeinsam auf Streife gewesen. Am Oktoberfest hatte ihm ein Betrunkener ein Messer in die Brust gestoßen, direkt neben das Herz. Mir war es gelungen, den Täter zu überwältigen und festzunehmen. Während der Ermittlungen stellte sich heraus, dass der Mann aus Eifersucht zugestochen hatte, und wirklich betrunken war er auch nicht gewesen. Ein Liebhaber, dem Torsten in die Quere gekommen war. Von den Folgen der Verletzung und der Operation erholte er sich nie mehr völlig.

Beide hatten wir davon geträumt, eines Tages den Aufstieg zur Kripo zu schaffen. Bei mir war dieser Traum Wirklichkeit geworden. Torsten dagegen kehrte schließlich in seine Heimatstadt zurück und landete bei der Flensburger Hafenpolizei. Woher sein nicht gerade norddeutscher Name stammt, lag im Dunkeln. Er tippte auf einen hängen gebliebenen spanischen Seemann. Jedenfalls blieben wir über all die Jahre befreundet, telefonierten und besuchten uns.

Seine Tochter Chili – die eigentlich Sabrina hieß – lernte ich kennen, als sie eingeschult wurde. Es war das Jahr, in dem ihre Mutter von einem Tag auf den andern mit einem Sänger verschwand, der am Schleswig-Holsteinischen Landestheater gastiert hatte. Das Leben mit einem Polizisten war ihr wohl zu trocken gewesen.

Chili ging den Weg, den ihr Vater ursprünglich hatte gehen wollen. Sie schaffte den Sprung zur Kriminalpolizei. Und – sie meldete sich freiwillig nach München, wo Torsten mit mir seinen Dienst begonnen hatte. Zuerst arbeitete sie in der Drogenfahndung. Torsten bat mich, ein Auge auf sie zu haben. Soweit das bei einer attraktiven Frau wie Chili möglich war, nahm ich sie unter meine Fittiche, musste aber achtgeben, dabei nicht selbst unter ihre Räder zu kommen.

Dann wurde die Stelle im Rosenheimer Kommissariat 3 frei. Chili bewarb sich und bekam den Job. Sehr bald merkten die Rosenheimer Erkennungsdienstler, was sie an der quirligen jungen Frau hatten.

»Auf dem Klo fällt einem meist etwas Gescheites ein.« Chili legte eine Hand von hinten auf meine Schulter. »Wenn jemand vermisst wird, stellt sich nachher oft heraus, dass er einfach nur das Weite gesucht hat, um seinen Problemen zu entkommen. Hast du gewusst, dass die meisten nach einer Zeit wieder in genau die Probleme zurückkehren, denen sie hatten entfliehen wollen?«

Ich spürte eine knappe Berührung an der Hand. Lang genug aber, um wieder diese eigenartige Wärme zu empfinden, die von dort in meinen Körper strömte. »Und? Was willst du damit sagen?«, fragte ich und stand auf.

»Unsere zwei werden von niemandem vermisst, weil niemand wusste, dass sie Probleme hatten. Das ist zwar eine Hypothese, aber ich folgere daraus: Sie müssen glücklich gewesen sein.«

»So glücklich, dass er sie erschießt«, brummte ich.

Chili sah mich an. »Hast ja recht«, sagte sie.

Sie hakte sich bei mir unter und drückte ihre schmale Hüfte mit einer Bewegung an mich, die alles ausdrücken konnte. Es war eine kraftvolle, erotische Geste, die einen Mann aus dem Gleichgewicht bringen konnte.

»Lass das«, sagte ich, ließ aber ihren Arm in meinem Arm.

»Meinst du den Herr Huber?«, fragte sie. Der Hund war an ihr emporgesprungen und hielt sie von hinten umklammert.

»Nein, nicht den Herr Huber«, sagte ich. »Dich.«

»Ich hab doch überhaupt nichts gemacht«, sagte sie mit einem kurzen Seitenblick.

»Ja, aber *wie* du überhaupt nichts gemacht hast«, sagte ich.

Immer mehr verstärkte sich mein Eindruck, dass niemand so recht weiterwusste, Chili nicht, Scholl nicht, die ganze Rosenheimer Kripo nicht. Und ich selbst mit all meiner Erfahrung hatte jede Menge Zeit, die ohne Sinn verrann.

Die wollte ich nutzen.

VIER

Sie tauften ihn Jahrhundertsommer. Es war der Sommer der tropischen Temperaturen und des feinen Staubs aus Pollen und Zapfen, der das ganze Land gelb überzog. Es war der Sommer der Borkenkäfer, die sich ein rauschendes Fest daraus machten, sich in das tote Holz der umgestürzten Fichtenstämme zu wühlen, die der Jahrhundertsturm des Vorjahrs in den Wäldern hinterlassen hatte.

In diesem Sommer kamen die Touristen in Scharen nach Rosenheim. Die A8 zwischen München und Salzburg war in beiden Richtungen vollgestopft mit Autos. Schwimmbäder liefen über, Baggerseen wurden überschwemmt mit Müll. In der Münchener Straße wurde ich von zartwüchsigen Mädchen mit Pickeln im Gesicht und Eisenringen im nackten Bauch fast umgerannt. Ich trank einen Cappuccino im »Rizz«, aß einen Wurstsalat auf dem Max-Josefs-Platz. Meine Gedanken schweiften ab zu Lola, zu Chili und endlich zu den Toten im Boot. Leider hatten sie sich mich als ihren Entdecker ausgesucht.

Den Tag, an dem unser Skatabend bei mir zu Hause stattfinden sollte, begann ich morgens mit den Übungen der Fünf Tibeter. Ich salbte meinen Körper mit einer Speziallotion gegen das Vertrocknen ein. Ich düngte meine frisch gepflanzten Rosen, bestieg mit Herrn Huber den Heuberg auf der Westroute über die Kindlwand. Ich nahm reichlich Flüssigkeit zu mir und aß mein Müsli. Vom Polizeiarzt ließ ich mir einen Internisten und einen Urologen für den Jahres-Check empfehlen. Er empfahl das Klinikum. Ich las im Oberbayerischen Volksblatt viel über Politik, Sport und Lokales, nichts über den Fall. Das bedeutete, sie traten auf der Stelle. Am späten Nachmittag schließlich stand ich schwitzend mit einem Weißbier in der Hand auf der Terrasse. Silbrig glänzte aus der Ferne das Dach einer Almhütte herüber. Der Wendelsteingipfel hatte sich eine Mütze aus rosafarbenen Wolken aufgesetzt.

Alle zwei Wochen, meistens am Dienstagabend, trafen wir uns reihum zum Skat – der Pfarrer, der Kommandeur und der Kirchenmaler. Heute war ich dran. Ich hatte Brot, Käse und diverse Sorten Schinken vorbereitet. Dazu gab es Bier und Rotwein.

Während Rudi, der Pfarrer, sein Blatt ordnete, räusperte er sich. Er stammte aus Baden und redete somit gern und viel. »Achtzehn«, begann er zu reizen. Er war untersetzt und stämmig, hatte große Hände und Finger wie Würste.

»Hab ich«, sagte Uwe, der Kirchenmaler.

»Zwanzig.«

»Klaro.«

»Zwei«, sagte Rudi. Er atmete schwer.

Auf Uwes Stirn hatten sich kleine Tropfen gebildet. Konzentration förderte bei ihm die Schweißbildung ungemein. »Nichts leichter als das«, sagte er und nahm einen Schluck.

Der Pfarrer räusperte sich wieder. »Null«, sagte er. Er ächzte.

»Nein. Da bin ich weg.« Uwe trocknete sich die Stirn ab.

»Ich auch«, sagte Karl, der Kommandeur bei den Gebirgspionieren war.

Sie fragten mir Löcher in den Bauch wegen der Toten im Boot. Doch an diesem Abend muss ich ziemlich abweisend gewirkt haben. Ich war froh, dass das Spiel ungewöhnlich früh zu Ende war.

Rudi rief am nächsten Morgen an. Das Glockengeläut im Hintergrund war so laut, dass ich ihn kaum verstehen konnte. Doch das war nicht das Geläut seiner Neubeurer Kirche.

»Rudi?«, fragte ich erstaunt zurück. »Wo bist du? Hast du gestern etwas bei mir liegen lassen?«

»Entschuldige, wenn ich dich störe«, sagte Rudi ungewohnt umständlich. »Kannst du mal herkommen?«

»Herkommen? Wohin denn? Wo bist du?«

»Unter dem Himmel. In Litzldorf. Gleich neben der Kirche.« Rudi redete leise, als wolle er eine Beerdigung nicht stören.

In der einen Hand hielt ich eine Tasse Kaffee. Mit der anderen strich ich Herrn Huber über den hingereckten Kopf.

»Bist du noch da?«, fragte er.

»Ja. Ich bin noch da. Ich mach ja gern einen Ausflug nach Litzldorf, wenn's nötig ist. Aber könntest du mir bitte …«

37

»Freilich. Ich möchte dir jemanden vorstellen. Er hat etwas gefunden, was dich interessieren wird.«

Das klang geheimnisvoll. Ich steuerte den Porsche aus der Tiefgarage. Vorgestern hatte ich ihn frisch gewienert. Die gesprungene hintere Ausstellscheibe auszuwechseln hatte ich allerdings nicht mehr geschafft. Orangerot glänzte der 911 E im Sonnenlicht.

Der Himmel sah aus, als wollte es bald regnen.

Ich nahm nicht die Autobahn, sondern die Landstraße, die sich zwischen Neubeuern über den Inn nach Brannenburg und von dort in vielen Kurven nach Kutterling windet. Links die Berge, rechts flache, weite Wiesen. Kurz vor Holzhausen querten Ziegen meinen Weg, einige Meter nach dem Dorf wurde ich von einer Herde Kühe umringt. Der dunkle Zwiebelturm der Litzldorfer Kirche grüßte aus der Ferne herüber. Eine riesige schwarzblaue Wolke hatte sich über den Himmel geschoben und verfinsterte die Landschaft. Sie erinnerte an das Raumschiff in »Independence Day«.

Rudi lehnte am steinernen Torpfosten oberhalb der Stufen, die durch den Friedhof zur Kirche führten. Neben ihm stand ein Mann mit blitzenden Augen und grauem, schütterem Haar. Er trug eine dunkle Cordhose, darüber einen ausgewaschenen Strickpullover. Ein weißes Kollar um den Hals wies ihn als katholischen Pfarrer aus.

»Mein Litzldorfer Kollege Angermaier«, stellte Rudi vor.

»Kommen Sie mit«, sagte Angermaier. Er marschierte voraus, als wir einen Spaziergang machten, der uns nach wenigen Minuten zu einem Gestrüpp aus Brombeer- und Wacholdersträuchern führte. An einem mannshohen Strauch blieb er stehen.

Etwas hing versteckt im Gebüsch. Ein Beutel. Eine Tasche. Eine lilafarbene Handtasche. Sie kam mir irgendwie bekannt vor.

»Na?«, sagte Rudi und sah mich erwartungsvoll an. »Die Tasche hat mein Kollege entdeckt. Sie hing so da wie jetzt.«

Ich legte die Hände auf den Rücken und sah mir die Tasche aus der Nähe an. »Und?«, fragte ich. »Was soll ich damit?«

38

»Sie können sie ruhig anfassen«, meinte Angermaier. »Ich hab sie gestern gefunden, untersucht und sichergestellt.«

»Sichergestellt«, sagte er!

»Und sie wieder hingehängt?«, fragte ich.

»Na klar«, bestätigte Rudi. »Damit du das Beweisstück so vorfindest, wie es ursprünglich war.«

Beweisstück? Die Tasche hing an zwei Lederbügeln im Wacholderstrauch. Ich benutzte ein Papiertaschentuch, als ich sie vorsichtig herunternahm. Sie war schlank, feminin gerundet, circa dreißig Zentimeter breit und sehr leicht. Als ich sie an zwei Fingern vor meinem Gesicht pendeln ließ, fiel der Groschen. Ich kannte diese Tasche genau. Auf einmal wusste ich, warum sie mir so bekannt vorgekommen war.

Es war ein Modell des amerikanischen Reisegepäckherstellers Tumi und kostete knapp vierhundert Euro. Die Tasche war aus wasserabweisendem Polyester, besaß außen ein seitliches Reißverschlussfach, und ich brauchte sie nicht erst zu öffnen, um zu wissen, dass sich in ihrem Inneren eine perfekte Organizerausstattung befand. Ein Fach für Kreditkarten, Schlaufen zum Einhängen von Stiften, ein Geheimfach, eines fürs Handy ... nur der Schulterriemen fehlte an diesem Exemplar.

»Wieso sagen Sie Beweisstück?«, fragte ich Angermaier, so gelassen ich konnte. »Was soll die Tasche denn beweisen?«

Innerlich kochte ich. Lola besaß so eine Tasche! Lilafarben. Aus wasserabweisendem Polyester. Sie gehörte zu ihrer Geschäftsausrüstung.

»Schau ruhig mal rein«, sagte Rudi.

Hunde sind seltsame Vögel. Sie sind von Natur aus anhänglich und glauben fest, dass sie zur großen Gemeinde der Menschheit gehören. Das galt auch für Herrn Huber. Als ich die Tür aufschloss und mit der Tumi-Tasche in die Wohnung kam, stand die Terrassentür offen. Und, was das Schlimmste war: Herr Huber war weg. Offenbar hatte ich vergessen, den Türhebel zu verriegeln, und der Hund musste es geschafft haben, ihn herunterzudrücken und die Tür zu öffnen.

Für alles, was der Hund tut, gibt es einen Grund. Ein Hund

ist nicht einfach gut oder schlecht gelaunt. Einen Hund überfällt auch nicht einfach eine Depression so wie unsereins, nur weil das Thermometer von gestern vierunddreißig Grad auf heute achtzehn fällt und es in Kübeln regnet. So ein Tier handelt streng nach Vorschrift, nach dem Programm, das in seinem Inneren abläuft. In diesem Fall war ich mir ziemlich sicher, dass er abgehauen war, um mich zu suchen.

Auf der Rückfahrt von Litzldorf hatte ich jede Geschwindigkeitsbeschränkung gebrochen, um mich in der Wohnung sofort um die Tasche zu kümmern. Der Inhalt, den ich in Gegenwart der beiden Geistlichen untersucht hatte, war heiß. Trotz aller Brisanz konnte ich mir ein nachsichtiges Lächeln nicht verkneifen. Pfarrer Angermaier hatte im Eifer sowohl Tasche wie Inhalt berührt und so mögliche Spuren verwischt. Trotzdem hatte er sich als großer Detektiv gefühlt. Ich gönnte es ihm.

Nun musste ich mich freilich zuallererst um meinen entlaufenen Schlawiner kümmern.

»Herr Huber!«

Ich pfiff den abschwellenden Pfiff, auf den hin er sofort kommen sollte. Das hatten wir beide so vereinbart.

»Hallo, Herr Otterfing«, hörte ich von links über mir. Frau Steiner winkte vom Balkon. Ihr Augenlid zuckte mir zu. »Suchen Sie Ihren Hund?«

Eine Antwort war unnötig.

»Warten Sie. Der Harry ist grad heimgekommen. Er wird Ihnen helfen.«

Sie rief etwas ins Innere ihrer Wohnung.

Wenige Minuten später stand Harry Steiner neben mir.

»Was, Ihr Hund ist weg?«, sagte er. »Warten Sie, ich fahr einmal um den Block. Den werd ich schon finden, Ihren Herrn Meier.«

Ich sah Harry von der Seite an. Wasser rann über sein Narbengesicht und von dort den langen, dünnen Hals entlang. Es schien ihm nichts auszumachen. Wieder trug er ein weites Trachtenhemd, diesmal mit dunkelgrünen Stickereien, und eine knöchellange Lederhose. Ich war Harry dankbar. Er hatte für mich schon schwere Blumenkübel herumgeschleppt, den Erdboden mit dem Pickel von Baumwurzeln befreit und mit dem Spaten Pflanzlöcher gegraben. Mit meinem kaputten Kreuz wäre ich gezwungen gewesen, den Garten zuzubetonieren und grün anzustreichen. Bewirtschaften hätte ich ihn ohne Harrys Hilfe nicht können. Einziger Nachteil: Seine Zigarettenkippen lagen nach der Arbeit überall herum. Er war nicht dazu zu bekommen, sie wegzuräumen.

Ich hatte es eilig. »Lass mal, Harry. Ich mach das selbst. Ich werd ihn schon finden, den Herrn Huber.«

Er ließ sich nicht abhalten und holte sein Auto. Also fuhren wir beide um den Block, er mit seinem grünen Astra-Kombi rechts herum, ich mit dem Porsche links herum.

Auf Höhe des Guttenberg-Stadels trafen wir uns wieder. Hier lebte der bekannte Dirigent Enoch zu Guttenberg, der mit seiner »Neubeurer Chorgemeinschaft« Kultstatus in der Welt der Kirchenmusik und des Oratoriums erreicht hatte.

Herr Huber saß auf dem Beifahrersitz des Astra und leckte Harry den Arm. Mich schien er nicht zu kennen. Vor unserem Haus stellte Harry mir den Hund vor die Füße, behielt die Zigarette im Mund und war um die Ecke verschwunden.

»Danke, Harry«, rief ich ihm hinterher.

Da tauchte er wieder auf.

»Bitte«, sagte er.

Zwei Meter vor mir blieb er stehen. Er ließ die Zigarette fallen und zerdrückte sie mit der Fußspitze. Dann kratzte er sich am Kopf und bückte sich, um die Zigarette wieder aufzuheben.

Brav, dachte ich.

»Was ich Sie schon länger fragen wollte«, sagte er im Bücken. »Ich hab Ihnen doch schon häufig geholfen. Könnten Sie mir nicht mal mit einem kleinen Darlehen aushelfen? So für einen Monat oder zwei?«

Als er mein Zögern bemerkte, fügte er hinzu: »Wirklich nur ausleihen. Für eine Autoreparatur. Sobald ich wieder flüssig bin, kriegen Sie's wieder zurück. Versprochen.«

Ich überspielte meine Überraschung und sagte: »Ich zahl dir gerne einen höheren Stundenlohn. Aber Geld leihe ich dir nicht.

Ich hab kein Geld, und selbst wenn ich welches hätte, würde ich es nicht herleihen. Grundsätzlich nicht, Harry. Tut mir leid.«

Der Mensch, der mir im nächsten Augenblick ins Gesicht blickte, wünschte sich nichts mehr, als dass ich auf der Stelle tot umfalle. Grußlos wandte er sich ab.

Nachdenklich ging ich zur Haustür. Der Kerl, dessen Fratze ich da soeben ansehen musste, war bei Weitem nicht mehr der unbekümmerte, hilfsbereite Harry, als den ich ihn bisher kennengelernt hatte. Was mochte dahinterstecken?

Herr Huber schlich dicht hinter mir her. Mit gesenktem Kopf und hängendem Schwanz kroch er auf sein Schlafkissen und pflegte sein schlechtes Gewissen. Wegzulaufen war ihm strikt untersagt, egal warum. Das wusste er.

Endlich hatte ich Zeit, mich um mein fuchsienfarbenes Fundstück zu kümmern. Ich streifte mir Haushaltshandschuhe über, warf mich in einen Sessel, zog den Reißverschluss der Tasche auf und öffnete sie. Da waren Stifte, ein Taschentuch, zwei winzige Schlüssel an einem Ring, ein kleiner Solartaschenrechner. Der Lippenstift würde einiges an DNA hergeben. Doch was ich dann aus der inneren Seitentasche kramte, würde bei den Rosenheimern wie eine Bombe einschlagen. Ich spürte etwas wie Siegergefühl in mir hochsteigen.

Frauen können schlecht einparken, sagt man. Sie platzen vor Neugier, auch davon spricht man.

Das galt nicht für Lola.

Lola hatte Radarzellen im Gehirn und Augen am Hinterkopf. Während ich es bei sechzig Stundenkilometern gerade einmal schaffe, mich zu unterhalten und nebenbei den Blinker zu setzen, konnte Lola sich die Haare kämmen, ein Frühstückshörnchen verzehren, ins Diktiergerät sprechen und dabei einparken, ohne sich umzudrehen. Alles gleichzeitig.

Und neugierig war sie auch nicht. Ihre Wissbegier beschränkte sich aufs rein Berufliche, auf Musik und Kunst. Von den Toten am Chiemsee hatte sie in der Zeitung gelesen. Als ich einmal zart andeutete, dass mich der Fall beschäftigte, hörte sie kaum hin. »Du bist pensioniert«, kürzte sie ab. »Du wolltest dich um deine

Gesundheit kümmern, deine Rosen und den Hund. Und um mich. Also lass die Finger davon.«

So war mein Stand, bevor Lola mich an diesem Tag besuchen kam. Wir hielten es meist so, dass sie zu mir nach Neubeuern kam, weil sie hier unter weiß-blauem Himmel, mit den Bergen in Sichtweite und in der guten Luft besser abschalten konnte als in der Stadt. Mich hingegen zog München wenig an, höchstens ein Besuch in der Oper, ein Kirchenkonzert oder eine Ausstellung konnten mich locken.

An diesem Vormittag hatte sie Redaktionskonferenz, ich erwartete sie am späten Nachmittag. Wir hatten uns kaum geküsst, da fiel ihr Blick auf die lilafarbene Tumi-Tasche in einer Ecke der Ledercouch. Eine andere Frau wäre womöglich elektrisiert gewesen und hätte wissen wollen, wie eine fremde Damenhandtasche auf meinen Tisch gelangt. Lola aber sagte leichthin: »Gut, dass ich sicher bin, dass meine auf dem Beifahrersitz liegt.«

Das klang harmlos. Doch ich hätte es wissen müssen. So leicht kam ich nie davon. Ihre Augen funkelten bedrohlich.

»Wer ist die Frau?«, fragte sie mit ihrer Fernsehstimme.

Ich blickte aus dem Fenster.

»Welche Frau?«, fragte ich zurück.

Sie brachte ein Parfümfläschchen zum Vorschein. Jil Sander, Chilis Lieblingsparfüm. Lola schwenkte es auf halber Höhe hin und her.

Chili musste es in der Gästetoilette vergessen haben.

»Na?«, sagte sie. Ihre hohe Stirn lag in Falten.

»Keine Ahnung«, sagte ich. »Muss jemand vergessen haben.«

»Ach?«

Eine Aura umgab sie wie die einer Kobra vor dem Angriff.

»Deine Putzfrau vielleicht? Tu nicht so. Du weißt genau, was ich meine«, sagte sie und schnippte mit dem Finger hin zu der Tasche.

»Ja mei«, entfuhr es mir. Hilflosigkeit pur.

»Hör zu«, sagte sie und warf sich in einen Sessel, »hör mir einfach zu. Weißt du, warum ich mit dir zusammen bin? Ja, auch, weil ich glaube, dich zu lieben, deswegen auch. Aber ich bin gekommen, weil du mir leidtust. Weil ich weiß, wie sehr du unter dem Nichtstun leidest. Hast du schon einmal bemerkt, wer von uns beiden den anderen anruft? Nein? Ich bin's, die dich anruft. Die sich immer wieder meldet. Und ich warte auf einen Anruf von dir, aber du lässt nichts hören. Tagelang nicht. Bis zum nächsten Sonntag nach der Sendung. Ja, da meldest du dich dann einmal.« Sie machte eine wegwerfende Handbewegung. Ihr Tonfall blieb beherrscht. »Und dann denk ich, du bist wieder mit dieser Chili unterwegs, beruflich natürlich nur. Du hast mich belogen, Joe, du hast mich verletzt, ich sitze da und warte und heul wie eine Zwölfjährige, weil ich denk, du willst mich los sein.«

Lola sprang auf und beugte sich im Flur über ihren Koffer. Als sie sich wieder umdrehte, hatte sie eine Schachtel Benson & Hedges in der Hand. Vor gut einem Jahr hatte sie mit dem Rauchen Schluss gemacht.

Ich machte eine Bewegung, unbeholfen wahrscheinlich.

Sie paffte den Rauch in meine Richtung und sagte: »Deswegen bin ich heut zu dir gekommen. Ich hab's nicht mehr ertragen, dass du ständig abwesend bist. Ich hasse dein verdammtes Scheißschweigen unter der Woche. Und diese verdammte schleichende Ungewissheit.«

Ihre kleine Faust landete krachend auf der Tasche. Der Verschluss sprang auf, der Inhalt schlitterte über das Leder. Mit spitzen Fingern pflückte Lola den Personalausweis von der Couch.

Entsetzen packte mich. Ich schoss hoch. »Du vernichtest Beweismittel«, sagte ich und versuchte, ihre Hand zu ergreifen.

Elegant wehrte sie ab. »Sie wohnt in München. Steht hier drauf. Schwarz auf weiß.«

»Lola, hör mir zu …«

Mit den Fingernägeln schnalzte sie gegen das Plastik des Dokuments. »Wieder so eine so wie diese Chili. Diesmal in München. Sie wohnt gar nicht weit weg von mir. Kennst du sie schon lang?«

Ich gab auf. Wenn ein Angeklagter bei der Vernehmung zu reden beginnt, soll man ihn reden lassen. Eine alte Regel der Verhörtechnik, die ich nun umkehrte. Ich war der Angeklagte. Und ich ließ Lola reden. Sie schien das Bedürfnis dazu und eine Menge Stoff zu haben.

»Du lachst dir diesen dämlichen Bandscheibenscheiß an, steigst mir nichts dir nichts aus deinem Beruf aus, ziehst aufs Land und schaffst dir einen Hund an. Du hast einen Fitnesswahn, rennst jeden Berg hinauf. Suchst du die Erleuchtung bei diesen spinnerten Tibeterübungen? Fehlt nur noch, dass du dir eine Jahreskarte fürs Fitnessstudio kaufst und dich unter die Höhensonne legst.«

Es war erst kurze Zeit her, dass ich wegen meiner ewigen Rückenbeschwerden den Dienst hatte quittieren müssen. Wie eine hilflose Schildkröte hatte ich oft auf dem Rücken gelegen und mich mit angewinkelten Beinen am Boden gewunden und war nicht mehr hochgekommen. Selbst der untersuchende Amtsarzt hatte mir nicht helfen können. Monatelang hatte ich mich wie ein alter, kranker Mann gefühlt. Eine selbst bezahlte Kur in Abano Terme, Krankengymnastik, schließlich die Operation – nichts half. Viel zu früh für meinen Geschmack wurde ich zum Ruhestand gezwungen. Seither musste ich sehen, wie ich damit klarkam.

Lolas Hand mit der Zigarette zitterte. Sie kaute an der Unterlippe. »Du bist doch gern Polizist gewesen. Das war dein Leben. Mensch, Joe, was ist in dich gefahren, wo lebst du denn? Bist du ein erwachsener Mann oder bildest du dich zum Kind zurück?«

Ich sah, wie ihre Augen nass wurden. Gott, wie ich diese Frau liebte. Bilder tauchten auf. Ich spürte Lolas Atem an meinem Nacken, wenn sie neben mir im Bett lag. Der schnelle, verrutschte Kuss, wenn sie sich verabschiedete. Die Umarmung unter der Tür, wenn sie verklebt aus ihrer Tretmühle beim Fernsehen kam. Die Leberflecken, die wie kleine Käfer zwischen ihren Schulterblättern hingen. Ihre merkwürdig großen Füße, die jede Verkäuferin beim Schuh-Reindl in Panik versetzten.

Warum nahm ich Lola nicht einfach in den Arm? Was hinderte mich, ihr Eis mit Wärme aufzutauen? Ich glaube, für diesen Bruchteil einer Sekunde war es reine Feigheit. Die Furcht, von ihr abgewiesen zu werden.

Ich schaffte es schließlich, ein schüchternes »Ich liebe dich« über die Lippen zu bringen.

Sie schien mich nicht zu hören. Sie wirkte wie in Trauer. Trauer kann ein Gesicht hohl machen, ihm den Ausdruck rauben. Unbekannte Linien meißeln und weiche Konturen verhärten. Mit schwacher Stimme sprach Lola weiter.

»Ja, ich bin eifersüchtig, Joe. Eifersüchtig auf einen unernsten Kindskopf. Ist's diese Chili oder ist's die mit der Tasche oder sind's alle beide?«

Lola hielt den Atem an. Sie behielt mich im Blick. Dann ließ sie die Luft in Stößen wieder heraus.

»Ich kenn mich nicht mehr aus. Ich hab kein Vertrauen mehr. Was ist los mit dir?«

In diesem Moment klingelte mein Telefon.

»Lass es klingeln«, sagte sie.

Meine Ahnung war stärker. Ich nahm ab.

Es war Scholl vom K1.

»Es gibt Neuigkeiten«, sagte er. »Wollen Sie sie hören? Heute um sechzehn Uhr dreißig in der Pressekonferenz. Ist mir lieber, Sie sind dabei, als wenn Sie es in der Zeitung lesen. Ich lade Sie ein.«

Ich warf einen Blick auf die Uhr. »Absolut«, hörte ich mich sagen. Ein schuldbewusster Blick flog zu Lola hin. Sie hatte sich eine neue Zigarette angezündet.

Ich konnte es nicht fassen. Die berühmte Lola Herrenhaus war eifersüchtig. Eigentlich sollte mir das schmeicheln. Eifersucht, die Angst vor dem Vergleich. Dabei hatte Lola weder einen Grund dazu, noch brauchte sie einen Vergleich zu scheuen. Ich hatte sie noch nie in solch einem Zustand erlebt. Trotzdem – jemanden, der an Eifersucht erkrankt ist, wieder in die Normalität zu bringen, hielt ich für mindestens ebenso schwierig, wie Herrn Huber zu bewegen, sich einen Wurstvorrat anzulegen.

Doch auch jetzt hatte sie sich wieder in der Gewalt. Von einer Minute zur anderen schien sie vollkommen beherrscht. Ich beschrieb Lola, wie ich am selben Morgen mit Hilfe der zwei Pfarrer an die Handtasche gekommen war. Und ich betonte, dass diese Tasche aller Voraussicht nach der toten Frau gehörte, denn das Foto auf dem Ausweis zeigte eindeutig ihr Gesicht.

Damit hatte Lola Herrenhaus noch vor der Polizei Kenntnis von der Identität der Toten.

»Ich geh«, sagte Lola.

»Bleib doch«, bettelte ich.

»Ich geh in die Küche«, sagte sie. »Und du mixt mir einen Campari Soda.«

Mit dem Glas in der Hand schwang sie sich auf die Arbeitsplatte neben dem Herd. »Ich bin froh, dass das mit der Tasche geklärt ist«, sagte sie.

Mehr sagte sie nicht. Doch ausgestanden war die Sache noch lange nicht, das war mir klar.

Auf der Fahrt zur Pressekonferenz machte ich einen Umweg über Litzldorf. Ich wollte den Fundort noch einmal untersuchen. Herr Huber strich mir um die Beine. Zweige waren abgeknickt, etwas Gras war zertrampelt, aber das war nichts Besonderes. Ich hob eine Zigarettenkippe auf, die herumlag, und packte sie in Plastik. Nichts Aufregendes also, reine Routine. Mehr hatte ich, um ehrlich zu sein, auch nicht erwartet. Den Rest musste die Spurensicherung erledigen.

»... und begrüße den früheren Chef der Münchener Mordkommission, Kriminalrat a.D. Josef Ottakring, in unserem Kreis.«

Scholl saß mit dem Gesicht zu den Journalisten rittlings auf einem Stuhl und wippte vor und zurück. Mich grüßte er mit einem zarten Heben der linken Augenbraue.

Die Köpfe flogen zu mir herum. Ich saß in der letzten Reihe. Chili saß in der zweiten. Sie drehte sich nicht um.

Ich deutete eine Verbeugung an. In Wirklichkeit aber hasse ich solche Hascherei nach Aufmerksamkeit. Es tat schließlich nichts zur Sache, ob ich dabei war oder nicht.

»Unter der Nummer, die wir für die Sonderkommission eingerichtet haben, klingelt ständig das Telefon«, begann Scholl. »Es sind in der Hauptsache Segler, denen der führerlose Kahn auf dem See aufgefallen ist. Aber sie haben sich alle nichts dabei gedacht. Sie hatten ja keine Ahnung von dem Inhalt.« Er hüstelte. »Wer die Toten sind, können wir also noch nicht mit Sicherheit sagen.«

Das war eine glatte Lüge, denn sie hatten keinen Schimmer.

»Beide Opfer, das wissen Sie ja bereits, wurden mit derselben Tatwaffe getötet. Einer Neun-Millimeter-SIG-Sauer. Dieses Modell ist so selten, dass wir gewisse Hoffnungen hegen, weitere Details über die Tat zu bekommen. Es gibt Schmauchspuren an den Händen des Mannes. An unserer Einschätzung hat sich also nichts geändert, nämlich Mord an der Frau, anschließend Suizid des Mannes. Ich betone: Wir haben es mit einem Mord zu tun, den wir aufzuklären haben.«

Scholl warf sich in Positur. So, als ob er in wenigen Augenblicken die Anwesenden mit einem Paukenschlag verblüffen würde.

»Um den Künstler zu verstehen, muss man sein Werk betrachten«, begann er. »Was für die bildende Kunst gilt, hat auch in der Verbrechensforschung seine Richtigkeit. Mit Intellekt und psychologischem Einfühlungsvermögen kann man aus kleinsten Anhaltspunkten vollständige Täterprofile erstellen. Damit haben wir, wie Sie wissen, Serienmörder und Mörder gestellt. Denken Sie nur an den spektakulären Fall Kolarova. Sie erinnern sich: Bei den Ermittlungen stellte sich nach und nach heraus, dass ihr Mörder, der Fernfahrer Frank Thäder, mehrere Frauen auf dem Gewissen hatte. Ein ausgewachsener Serienmörder also. Auch den Mann, der den Wirt vom ›Giornale‹ erschossen hat, haben wir auf diese Weise sehr schnell gefasst und überführt.«

Er machte eine Pause.

»Aber im vorliegenden Fall? Man hat den Täter, kennt jedoch seine Identität nicht und weiß nicht, wer sein Opfer ist.«

Ein Gemurmel ging durch den Raum. Scholls Logik war nicht zu widerlegen.

Doch er war noch nicht fertig. »Ich habe eine neue Information für Sie«, fuhr er fort. »An der Frau wurden Spermaspuren gefunden. Das kann uns ein großes Stück weiterbringen.«

Das Murmeln wurde lauter. Stifte huschten über Papier. Das war immerhin eine Nachricht, die sich gut verkaufte. Ich vermisste ein Wort darüber, dass Wasser in der Lunge des Mannes gewesen war. Scholl verzog keine Miene. Dieses Ergebnis, das ich von Chili kannte, behielt er wohl vorerst für sich. Ich beneidete ihn nicht. Er hatte es schon schwer, eine Ermittlung zu leiten, die nicht nur den Mörder, sondern auch das Opfer nicht kennt.

Das musste ich ändern. Um Scholl nicht vor den Journalisten bloßzustellen, rückte ich mit der Handtasche allerdings erst heraus, als sie gegangen waren.

»Sie hing an einem Wacholderstrauch, ich hab sie heute Morgen beim Joggen gefunden«, log ich und beschrieb ihm den Fundort. Rudi hatte mich gebeten, ihn und seinen Kollegen herauszuhalten.

»Soso«, sagte Scholl nur. Ich glaube, er hörte selbst, wie gereizt und abweisend er klang.

Doch als er den Ausweis in der Hand hielt, sagte er: »Donnerwetter«, und pfiff durch die Zähne. »Münchener Adresse. Bogenhausen. Hätten wir lange suchen können. Ich bin gespannt, warum sie keiner als vermisst gemeldet hat.«

Die Erleichterung war ihm anzumerken. Doch er hakte nicht nach, warum ich die Tasche nicht schon vor der Konferenz abgeliefert hatte. Erst als ich ihm die in Folie gewickelte Zigarettenkippe übergab, die ich neben dem Wacholderstrauch gefunden hatte, rang er sich zu einer Äußerung durch.

»Ganz der Alte«, sagte er. »Ich dachte, Sie wollten sich ausklinken aus unserem Geschäft?«

Scholl hatte Schweiß auf der Stirn, und sein kurzärmliges weißes Hemd hatte auf der Brust und unter den Achseln nasse Flecken. Sein Sakko hing über der Stuhllehne. Er trat auf mich zu und boxte mich leicht gegen die Brust.

So viel Spontaneität hätte ich ihm nicht zugetraut.

»Wie wär's, wenn Sie mit uns zusammenarbeiten, Herr Ottakring? Ich spür doch schon lange, wie es Sie umtreibt.«

Der Mann hatte mich durchschaut. Auch wenn ich es so deutlich vor mir selbst nicht hatte zugeben wollen.

Er hielt mir die Hand hin. Ich zögerte nur kurz, bevor ich einschlug. Ich hatte mich entschieden. Meine bisherigen Vorsätze hin und her. Das war meine Welt. Ich war zu jung für den endgültigen Ruhestand.

Nachher, draußen im Treppenhaus, streifte mich beim Runtergehen ein Luftzug. Er stammte von Chili, die aus dem dritten

Stock an mir vorbei die Stufen hinunterhastete. Sie legte nur kurz eine Hand um meinen Unterarm. Sie war eiskalt.

»Unterwegs nach München«, rief sie mir zu und winkte zurück, ohne sich umzusehen. »Nach Bogenhausen. Deinem Hinweis hinterher. Hey, übrigens: Hab ich mein Parfüm bei dir vergessen?«

»Ich fahr an den Chiemsee. Mich ein bisschen umhören«, sagte ich später zu Lola. »Und umsehen. In jedem Fall eine gute Rechercheübung. Vielleicht auch für dich und deine Sendung. Möchtest du mitkommen?«

»Ich liebe dich«, sagte sie statt einer Antwort und drängte sich an mich.

Ich legte den Arm um ihre Hüfte.

Das mochte ich so an Lola. Sie war nicht nachtragend, sie konnte sofort vergessen, wenn sie wollte. Nie würde sie mich wegen eines Streits verlassen so wie die Frau, mit der ich neun Jahre verheiratet gewesen war.

FÜNF

In der schwülen Hitze des Abends war der von Eichen beschattete Biergarten voll besetzt mit durstigen Seglern, Einheimischen und Touristen. Lola und ich hatten von unserem Tisch aus die gesamte Bucht vor uns.

Liebermann saß hinter uns an der Hauswand.

Die Sonne schickte sich an, einen blutroten Abendhimmel zu inszenieren. Der Spiegel des Chiemsees schimmerte wie flüssiges Gold. Herr Huber spielte sofort wieder mit Wuschel. Ich bestellte mir ein Weißbier.

»Du mit deinem Weißbier-Tick«, sagte Lola, als bemerke sie es zum ersten Mal. »Ich finde nach wie vor, es schmeckt abscheulich.«

Manchmal hatte sie diese Art, die nach Besänftigung verlangte. Ich nahm ihre Hand in meine Hand. »Absolut«, sagte ich. »Je älter man wird, desto mehr Flüssigkeitsbedarf hat der Körper. Außerdem spielen Mineralstoffe und Spurenelemente keine geringe Rolle für Leben und Gesundheit. Da hat Weizenbier alles, was ein Mann braucht. Auf die Vitalstoffe kommt es an.«

An Lolas Gesicht konnte ich ablesen, was sie von meiner Antwort hielt. Statt einer Bemerkung hielt sie mir ein frisches Taschentuch hin. Ich nahm es und wischte mir zum x-ten Mal über Stirn und Nacken. Diese verdammte Hitze!

Die Leute tranken Bier oder Wein, kämpften mit den Gräten der Saiblinge und Zander, genossen die Aussicht und verjagten die Schnaken. Mitten im ausgelassenen Gewühl, als sich die Sonne schon hinter die Bucht der Wasserwacht verzog, legte sich Liebermanns Hand auf meine Schulter.

»Tach, Ottakring. Rauchbombe gefällich?«

Ich nahm die Zigarre, steckte sie in die Brusttasche meines Hemds und sah ihn an. »Sie kennen den See doch in- und auswendig. Kennen Sie auch die Strömungsverhältnisse im Chiemsee?«

Liebermann wandte sich an Lola. »Will er etwa Sacheln lernen auf seine alten Tage? Kommt kaum mehr einen Berg hoch

51

und will Secheln lernen. Ist doch ein wenich zu alt dafür, der Mann, nich?«

Lola war Liebermanns Art von Humor geläufig. Sie hätte sich auch nicht gewundert, wenn er mich der schwarzen Magie beschuldigt hätte.

Eine Wespe summte zwischen unseren Köpfen hin und her.

Lola trank ihr Glas leer und drängte zwischen den Tischen hindurch Richtung Ausgang. Herr Huber ließ von Wuschel ab und rannte hinter ihr her.

»Also was ist?«, fragte ich Liebermann, bevor ich Lola folgte. »Wie ist die Strömung auf dieser Seite des Sees?«

»Süden«, sagte er. »Immer nach Süden.« Sein Gesicht zuckte, und er drehte sich weg.

Normalerweise hätte er jetzt die benachbarten Tische besucht, ein paar Hände geschüttelt und überall ein freundliches Wort hinterlassen. Doch er hielt die Hände am Rücken verschränkt, setzte mit gesenktem Kopf einen Fuß vor den anderen und machte erst am Ufer halt. Dort blickte er auf den See hinaus.

Etwas schien ihn nervös gemacht zu haben. Er kam mir vor wie der kleine Bub, der die Hände vors Gesicht hält, um nicht gesehen zu werden. Eine Stimmung, die mir bei Liebermann bisher fremd war.

Hatte ich ihn etwa mit meiner Frage aus dem Gleichgewicht gebracht? Was wusste er, wovon ich nichts wusste?

Lola saß zurückgelehnt im Fahrersitz ihres roten Mini und hatte die Beine lässig auf den Nebensitz gelegt. Herr Huber hatte sich auf die schmale Rückbank gezwängt.

Ich bat Lola, die kleine Straße nach Norden zu nehmen, die am Seebad vorbei zur Hirschauer Bucht führte. Wir stiegen aus und marschierten durch dichtes Schilf. An einer Wegkreuzung trennten wir uns. Ich folgte dem Hund in der rechten Spur, Lola ging links, am Ufer entlang.

Ich musste an Chili denken. Sie war nach München gefahren und würde in diesen Stunden mit ihren Kollegen das Leben der jungen Frau in München entziffern. Bald würden sie auch herausfinden, wer der Mann war, der sie erschossen hatte.

»Ich bin ein wenig herumgestreift«, sagte Lola, als wir uns wieder trafen. »Wisst ihr eigentlich, dass sein Kahn weg ist?«, sagte sie.

»Was?«, sagte ich. Ich musste dabei ziemlich einfältig geschaut haben. »Wessen Kahn?«

»Liebermanns Kahn. Ein Kahn, weißt du, das ist so ein längliches Ding aus Holz, mit dem man rudern kann.« Sie formte mit beiden Händen ein Boot in der Luft.

Ich gab ihr einen Klaps auf den Po.

»Sein Sohn«, fuhr sie fort, »hat uns doch mal damit rumgeschippert. Es lag immer in der kleinen Bucht, die zur Wasserwacht führt. Die Bucht ist leer. Das Boot ist weg.«

Mit Lola zu speisen war immer ein intensives Vergnügen. Auch an diesem Tag sollte es so ein. Allerdings anders, als ich es mir vorgestellt hatte.

Wir waren zum »Alpenhof« nach Frasdorf gefahren.

Vom Telefon im Flur aus informierte ich Chili über Liebermanns fehlenden Kahn.

Beim Essen unterhielten wir uns fast ununterbrochen. Mit ihren Augensternen unter dem goldbraunen Haar, der etwas zu breiten Stupsnase, den sinnlichen Lippen sah Lola hinreißend aus. Doch sie wirkte bedrückt. Ich wurde den Eindruck nicht los, dass sie mich bei jeder Spaghetti, die sie um die Gabel wickelte, bei jeder Languste, die sie knackte, und bei jedem Schluck, den sie nahm, aus seltsam fragenden Augen ansah.

»Was ist los?«, fragte ich. »Was hast du? Du siehst mich an, als hätte ich dir was geklaut.«

»Hast du auch«, sagte sie.

»Nein, hab ich nicht«, sagte ich, langte in die Seitentasche meines Sakkos und zog die verschlossene Faust wieder heraus. »Weißt du, was da drin ist?«

Von einem Augenblick zum anderen veränderte sich Lolas Gesichtsausdruck. Farbe kam in ihre Wangen, zwischen den Lippen funkelten weiße Zähne, ihre Nüstern blähten sich. Mit anderen Worten: Lola strahlte.

»Na, dann ist ja alles i.O. Ich dachte schon …« Sie legte die

53

Hand auf meine geschlossene Faust. »Ich konnte mir wirklich nicht vorstellen, dass du's vergessen hast.«

Ich öffnete die Faust und sah Lola dabei an.

Mit geweiteten Augen blickte sie auf den Elfenbeinohrring auf meiner Handfläche. Ich las etwas wie Entsetzen in ihrem Blick.

»Hast du ihn nicht vermisst?«, sagte ich und bemühte mich, nicht großspurig zu klingen. »Mit einem einzigen Ohrring kannst du nichts anfangen. Der hier ist der zweite. Er lag unter deinem Waschbecken in Neubeuern auf dem Boden.«

Wenn eine an Disziplin und Beherrschung gewöhnte Frau wie Lola Herrenhaus die Fassung verliert, dann muss etwas wie eine Bombe neben ihr eingeschlagen sein.

Und ich saß ihr gegenüber und war ahnungslos.

Lolas Kopf schnellte in die Höhe. Wie in Panik schaute sie mich an. Ihr Körper versteifte sich. Wasser schoss in ihre Augen, ein Mundwinkel zog sich wie im Krampf nach unten und entstellte ihr ebenmäßiges Gesicht. Sie legte beide Handflächen auf die Tischplatte und stemmte sich mit Mühe nach oben.

»Joe!« Der Laut war nur ein Zischen. »Weißt du, welches Datum wir heute haben?« Sie spreizte die Finger und presste sie so stark auf den Tisch, dass die Knöchel weiß hervortraten. »Ist dir eigentlich nicht klar, welche Bedeutung dieser Tag für mich hat?«

Lola zeigte sonst kaum Launen, war nie mürrisch und selten gereizt. Dies hier war mehr als nur eine Verstimmung, die gerade in Fahrt geriet. Sie hatte die Frage kaum ausgesprochen, da fühlte ich, wie mir das Blut in den Kopf stieg.

Der 20. Juli. An einem 20. Juli hatten wir uns kennengelernt und feierten dieses Ereignis jedes Jahr.

Der 20. Juli war aber auch Lolas Geburtstag.

Und der 20. Juli war heute.

»Du erinnerst dich entfernt an das Datum, nicht?«, sagte sie mit schmalen Lippen. »Dir ist es eingefallen. Aber ist dir auch klar, welches Jahr wir haben?«

Mehr sagte Lola nicht. Sie nahm einen Schluck im Stehen, tupfte sich die Lippen mit einer Serviette ab und legte das Tuch langsam zurück auf den Tisch.

Zuerst nickte ich, als wüsste ich genau, was sie meinte. Sekunden später fiel es mir wirklich ein. Heute war der 20. Juli, okay. Doch heute war nicht irgendein Geburtstag. Heute war Lolas vierzigster.

»Herrgott noch mal«, brach es aus mir heraus. »Niemand wollte dir wehtun. Ich hab es vergessen, ja. Ich hab deinen Geburtstag vergessen. Verzeih.« Es fiel mir schwer, wie ein reuiger Sünder die Arme nach ihr auszustrecken. Aber ich tat es.

Lola nahm keine Notiz davon. Ihr Blick verfinsterte den Raum. Sie schob ihren Stuhl sorgfältig an den Tisch heran und wischte imaginären Staub von der Lehne. Sie griff nach dem Ohrring auf meiner Hand und schleuderte ihn mit einer heftigen Bewegung über den Tisch. Sie öffnete die andere Hand und ließ das Glas mit dem Champagner senkrecht fallen. Sie stieß ein kurzes Lachen aus, das wie Husten klang. Dann ging sie, ohne in die Scherben zu treten und ohne ein weiteres Wort hinaus.

Meine Arme fielen herab. Sie hingen an mir herunter, als gehörten sie nicht zu meiner Gestalt. Es gibt Momente, die ein Leben völlig umkrempeln oder eine Wendung nehmen lassen, die so dramatisch ist, dass man es vorher niemals in Betracht gezogen hätte. Dies war so ein Moment. Er war für Lola und für mich unverrückbar und unauslöschlich, auch wenn ich mir später noch so leidenschaftlich wünschte, ich könnte ihn aus der Welt schaffen.

SECHS

»Seit wann rasierst du dich nicht mehr?«, fragte Chili. »Willst du dich der Sozietät der Parkbewohner anschließen?« Sie schenkte mir ihr schönstes Lächeln.

Ich antwortete nicht. Stattdessen fuhr ich mir übers Kinn. Es kratzte. Ich musste an die Szene mit Lola im Restaurant denken. Genau genommen dachte ich ununterbrochen daran. Chili und ich saßen uns auf zwei Stühlen in meiner Küche gegenüber. Das Fenster stand offen, eine schwere Schwüle drang herein. Sinnbild meiner Stimmung. Kein Vogel war zu hören. In die Luft mischte sich der Geruch von frisch gemähtem Gras.

Chili tippte mir aufs Knie. »Was ist eigentlich mit dieser Frau los, na, wie heißt sie schon? Die von nebenan, die ständig mit einer Strickjacke und einer Gießkanne rumrennt.«

»Die Frau Steiner«, sagte ich. »Warum, was ist mit ihr?«

»Ach, sie hat mich vorhin wie eine Verwandte begrüßt. ›Guten Morgen, Sie wollen bestimmt zu Herrn Ottakring‹, hat sie gesülzt. ›Sie müssen ihm beistehen, der hat's ganz schön schwer im Moment.‹ Ich bin geflüchtet, ich hab geschaut, dass ich bei dir durch die Tür gekommen bin. Trotzdem: Was meint die Dame mit ›hat's schwer im Moment‹? Willst du mir das verraten?«

Ich zuckte die Schultern. »Keine Ahnung«, sagte ich. Ich konnte mir schon denken, worauf die Steinerin anspielte. Sie hatte ihre Augen überall und war darauf spezialisiert, den leisesten Lufthauch zu interpretieren.

»Bemerke ich da eine Veränderung an dir? Entweder du bist frisch verliebt oder das Gegenteil, richtig? Was ist, Onkel Joe?«, sagte Chili und schaute mir in die Augen.

»Spielt keine Rolle jetzt.« Ich versuchte, Chilis Blick festzuhalten. Zum ersten Mal fiel mir auf, dass ihre Augen unterschiedliche Farben hatten. In diesem Licht waren sie nicht nur dunkelgrün.

»Links grün, rechts türkis«, sagte Chili. Sie hatte meine Gedanken erraten und lachte mich an. »Also, was ist mit dir? Du befindest dich doch in einem Zustand geistiger Verengung.«

Sie hatte ja recht. Ich musste diese Depression loswerden. Ich verteilte eine aufgeschnittene Tomate auf einem Kanten Brot und legte ein paar Sardellen darüber. »Möchtest du?«, fragte ich Chili.

»Nein, danke. Muss noch Auto fahren«, sagte sie.

Ich biss selbst ins Brot. Saft rann mir übers Kinn. Ich ging ins Wohnzimmer, legte eine alte John-Denver-CD auf und drehte den Lautstärkeregler nach rechts.

Dann stand Chili hinter mir. »Komm, lass uns auf deine wunderschöne Terrasse gehen«, sagte sie weich. »Dann hörst du die Late-Late-News aus dem Präsidium.«

Herr Huber wartete schon. Er kam unterm Tisch hervor und setzte sich erwartungsvoll vor mich hin. Als er nichts vom Brot bekam, ging er zu Chili und rieb den Kopf an ihrem Schenkel.

Die langen Tage der Hitze hatten meinen frisch gepflanzten Garten mürbe gemacht. Ich musste täglich zwei- oder dreimal gießen, um die Schwermut hängender Blätter, Knospen und Blüten zu vertreiben.

»Mein Gott, ist das schön hier in Oberbayern«, sagte Chili draußen. Sie reckte die Arme in die Luft. »Aber manchmal denk ich mit Sehnsucht an die Tage, an denen früher bei uns zu Hause der Ostseewind an den Pappeln gezupft hat. Das fehlt mir dann.«

»Grüß Gott, Herr Ottelking!«, tönte es von schräg oben.

Mir platzte der Kragen. »Ottakring heiß ich«, rief ich auf den Balkon hinauf. »Ot-ta-kring!«

Frau Steiner nickte nachsichtig und setzte ihre Blumenpflege fort, nur schweigsam diesmal.

Chili hatte mich aufmerksam beobachtet. Doch sie hüllte sich in Schweigen.

Aus der Ferne grüßte der Wendelstein herüber, die Zinnien glänzten in kitschigem Bunt. Jemand musste sich schon wieder an meinen Rosen zu schaffen gemacht haben. Ich blieb ruhig. Nichts sollte die Innigkeit des Augenblicks trüben.

Links drüben, hinter meinem Gartenhaus, schwoll der Motor eines Autos auf und ab. Ich vermutete Harry Steiner hinter dem Krach. Harry, der seinen Astra tunte. Ich pflanzte mich in einen

Gartensessel schräg gegenüber von Chili, verschränkte die Arme und versetzte mich in einen Zustand der Selbstverlorenheit.

»Ich höre«, sagte ich mit geschlossenen Augen. »Die Late-Late-News.«

»Euer Gnaden hören«, echote Chili. »Also pass auf, du weltentrückter Pensionär. Wir wissen jetzt, wer die beiden waren. Beginnen wir mit der Handtasche, die du gefunden hast.«

Hörte ich da einen ironischen Unterton bei der Bemerkung »gefunden hast«?

»Die Besitzerin hatten wir natürlich gleich. Die Tasche gehörte Helen Esterding. War nicht schwer zu ermitteln, mit dem Ausweis in der Tasche. Schon mal von Helen Esterding gehört? Nein? Ich vorher auch noch nie. Eine dreißig Jahre alte Malerin, ausgesprochen bekannt und beliebt in der Münchener Kunstszene. Warte.«

Chili ging ins Wohnzimmer, ich sah sie in ihrem Minirucksack herumkramen. Mit drei Farbfotos kam sie wieder zurück.

»Aus welchem Grund hat niemand diese Helen als vermisst gemeldet?«, fragte ich. »Wenn sie doch so bekannt war?«

Chili schluckte. »Eine Panne«, sagte sie. »Die Suchmeldung wurde nur regional veröffentlicht. Nicht in den großen Münchener Zeitungen. Der übliche Zuständigkeitsfimmel. Hier im Rosenheimer Land ist – war – sie wohl ein Nobody.«

Panne. Da schau her!

»Hier! Fotos ihrer Werke«, sagte Chili und reichte sie mir.

Offenbar gehörte diese Helen jener Gruppe intelligenter Spaßmacher an, denen es gelingt, aus einer billigen Clownerie für viel Geld eine neue Religion zu machen. Ein Foto präsentierte den perfekt abgemalten Schatten eines perfekt abgemalten Elektrokabels auf weißem Grund. Das zweite zeigte ein mit Nadeln gespicktes, ölfarbenbeschmiertes Damennachthemd auf Holzbügel. Und die dritte Aufnahme war die Kopie eines von Helen Esterding signierten Zertifikats, das den Käufer autorisiert, ein vierzig mal vierzig Zentimeter großes Loch in seinen Schlafzimmerteppich zu schneiden und die entstandene Lücke mit einer Erdfarbe seiner Wahl auszumalen.

»Kostet vierhundertachtzig Euro, diese Genehmigung«, sagte Chili. »Ohne Mehrwertsteuer. Findest du das gerecht?« Sie saß vornübergebeugt auf dem blauen Gartenstuhl, Arme auf den Oberschenkeln, Hände gefaltet. Ein Monument der Geduld.

Ich nickte anerkennend. »Absolut«, sagte ich. »Die Fußballer und die Popstars unserer Welt werden so was sicher erwerben müssen. Was wisst ihr denn von ihrem Spezl? Dem, der sie erschossen hat?«

Chili nickte. »Langsam«, sagte sie. »Schön langsam. Dich interessiert der Fall doch nicht im Geringsten, wenn ich mich recht erinnere.«

Ich breitete die Arme über den Sessellehnen aus und setzte ein zweideutiges Grinsen auf. Tag und Nacht drehten sich meine Gedanken um nichts anderes als um diese zwei Dinge: um Lola und um die beiden Toten. Nur dass die Reihenfolge sich langsam wieder zu drehen begann.

Chili pflückte eine Aprikose vom Spalier an der Hauswand und rieb sie zwischen den Händen. Dann warf sie mir einen prüfenden Blick zu und biss in die Frucht.

»Also«, sagte sie mit vollem Mund. »Die Suche nach den Projektilen ist ergebnislos geblieben. Wir haben nur die zwei Einschussstellen unterhalb des Bootsrands.«

Als sie meinen fragenden Blick bemerkte, ergänzte sie: »Es liegt an der Durchschlagskraft der SIG Sauer und am brüchigen Holz des Kahns, dass die Kugeln nicht stecken geblieben sind. Die Projektile haben sich irgendwo in den Seegrund gebohrt. Wir haben Glück gehabt, dass die Löcher oberhalb der Wasserlinie sind, sonst hätte sich das Boot von selbst versenkt.«

»Also mit anderen Worten: Ihr habt nichts Konkretes.«

Chili nickte.

»Natürlich gehen wir immer noch davon aus, dass die Sauer auch die Tatwaffe ist. Und dass der Mann die Frau getötet und anschließend sich selbst erschossen hat.«

»Immer noch«, hatte sie gesagt. Mir fielen die zahlreichen Fragezeichen auf, die aus ihren Worten sprachen.

Chili hatte die Aprikose fertig gegessen und schleuderte den Kern flach über den rosenbewachsenen Maschendrahtzaun. »Okay, wir haben die Leichen identifiziert. Doch was den Scholl nicht in Ruhe lässt, ist: Warum waren die beiden nackt? Nicht unbedingt die übliche Form, um aus dem Leben zu scheiden. Dann der Kahn. Es war tatsächlich Liebermanns Kahn, in dem sie lagen. Er wurde von ihm identifiziert. Liebermann haben wir natürlich überprüft. Kein Kontakt zu den Toten, also auch kein Motiv. Nach heutigem Stand war es reiner Zufall, dass ausgerechnet sein Kahn geklaut und benutzt wurde.«

Mich wunderte, warum Liebermann seine Vernehmung mir gegenüber mit keiner Silbe erwähnt hatte. Ich würde ihn nach dem Grund fragen. Meine polizeilichen Instinkte waren hellwach.

Chili stellte sich vor die Rosen, verschränkte die Arme und blickte talwärts.

»Bei dem Wasser in den Lungen des Mannes hat bisher noch keiner genügend Phantasie entwickelt, um sich einen Reim darauf zu machen. Als wenn er das Wasser in kleinen Blasen inhaliert hätte, sagen sie in der Frauenlobstraße. Aber deuten können sie es auch nicht.«

Sie runzelte die Stirn und schaute mich an.

»Wenn du mich fragst …«, sagte sie und ging unruhig auf und ab. »Auf der Pressekonferenz wurde doch von den Spermaspuren berichtet. Von dem Sperma, das wir an diversen Stellen der weiblichen Leiche gefunden haben.«

»Ja«, sagte ich, »ich erinnere mich. An welchen Stellen eigentlich?«

Trogen meine Augen? Oder hatte sich da eine Spur von Schamrot über Chilis Wangen gelegt?

Sie wich aus.

»Ich hab dir aber noch nicht gesagt, dass die Spuren nicht von dem Toten sind.«

Donnerwetter! Es war eine kleine Sensation, was Chili da in leichtem Plauderton verkündete. Doch ich tat unbeteiligt und fragte weiter.

»Wer ist eigentlich der Mann?« Ich knurrte ein bisschen und streckte die Beine aus. »Du erzählst ständig nur von der Frau. Ihr werdet ihn ja wohl auch identifiziert haben. Rück schon raus damit.«

»Giorgio Bellini heißt der Mann. Wäre im September dreiundsechzig geworden.« Sie verscheuchte eine Fliege von ihrem Unterarm. »Hübscher Name, nicht? Giorgio Bellini. Ein stinkreicher Kunsthändler. Verheiratet, lebte getrennt. Helen war tatsächlich seine Geliebte, ganz offiziell, er hat sie auch als Künstlerin gefördert. Sonst nichts Auffälliges an dem Mann. Deutet alles auf Eifersucht hin, nicht? Fragt sich nur, wer der Glückliche war, auf den Bellini eifersüchtig war.«

Chili ging noch einmal an den Aprikosenstrauch. Als sie zurückkam, hatte sie eine Frucht in der Hand und wieder diesen Blick, mit dem sie mich so unruhig machen konnte. Eine Aura absoluter Weiblichkeit umgab sie.

»Und nun kommt's«, sagte sie geheimnisvoll. »Du wirst nicht erraten, an welchem anderen Objekt wir die gleiche Fremd-DNA wie in dem Sperma gefunden haben.«

Sie machte eine Pause, setzte sich wieder auf den blauen Stuhl und verschränkte die Beine.

Es schien spannend zu werden.

»Der Speichel an der Kippe, die du so nebenher in Litzldorf aufgesammelt hast, hat dieselbe DNA wie das Sperma.«

Sie stand wieder auf.

»Das bedeutet, dass jener Unbekannte, von dem das Sperma stammt, vorher oder nachher in Litzldorf war und diese Zigarette geraucht und weggeworfen hat.«

»So ganz nebenher hab ich die Kippe nicht aufgesammelt«, murmelte ich aus dem Mundwinkel heraus. Mit geschlossenen Augen schob ich den Unterkiefer hin und her. »Eindeutig dieselbe DNA im Sperma und im Speichel?«, fragte ich.

»So sicher, wie du Josef Ottakring heißt.«

Ich ließ meinen ungewohnten Taufnamen eine Weile nachklingen. Dann sah ich Chili scharf an und sagte: »Habt ihr eigentlich noch nie daran gedacht, dass Helen Esterding und Giorgio Bellini von einem oder mehreren Dritten erschossen worden sein könnten? Dass es kein Selbstmord von Bellini war? Sondern ein Doppelmord an ihm und seiner Freundin?«

SIEBEN

Der Wahnsinn dieses Sommers passte in kein Schema. Für mich war es der Sommer eines ekelhaften Mords.

Doch mit einem Schlag war die Hitze vorbei. In der Frühe war es kühl, und der Himmel sah verschimmelt aus. Tautropfen hatten sich in Spinnweben verfangen und funkelten im gedämpften Licht. Später zogen im Westen dunkle Wolken auf, es roch nach Staub und Gewitter. Für meine David-Austin-Rosen setzte ich ein paar Eisenstäbe um, an denen sie sich emporranken sollten. Später am Tag klatschten kühle Regenschauer auf meine Terrasse und gegen das Haus. Die Rosen freuten sich.

Ich stand im Wohnzimmer am Fenster und schaute dem Regen zu. Mein Blick fiel auf das achtzehn mal achtzehn Zentimeter große silbergerahmte Foto auf dem Marmorsims. Lola. Manchmal fiel es mir schwer, mir vorzustellen, wie sie in ihrer Freizeitkluft aussah, denn meist trat sie offiziell auf. Ich hatte die Aufnahme vor drei Jahren während eines Ibiza-Urlaubs gemacht. Lola saß am Rand eines grün gestrichenen Holzboots am Pier, verwaschene Jeans und Bootssandalen an. Oben trug sie ein weites türkisfarbenes T-Shirt, die Frisur vom Wind zerzaust. Das Haar sah aus, als wäre sie eben erst von einer langen Seereise bei Windstärke fünf bis sechs zurückgekommen und hätte es gerade mit den Fingern zurechtgezupft. Lola blickte direkt in die Kamera, ihre Stirn zeigte die ersten ernst zu nehmenden Falten. Es war das Gesicht und es waren die Augen einer Frau, die hoffnungslos verliebt war in den Mann, der das Foto schoss.

An diesem Sonntagabend, während der Regen die Hitze durch das Inntal nach Süden jagte, sah ich »Herrenhaus«, Lolas Sendung. Lola blickte völlig gegen die Regel direkt in die Kamera, der Bildschirm stand gut drei Meter von mir entfernt. Einer dieser hybriden Fußballspieler, die ihr Geld hauptsächlich den Medien verdanken, fläzte sich ihr gegenüber im Ledersessel.

»Sind Sie denn verbandelt?«, fragte er sie während des Interviews. »Äh, und wie lang schon, äh, und wie lang noch?«

Er kratzte sich am Kopf. Mit den Fingern. Kürzlich, in der Kochsendung, war es noch eine Gabel gewesen.

Lola warf ihr Haar zurück, beugte sich vor und sagte mit ihrer dunklen, rauchigen Stimme:

»Wenn nicht Sie es wären, würde ich sagen, nur Proleten stellen solche Fragen. Doch weil Sie es sind: Ich war bisher mit meinem Partner sehr glücklich.« Wieder warf sie das Haar nach hinten, trommelte mit den Fingerkuppen auf den Tisch vor ihr. »Und nur weil Sie so ein einfühlsamer Mensch sind, verrate ich Ihnen ein Geheimnis. Es ist vorbei.«

Dabei blickte sie unvermittelt in die Kamera, direkt in mein Herz. Ihre Lippen, die sich dort aufeinanderpressten, waren meine Lippen gewesen. Sie zärtlich zu küssen, mit der Zunge über sie zu streichen oder behutsam auf ihnen herumzukauen – meine Lippen. Jetzt aber waren sie ein Strich.

Ich verstand. Ich sprang auf.

Das Bild begann zu flimmern, dann kam die Schrift »Unterbrechung ...«

Ich versuchte, sie nach der Sendung im Studio zu erreichen, sie war nicht zu sprechen.

Ich rief in ihrer Wohnung an, nur um ihre Stimme auf dem AB zu hören. Eine Nachricht hinterließ ich nicht.

Ihr Handy war abgestellt.

Schließlich kam mir die Idee mit dem Hotel. Wenn es ihr danach war, pflegte Lola eine Zeit lang in einem Hotel in der Münchener Innenstadt zu verbringen, dem »Rembrandt«. Dort fühlte sie sich wohl, wurde vom Personal liebevoll und diskret betreut und abgeschirmt. Nicht einmal ich durfte sie dort besuchen. Es war gewissermaßen ihr Jahresurlaub.

Ich wählte die »Rembrandt«-Nummer.

»Darf ich Frau Herrenhaus sprechen!«, fragte ich ohne Fragezeichen im Tonfall.

»Wen bitte?«

»Lola Herrenhaus, die TV-Moderatorin.«

»Einen Moment, bitte«, sagte der freundliche Hotelangestellte.

Und nach einer Weile:

»Tut mir leid. Eine Frau Herrenhaus weilt nicht bei uns.«

Hätte ich mir denken können. Selbst wenn sie da war, würde sie ihre Anwesenheit dementieren lassen. Ich versuchte es später noch einmal.

Diesmal erwischte ich eine junge Dame an der Rezeption. »Tut mir leid«, sagte sie. »Ich darf Sie zu Frau Herrenhaus nicht durchstellen.«

Ich schnurrte wie eine Katze.

»Ach, seien Sie so nett, es ist wichtig. Ich bin ein Freund von ihr.«

Schnippisch kam es zurück: »Wenn Sie ein Freund sind, dann kennen Sie auch den Code.«

Code? Ich probierte es aufs Geratewohl.

»Joe«, sagte ich.

Die Tonart änderte sich. »Ja, gerne. Wen darf ich melden?«

Ich nannte meinen Namen.

»Einen Augenblick. Ich verbinde mit Frau Herrenhaus.«

Joe. Sie hatte meinen Namen als Codewort gewählt. Ich schöpfte Hoffnung.

Die weibliche Stimme von vorhin meldete sich wieder.

»Tut mir leid, Herr Ottakring. Frau Herrenhaus lässt Ihnen ausrichten, dass sie nicht gestört werden möchte. Sie sollen sich am 20. Juli wieder melden.«

»Wir haben August«, sagte ich. »Juli ist vorbei. Sie haben falsch verstanden.«

»Nein, ich habe nicht falsch verstanden, mein Herr. Ich habe die Notiz direkt vor mir liegen. 20. Juli steht hier. Aber 20. Juli im nächsten Jahr.«

Diese Nacht wurde eine der längsten in meinem Leben. Ich stand mitten in meinem Schlafzimmer und erwischte mich dabei, wie ich das ungemachte Bett anstarrte. Ich stützte mich mit beiden Händen an der Kante des stummen Dieners ab und musste mich beherrschen, nicht den Kopf darauf sinken zu lassen. Ich stieß gegen die Wand, und ein Bild fiel herunter. Herr Huber kam herein und beäugte mich. Ich trat mit dem Fuß nach ihm.

Erst wenn man etwas entbehrt, weiß man es wirklich zu schätzen. Lola war allgegenwärtig. Sie ging mir nicht mehr aus dem Sinn. Ich grübelte, warum sie nichts mehr von mir wissen wollte. Dass ich ihren Geburtstag vergessen hatte – allein das konnte es unmöglich gewesen sein. Erst als ich im Morgengrauen dem Licht entgegenblinzelte, wurde mir endgültig klar, dass ich ein neues Leben beginnen musste, eines ohne Lola. Sie war so eine starke Frau und, wenn es sein musste, unerbittlich. Wenn Lola einmal einen Entschluss gefasst hatte, war er unumstößlich.

Ich legte Herrn Huber die Leine um und marschierte mit ihm auf einen Berg, anschließend schwammen wir beide bei Regen im Inn gegen die Strömung an. Der Hund war bärenstark und gewann.

Jedes Mal, wenn das Telefon schellte, nahm ich es in der Hoffnung ab, es möge Lola sein. Ich versuchte, mich in ein Buch zu vertiefen und in einem Werk über romanische Kirchen herumzustudieren. Ohne Erfolg. Mir fehlte die Konzentration.

Doch es ging aufwärts. Mein Beruf hatte mich gelehrt, Unangenehmes abzuschütteln. Das kam mir jetzt zugute. Immer öfter gelang es mir, Lola für einige Zeit aus meinem Kopf zu verscheuchen. Ich heftete mein Interesse an den Fall der Toten im Boot. Das half mir, mich abzulenken.

»Hallo, Olga, Ottakring hier. Wie geht's Ihnen?«

Olga Stripli, meine frühere Sekretärin. Ich hatte sie geduzt, wie alle anderen auch, doch nun, als Kriminalrat a.D., stand es mir nicht mehr zu, fand ich.

»Ach, Herr Ottakring, ist das aber eine Freude. Ich hab schon von Ihren Aktivitäten in Rosenheim gehört. Sie können's also nicht lassen. Sie rufen wegen dem Brief an?«

Ich hatte einfach ins Blaue hinein einen Rundumschlag machen wollen. Herausfinden, welche Kreise die Sache inzwischen in München gezogen hatte.

»Welcher Brief?«, fragte ich vorsichtig.

»Ach, dann wissen Sie's noch gar nicht? Also haben die Rosenheimer doch dichtgehalten. Na, das mit dem Abschiedsbrief. Das geht grade eh an die Presse.«

Aha, es gab Neuigkeiten. Wesentliche sogar, so wie die Stripli klang. Die Münchener gaben offensichtlich Amtshilfe für ihre Rosenheimer Kollegen.

»Wir haben einen Abschiedsbrief gefunden. Auf einem Sideboard im Entree von Giorgio Bellinis Haus. Sollte wohl gefunden werden, das Ding, sagen unsere Leute. Na, Sie werden die Info ja von den Rosenheimern erhalten.«

»Erzähl, Olga. Du hast mich neugierig gemacht.« Ich ertappte mich beim Duzen. Ich musste mich bremsen. »Jetzt können Sie mir's ja gleich selber schildern. Wo ich schon in der Leitung bin. Ich höre.«

»Aber Sie müssen mir versprechen, dass es vorläufig unter uns bleibt.«

»Kennen Sie mich oder nicht, Olga? Ist Tratschen mein bevorzugtes Hobby? Schießen Sie schon los.«

»Also gut. Unglückliche Liebe halt. Bellini schreibt in diesem Brief, dass die Frau ihn betrüge und er in ständiger Angst leben muss, weiter betrogen zu werden. Und trennen könne er sich auch nicht von ihr. ›Lieber bring ich uns um‹, schreibt er.«

»Und was ist Ihre Einschätzung, Olga?«, fragte ich. »Oder die der Kollegen? Sind die immer noch davon überzeugt, dass es Mord und Selbstmord war?«

Es blieb still in der Leitung. Ich hörte Papier rascheln. Dann meldete Olga sich wieder.

»Also wenn Sie mich fragen, war das Selbstmord. Was sonst als Selbstmord soll das gewesen sein? Die Kollegen sagen ja auch, dass man sich eindeutiger kaum umbringen kann, als sich die Rübe halb wegzublasen.«

Herr Huber hatte mittlerweile »bei Fuß« gelernt, ich nahm ihn an die Seite und marschierte mit ihm fast zwei Stunden am Inndamm entlang. Wir waren die Einzigen außer ein paar Krähen, die hoppelnd den Damm nach Fressbarem absuchten.

Es war Abend geworden, als ich schließlich das Restprogramm des Tages durchzog. Zuerst quälte ich den Heimtrainer für zwanzig Minuten, das brachte bei neun Komma sieben Kalorien Verbrauch in der Stunde pro Kilogramm Körpergewicht exakt zweihundertzweiundsechzig Kalorien. Dann sprang ich befreit unter die Dusche und cremte anschließend den gesamten Körper mit einer entsetzlich teuren Anti-Aging-Lotion für sofort spürbar weichere Haut ein. Nackt, wie ich war, schaltete ich die Gartenbeleuchtung an und schob die Glastür zur Terrasse zurück, um mich vom Abendwind trocken streicheln zu lassen. Zum Teufel mit Lola, ich fühlte mich fit und sauwohl.

Doch dann verengten sich meine Augen.

Eine Gestalt saß mit dem Rücken zu mir im blauen Gartenstuhl. Herr Huber bellte kurz auf, hisste den Schwanz und schoss auf die Silhouette zu.

Die Gestalt bewegte sich nicht.

Herr Huber begann sie wedelnd zu umkreisen.

Ich trat zur Seite und erkannte, wer es sich auf meiner Terrasse bequem gemacht hatte.

»Chili«, sagte ich. »Du?«

Sie kopierte meinen Ton. »Du? Jetzt? Hier?«, sagte sie. »Ja. Ich. Hier.« Sie verschränkte die Arme, blieb sitzen, blies Luft durch die Nase.

Mein Spalier-Geißblatt an der Hauswand duftete stark.

Die Gartenbeleuchtung zeichnete einen Kreis auf Kies und Gras vor der Terrasse.

»Hi. Hallo, Joe«, sagte Chili.

Ich legte ihr von hinten die Hand auf die Schulter. Sie schauderte, denn ihr war nicht entgangen, dass ich nackt war. Wortlos ließ ich sie zurück, ging in die Küche und mischte uns zwei Campari Soda, warf Eiswürfel ins Glas, steckte zwei halbe Limonenscheiben auf den Rand und warf zwei gebrauchte schwarze Strohhalme hinein, andere waren nicht da. Es war schon nicht einfach gewesen, zwei Gläser zu finden, an denen nicht irgendwo etwas abgesprungen war.

»Kann man hier was zu trinken kriegen?« Ihre Worte kamen aus der Dunkelheit. »Bitte«, setzte sie nach.

»Schon unterwegs«, sagte ich, streifte aus reiner Höflichkeit eine Sporthose über und ging hinaus.

»Warum hast du mich nicht über diesen Abschiedsbrief informiert?«, fragte ich und setzte mich neben sie.

»Danke für den Drink.« Sie schwang ihr Glas hin und her. Die Eiswürfel schlugen gegen das Glas. Statt einer Antwort griff sie mit der anderen Hand an mir empor und fuhr mit Daumen und Zeigefinger über meine Lippen, wie um sie zu verschließen. Sie saugte an ihrem Drink und verschlang mich mit den Augen. Ihr Blick war ohne Mitleid.

Mein Instinkt, mein Verlangen rang mit dem Anerzogenen, dem Schicklichen, mit den unerbittlichen Grundsätzen des zivilisierten Menschen. Ich versuchte, an etwas anderes zu denken, an die Toten im See, an Herrn Huber, wenn er schwamm, ans Triforium einer dreischiffigen Emporenbasilika. An Lola.

Der Versuch misslang.

Sie musste gespürt haben, was in mir vorging.

Wir sagten nichts. Nach jedem Schluck begegneten sich unsere Blicke, und wir lächelten uns an. Wie zwei Fremde, die einander nichts zu sagen und nichts anderes zu tun haben, als die Zeit mit Nippen und Saugen totzuschlagen, bis sie sich in die Arme des anderen werfen können.

Um die peinliche Stille zu überbrücken, fragte ich: »Habt ihr schon rausgekriegt, warum die beiden nackt waren? Und wo ihre Kleider sind?«

»Sind deine Gedanken nur beim Dienst?«, fragte Chili nach einer Weile leise. »Hast du gar nichts anderes im Sinn? Im Übrigen kannst du das ja selber herausfinden.« Ihr Ton war mit einem Mal ins Schnippische gekippt. »Scholl hat dich schließlich als Nebenermittler engagiert, wie man so hört.«

Sie legte eine kleine Pause ein. Dann zuckte sie mit den Schultern, leerte ihr Glas halb und bedeutete mir mit einer Kopfbewegung, ihr zu folgen. Sie war noch nicht oft in meiner Wohnung gewesen. Sie kannte das Wohnzimmer, die Terrasse und die Gästetoilette. Doch noch nie hatte ich ihr gezeigt, wo mein Schlafzimmer lag. Mit schlafwandlerischer Präzision zog sie mich an der Hand hinter sich her genau dorthin.

Ich fühlte mich wie in einer Falle, aus der es kein Entrinnen gab. Ich war in Chilis eisernem Griff gefangen, und dieser Zwang lähmte meinen Widerstand, löschte ihn vollständig aus.

Sie zog mich durchs Wohnzimmer, vorbei an dem geschnitzten Eichenschrank, einem Erbstück eines Onkels, der Weihbischof war. Wir fielen beinah über das CD-Rack und stolperten gegen den Türrahmen. Mit dem Ellbogen schaltete ich versehentlich den Kronleuchter über dem Glastisch an.

Meine Begierde wuchs, und ich gestand mir ein, dass ich Chili schon immer begehrt hatte. Ich gierte nach dieser Frau, nach ihrem Duft, ihrem Schweiß, ihren Schreien. Maßlos steigerte ich mich auf den wenigen Metern in einen Zustand der Ekstase hinein.

»Chili, du musst mir helfen«, sagte ich.

»Ja, ich helf dir«, sagte sie.

An Lola dachte ich keinen Augenblick mehr in diesen Minuten.

Chili strich mir flüchtig übers Haar. Gemeinsam überwanden wir alle Hürden, die sich uns in den Weg stellten: die antike Anrichte im Entree mit frisch geschnittenen Rosen darauf; die düstere Standuhr, die, ebenfalls weihbischöflich, bis unter die Decke ragte; Herrn Hubers haariges Bett und schließlich Herrn Huber selbst, der sich exakt vor der Schlafzimmertür ausgestreckt hatte.

Eng umschlungen ließen wir uns aufs Bett fallen. Herr Huber gähnte laut und verächtlich, als ich Chili die Kleider vom Leib riss. Eine Leidenschaft brach aus uns heraus, wie ich sie so üppig und brünstig noch nie erlebt hatte. Wir keuchten wie Rennpferde, die durchs Ziel galoppieren, die Stute stets mit einem halben Kopf voraus. Nackt lagen wir auf dem Bett, und auf Chilis schweißnasser Haut konnte ich jedes Körpermal entdecken. Aber die Zeit, mich daran zu erfreuen, fehlte mir. Plötzlich packte mich eine gewaltige Macht und drohte mich aus dem Bett zu kippen. Jäh beherrschte mich ein unbarmherziger stechender Schmerz in meinem Rücken.

Jeder nachhaltige Druck von Armen oder Oberkörper, von Hüfte, Schenkeln und Becken, jede hastige Bewegung, alles will in meinem Alter sorgfältig auf Gefahr und Wirkung geprüft sein. Wie hatte ich das unbeachtet lassen können. Bei keinem Vorgang im Repertoire männlichen Verhaltens werden nacheinander oder gleichzeitig so viele Streck-, Beuge-, Hebe- und Dehnbewegungen vollführt wie beim Sexualakt. Wehe dem, der gegen solche

Abläufe im Stehen, Sitzen, Liegen anfällig ist, ganz zu schweigen von den tückischen Verrenkungen, die ein kühnes Wechseln zwischen diesen Stellungen erfordert. Ich hatte die Warnungen des Körpers, derartige Bewegungen durch Vertikale und Horizontale nicht zu unternehmen, in der kurzen Zeit im Bett mit Chili missachtet.

Ich zog mich sehr vorsichtig in eine Ecke des Betts zurück und blieb wie gelähmt liegen.

Chili rauschte aus dem Zimmer und kam mit einer angebrochenen Flasche Franzbranntwein aus dem Badezimmer wieder. »Komm, leg dich auf den Bauch«, sagte sie.

Sie rieb mich mit dem Mittel ein, danach mit Mobilatsalbe. Es brannte höllisch.

»Das hilft bestimmt«, sagte sie.

Sie verzichtete darauf, den Notarzt zu rufen, bevor sie sich mit einem vorsichtigen Gutenachtkuss verabschiedete. Ich hörte ihr Auto anspringen, dann war alles wieder still. Es war, als hätte es nur meinen Anfall gegeben, sonst nichts.

Ich wälzte mich im Bett. Zum einen vor Schmerz, der weiter anhielt, und zum anderen weil ich mir vorkam, als wäre ich kurz davor gewesen, meine leibliche Nichte zu verführen. Ich fühlte mich mies und überlegte, welche Art von charakterlichem Defekt ich wohl hätte. Ich empfand mich treulos Lola gegenüber und doch von Chili angezogen wie von einem Magnet. Es war nur eine sexuelle Begegnung gewesen, doch was waren die Konsequenzen? Wie unbefangen konnte ich Chili zukünftig gegenübertreten? Lola, flüsterte mir das kleine Männchen in meinem Hirn zu, hat sich aus eigenem Entschluss zurückgezogen, du bist frei. Und, fuhr es fort, wer hat das Spiel begonnen, du oder Chili? Na siehst du, warum also ein schlechtes Gewissen haben, zier dich nicht so.

Es kam nicht oft vor, dass ich eine halbe Schlaftablette für die Nacht nahm, doch diesmal tat ich es.

Von einem Höllenkrach wurde ich geweckt. Die Welt schien gerade unterzugehen. Das Telefon schrillte, die Türklingel schellte, draußen läuteten die Kirchturmglocken, und eine Sirene heulte aus dem Dorf herüber. Der ganze Lärm wurde überlagert vom Gebell Herrn Hubers, der wie ein Verrückter an der Wohnungstür stand und mit den Vorderpfoten auf die Klinke hämmerte. Schließlich kriegte er sie auf und fegte hinaus. Ich wusste, dass er auch die Haustür öffnen würde. Sie krachte gegen die Wand. Draußen war es taghell, es war halb neun.

»Tach, Huberlein. Na, nich so stürmisch«, hörte ich. Eine Stentorstimme. »Is dein Herrchen da?«

Den Ton kannte ich. Liebermann. Er war noch nie bei mir gewesen. Was wollte er um diese Zeit? Ich äugte um die Türfüllung herum.

»Na, Sie sehen ja sexy aus«, trompetete Liebermann in den hohlen Hausflur hinein. »Ihre Arbeitskleidung?«

Er glänzte wie immer mit seiner Jägerkluft. Grünes Hemd, grüne Hose, heute sogar mit grünem Hut.

Herr Huber schwänzelte um ihn herum und schnüffelte an den Schnürstiefeln.

Ich sah an mir herunter. Alles, was ich anhatte, war ein kurzes schwarzes T-Shirt.

»Sie sind doch Kriminaler, nich? Kann ich reinkommen?«

»Ich war einer, Liebermann, ich war einer«, sagte ich. »Klar, kommen Sie rein. Aber lassen Sie mich erst mal ins Badezimmer verschwinden.«

Ich war gespannt, was Liebermann wollte. Neulich in seinem Biergarten war er mir recht eigenartig vorgekommen, fast als hätte er etwas zu verbergen gehabt. Nun aber machte er einen absolut unbefangenen Eindruck.

Das Badezimmer sah aus, als wäre Lola erst gestern hier gewesen. Der Klodeckel war runtergeklappt, es lag keine Schmutzwäsche auf dem Boden, der Spiegel war nicht bespritzt, die beiden Waschbecken sauber. Der einzige Geruch, der im Raum hing, war der von antibakterieller Seife. Ich musste mich total geändert haben. Offenbar hatte ich aufgeräumt. Ich putzte die Zähne, gurgelte mit Mundwasser, rieb mir Gesicht und Stirn mit der Spezialcreme ein und zog Jeans und ein frisches Polohemd über.

Liebermann stand auf der Terrasse, ein schäumendes Weizenbier funkelte auf dem Tisch. Er war an meinem Kühlschrank gewesen. Als er meinen kritischen Blick hin zur Uhr bemerkte, winkte er ab.

»Nicht aufregen«, sagte er und hielt mir das Glas hin. »Hilft gegen Mundgeruch und Fußschweiß. Und keine Angst, ich bin bald wieder wech.«

»Also, was ist«, sagte ich und stieß beide Hände in die Hosentaschen. Die Mundwinkel, die ich zu einem falschen Lächeln hochgezogen hatte, fielen nach unten. »Warum sind Sie hier?«

»Dann trink ich's eben selber«, sagte Liebermann und hob das Glas. »Prost«, sagte er und nahm einen langen Schluck.

Er warf sich in den blauen Gartenstuhl, in dem am Abend zuvor noch Chili gesessen hatte. Den grünen Hut behielt er auf.

»Sie ham von meinem Kahn gehört«, begann er. »Ich mein die Sache mit dem Kahn, der wech war.«

»Und mit zwei Toten an Bord wieder an Ihrem Biergarten festgemacht hat«, sagte ich. Ich stellte mich dicht vor ihn und richtete den Blick möglichst hart auf seine Augen. Herr Huber hatte sich neben mich gesetzt und versuchte dasselbe.

Unwillkürlich schlug ich den sonoren Tonfall an, den ich früher bei Verhören angewandt hatte.

»Haben Sie eigentlich schon in dem Moment bemerkt, dass es Ihr Kahn war, der da von See her herankam? Wir sind ja schließlich beide dabei gewesen, als das Ding angelandet ist.«

»Nein. Ich hab's erst später als mein Boot identifiziert. Identifizieren müssen, bei der Polizei. Aber darum geht's mir nich. Deswechen bin ich nich hier. Ich brauch Ihren Rat.«

Er schaute mich ein paar Augenblicke lang an, runzelte die Stirn und nickte. In seinem Westfälisch sprach er weiter.

»Als mich Ihre geschätzte Kollegin vernommen hat, hab ich ihr gesagt, dass ich in meinem Betrieb war und nicht gemerkt hab, dass der Kahn fehlt. Hab ich auch nicht merken können, ich guck ja nicht ständig danach. Ich war auch den ganzen Abend im eigenen Wirtshaus, wie immer, und dann bin ich ins Bett. Das stimmt alles, dafür gibt's Zeugen.« Er wischte sich den Schweiß ab, der sich über seiner Lippe gebildet hatte. »Da ist nur noch ein Problem.«

Liebermann schloss die Augen, als ob er unsicher wäre, was er sagen sollte. Er drückte sie fest zu, als er weiterredete, und es klang monoton, wie in Trance.

»Mein Sohn hat schon mal mit dem Gesetz zu tun gehabt, Drogen, wissen Sie. Das ist zwar schon einige Zeit her, aber ich wollt den Jungen bei der Polizei außen vor lassen. Er ist mein einziger Sohn, der Georg. Inzwischen hat er sich wieder gefangen, mit einem zauberhaften Mädchen angebandelt, und die zwei wollten an jenem Abend nach Seehäusl. Das ist eine Surfschule nördlich von Chieming, da sollte an dem Abend so richtig die Post abgehen, nur für junge Leute, Sie wissen schon, und da wollten die beiden hin. Der Georg hat mich gefragt, ob er den Kahn dafür haben kann, und da hab ich natürlich ja gesagt. Zurück gekommen sind sie in der Früh mit Freunden im Auto, und als der Georg den Kahn am nächsten Tag holen wollte, war er weg.«

Erst jetzt machte Liebermann die Augen wieder auf und sah mich an. Ich spürte, wie mein Herzschlag sich beschleunigte.

»Und das wollt ich der Polizei nicht unbedingt unter die Nase reiben, verstehen Sie? Nur wegen dem Georg, wegen nichts sonst, wissen Sie?« Sein Lächeln war verschwunden. »Ihnen kann ich's ja anvertrauen. Oder? Zu Ihnen hab ich Vertrauen.«

Ich griff über Liebermanns massigen Körper hinweg und nahm das leere Glas an mich.

»Interessanter Aspekt«, sagte ich, »aber die Kripo Rosenheim wird's herausfinden. Die sind ja nicht blöd. Das ist ihr Job. Eine Frage noch. Wissen Sie, wann die jungen Leute in Seehäusl angelegt haben? Um wie viel Uhr?«

Liebermann überlegte kurz. Er klemmte die Daumen unter die Hosenträger und sagte:

»Na klar. Die Party war am Samstag. So um acht Uhr werden sie also festgemacht haben. Aber noch was. Ich bin da gar nicht so überzeugt, ob die Polizei das rauskriegt, wenn Sie's ihnen nicht sagen. Man kann sich einer Sache niemals sicher sein, die sich erst in der Zukunft abspielt.«

Herr Huber nickte zweimal in Richtung Liebermanns Bauch und gähnte kurz und laut.

In meinem Kopf drehten sich die Rädchen. Ich begann zu ahnen, dass ich auf einen wichtigen Punkt zusteuerte.

Ich hatte Mühe, mich zu konzentrieren. Wieder einmal schweiften meine Gedanken ab zu Lola. Ich begeisterte mich an der Idee, sie im Hotel aufzusuchen oder sie wenigstens anzurufen. Dann würde sich der Klebstoff, der mich seit Tagen mit Chili verband, womöglich von selbst auflösen. Ich konnte mich doch unmöglich mit der Tochter meines Freundes einlassen. Die Bettszene hätte nicht passieren dürfen.

»Hund, komm, wir gehen!«

Die Sonne war über den Ostteil der Veranda spaziert und hatte die lang und spitz ausgestreckten Ohren Herrn Hubers erreicht. Der stand sofort auf und presste seinen Kopf an mein Knie. Ich legte ihm die Laufleine um, und wir gingen joggen, er an meiner linken Seite. Am kilometerlangen Damm des Inns ließ ich ihn frei. Der Strom war an dieser Stelle vielleicht dreihundert Meter breit, das Wasser trieb träge nordwärts und war von graugrüner Farbe. Ein schmaler Weg führte entlang wild wachsender Büsche und hohen Kräutern, Schafgarbe und Kamille. Der Hund trabte zehn, fünfzehn Meter vor mir her, und ich konnte meinen Gedanken freien Lauf lassen.

Ich hätte zu gern gewusst, wer der Anrufer heute früh gewesen war, als zur selben Zeit Liebermann an der Tür geklingelt und oben im Dorf die Glocken geläutet hatten.

ACHT

Wenn man mich fragt, was ich nicht ertragen, nicht ausstehen kann, dann muss ich mit einiger Berechtigung sagen: das Lückenhafte. Alles Unvollständige quält mich, es lässt mir keine Ruhe. Ich muss es ergänzen, vervollständigen. Weiße Stellen, ganz gleich, wo, rufen in mir eine tiefe Unzufriedenheit hervor.

Von Weitem schon hörte ich Sirengeheul. Im Allgemeinen verheißt das nichts Gutes. Feuer, Unfall oder Herzinfarkt. Doch ich regte mich zunächst nicht weiter auf, denn betroffen sind in der Regel immer die anderen. Je weiter ich mich dann allerdings meiner Wohnung näherte, desto größer wurde meine Befürchtung, die Sirene könne etwas mit mir zu tun haben. Herrn Hubers Quietschen und Jaulen ging in wütendes Bellen über, als wir durch das nördliche Stadttor von Neubeuern kamen, hundert Meter vor unserem Heim. Wir passierten von Guttenbergs Stadel – und mit einem Mal war alles klar. Auf dem kiesbestreuten Platz vorm Haus parkte ein Streifenwagen, ein Malteserfahrzeug auf dem Rasen hinterm Haus. Es war Viertel vor sieben am Abend. Ich war rundum nassgeschwitzt.

»Sie, Sie, Sie – Mörder!«, schallte es mir entgegen. Harry Steiner warf sich gegen meine Brust und hämmerte mit den Fäusten auf mich ein. »Was haben Sie getan, Sie Idiot?« Sein Adamsapfel hüpfte im dünnen Hals auf und ab.

Nach einem kurzen Gerangel hatte ich mich befreit.

Der Ortspolizist und ich kannten uns vom Sehen.

»Sind Sie Josef Ottakring?«, fragte er mich unnötigerweise. Auch er hatte Schweiß auf der Stirn. »Bitte folgen Sie mir.«

Hinter mir hörte ich Harrys Wutgeheul.

Die Ladeklappe des Malteserautos stand offen. Ich blickte auf den breiten Rücken eines Sanitäters, der sich, über eine Trage gebeugt, offensichtlich um eine Person im Inneren kümmerte.

»Ist das Ihr Anwesen?«, fragte mich der Polizist.

Ich war mir sicher, dass er wusste, dass mir das Haus nicht gehörte und ich hier zur Miete wohnte. Ich sagte nichts und sah

75

mich um. Zwei Rosenbüsche und das Gras darum herum waren niedergetrampelt.

»Kennen Sie eine gewisse Frau Steiner?« Der Polizist wieder. Seine Schirmmütze hing im Genick. Die Arme hielt er am Rücken. Vermutlich hatte er dort Handschellen für mich reserviert. »Frau Martha Steiner«, ergänzte er.

»Absolut«, sagte ich. »Steiner ja. Martha weiß ich nicht.«

»Da drin«, sagte er und nickte mit seinem ausladenden Kinn in das Malteserauto hinein. »Das ist die Steinerin.«

Harry turnte wie verrückt zwischen einem Polizisten und einem Malteser herum, die ihn festhielten. Die Zigarette war ihm aus dem Mund gefallen. An seiner Lederhose waren dunkle Flecken.

»Mörder, Mörder!«, schrie er in einem fort. »Sie haben meine Mama umgebracht.«

Unter Tränen krächzte er leise: »Wenn sie stirbt.«

Martha Steiner, hieß es im Protokoll, war auf dem steilen Abhang zwischen ihrem Mietshaus zu meinem Mietshaus ausgeglitten, hatte den Halt verloren und war die Böschung hinuntergekullert.

Der Dorfpolizist ergänzte mit dumpfer Stimme: »Und von einem Ihrer Eisenstäbe gepfählt worden.« Sein Kinn wackelte wie Pudding, als er wiederholte: »Jawoll, gepfählt, Herr Kriminalrat.«

Ich erfuhr, dass ihre linke Brustseite im Abrollen auf einen der Eisenstäbe getroffen war, mit denen ich die Rosenbüsche neu befestigen wollte. Die Spitze war zwischen zwei Rippen gedrungen. Sie hatte Glück gehabt, denn innere Organe waren nicht betroffen.

Ganz nebenbei fand ich damit schlagartig meine Vermutung bestätigt, wer sich ständig an meinen Rosen zu schaffen machte.

Der Polizeibeamte beugte sich zu mir und streichelte versonnen sein Doppelkinn. »Sie sind der Kriminalrat, nicht ich. Ich weiß auch nicht, was ich machen soll. Wer kann denn wissen, was alles so passiert auf der Welt«, sagte er. »Sie hat nicht einmal stark geblutet. Sie war ohnmächtig, als wir sie gefunden haben.«

Er unterbrach sich, um meine unausgesprochene Frage zu beantworten. »Ein Nachbar«, sagte er. »Der Nachbar unter ihr hat uns verständigt.«

Mit der Handkante schob er die Mütze wieder in die Stirn. Seine Ohren waren außerordentlich lang und unglaublich gerötet.

»Sie wollte trotz ihrer Verletzung gleich wieder auf ihren Balkon, putzen, aber wir haben vorsichtshalber den Sohn verständigt. Seine Handynummer ist auf ihrer Schürze aufgenäht. ›Harry‹, und dann die Nummer. Seit er da ist, hat er sich aufgeführt wie ein Irrer, der Harry, sag ich Ihnen. Wie ein Irrer. Er wollte Sie umbringen, als er das mit den Eisenstäben gehört hat. Ich sag Ihnen, der spinnt.« Er unterbrach sich und tippte an den Rand seiner Dienstmütze.

Der Fahrer des Malteserwagens war herangetreten, um sich zu verabschieden. »Wir fahren die Frau jetzt weg«, sagte er. »Ins Klinikum nach Rosenheim.«

Die Natur hatte die absolut passende Beleuchtung für diese Szene geschaffen. Die untergehende Sonne breitete einen zartrosa Lichtschein über das Massiv des Wendelsteins und malte blutrote Kumuluswolken an den Himmel darüber.

Der Harry! Da legst die Ohren an! Ich hatte ihn ja schon einmal alles andere als hilfreich und freundlich erlebt. Als er mir fast an die Gurgel ging, weil ich nicht den Geldverleiher spielen wollte.

Darüber dachte ich nach, als ich nach Rosenheim fuhr, um endlich, immer noch gegen meine innere Überzeugung, in den Besitz eines mobilen Telefons zu kommen. Nicht etwa, dass nun auch mich der Virus ständiger Erreichbarkeit befallen hätte. Doch wenn ich in München, am Chiemsee oder sonst wo in der Rosenheimer Provinz umherziehen wollte, um zu recherchieren, wollte ich telefonieren können, ohne mir jedes Mal eine Zelle suchen zu müssen.

Flugs erwarb ich also ein Handy. Ich verließ das Geschäft und sah mich um. Gegenüber dem Polizeipräsidium, auf der Loretowiese, bauten sie das Herbstfest auf. Hatte ich vollkommen vergessen, es war Mitte August, natürlich, die Wiesn.

Auf der Münchener Wiesn war ich oft gewesen, auf der Rosenheimer noch nie. Der Platz hatte ein Sechstel der Größe vom

Münchener Oktoberfest, doch in Rosenheim dieselbe Bedeutung. Der größte Parkplatz der Region war dabei, sich in die umwerfendste Gaudi zwischen München, Salzburg und Innsbruck zu verwandeln. Man sagte, dass dieses Fest zwar kleiner, dafür aber persönlicher, uriger sei. Keine wild gewordenen Australier und Kanadier, keine bierseligen Japaner. Nur da und dort ein paar betrunkene Preußen oder Italiener. Die zwei gigantischen Biertempel standen schon, überragt vom Riesenrad und umgeben von Dutzenden von Buden, Ständen und Fahrgeschäften. Durch den Eingang, der einem Stadttor nachgebaut war, fuhren pausenlos Laster ein und aus, Monteure in Blaumännern hoben, schraubten und hämmerten, und Männer in nass geschwitzten T-Shirts schleppten lange Bänke.

Ich stellte mich in den Schatten des Tors mit Blick auf die dunkelgrüne Steinfassade der Polizeidirektion und tippte einige Ziffern in mein neues Handy. Die Nummer hatte ich im Kopf. Paulis Nummer. Pauli war um die vierzig, ein liebenswerter Schlawiner und jahrelang mein V-Mann fürs Grobe in München gewesen.

»Pauli, Joe hier. Kennst mich noch?«

Heiseres Lachen am anderen Ende. »Hallo, mein Herr und Gebieter. Wie geht's Euer Gnaden? Ich hab gedacht, du bist verstorben?«

Immer noch derselbe Humor. Ich sah ihn vor mir in seinen seitlich geflochtenen Lederhosen, mit der Glatze und den drei goldenen Nadeln im linken Ohr. Dazu trug er meist ein weißes Leinenhemd mit den abenteuerlichsten Stickereien drauf und immer ein magisches Amulett, um feindliche Kugeln oder Pfeile abzuwehren.

»Hast du von dem Fall mit den beiden Toten am Chiemsee gehört?«, fragte ich. »Die im Kahn angetrieben sind?«

»Gelesen. Na klar«, sagte Pauli.

»Okay. Dann weißt du ja Bescheid. Hast also auch die Namen Giorgio Bellini und Helen Esterding schon gehört, äh, gelesen, und was die machen.«

»Gemacht haben. Ja, weiß ich, Chef.«

»Kannst du für mich was rausfinden über die zwei?«, fragte

ich. »Leben, Gewohnheiten, Verbindungen, wie intensiv ihre Liebe war – du weißt schon.«

Er murrte ein bisschen. »Hm. Kunsthändler und Künstlerin. Ist zwar nicht direkt meine Schublade. Aber ich werd's schon übernehmen. Wenn's sein muss.«

Zur Bekräftigung fuhr sich Pauli jetzt wohl übers kahl rasierte Haupt. Ich hatte dieses Bild von ihm noch im Kopf. »Dir zuliebe«, setzte er hinzu.

»Noch was, Pauli. Bei Bellini in der Wohnung ist ein Abschiedsbrief mit seiner Handschrift gefunden worden. Das Mädchen scheint ihn betrogen zu haben, und vor lauter Verzweiflung wollte er sie und dann sich umbringen. Lieber tot als betrogen, schreibt er. Mich interessiert, ob das mit seiner Einstellung, seinem Charakter, seiner Lebensweise zusammenpasst.«

Es knackte kurz, dann kam er wieder.

»Des hammer glei. Sag mal, die Nummer auf meinem Display, hast du jetzt ein Handy? Der verbiesterte Kriminalrat Ottakring telefoniert mobil?«

»Absolut«, sagte ich.

Sein Lachen hielt so lange an, bis er sich verschluckte. Dann legte er auf.

Pauli, wäre er kein Gauner gewesen, hätte Banker werden können, Versicherungsmakler oder Politiker. Er beherrschte die Kunst, aus der Menschheit Geld herauszuschlagen, ohne Gewalt anzuwenden. Pauli war gutmütig und offen, er war intelligent und konnte improvisieren. Im richtigen Leben hätte er es folglich zu etwas bringen können. Nur – Pauli wollte sehr bewusst auf der anderen Seite der Straße leben.

Einmal, vor vielen Jahren, hatte ihm die Konkurrenz aus der Münchener Unterwelt ans Leder gehen wollen, und ich hatte ihn für eine Weile in Schutzhaft nehmen lassen. Als er wieder herauskam, gab es seine Konkurrenz nicht mehr.

Seither tat Pauli alles für mich.

»Des hammer glei« war sein geflügeltes Wort.

Ich kannte einige seiner Geschäftsfreunde, die Pauli auch so nannten: Für sie war er »der Hammerglei«.

NEUN

»Großartig war diese Bellini-Ausstellung in München«, berichtete Pauli. »Ein Stück Tapete, auf dem rote Farbstreifen von links oben nach rechts unten liefen. Dann eine Leinwand, auf der ein paar Punkte zu sehen waren. Ein Bild bestand aus ein paar wirren Strichen. In einem hängenden Kästchen waren Stücke von alten Lederriemen, jeder mit einer Schnalle, angebracht. Und schließlich noch vertrocknetes Moos hinter Glas.«

Ja, ja, er konnte sich ausdrücken, wenn er wollte, der Pauli. Er wandte den Blick von seinem Wurstsalat ab und begutachtete die Dirndl-Ausschnitte um uns herum. »Mordsweiber!«

Wir waren uns auf halber Strecke zwischen München und Rosenheim entgegengekommen. In Aying hatten wir uns verabredet, im Brauereigasthaus. Es war nicht viel los um diese Zeit. Es roch nach abgestandenem Zigarettenrauch vom Vorabend. An einem langen braunen Holztisch saßen wir uns gegenüber. Pauli trank Apfelschorle, ich ließ mir ein Weißbier nicht nehmen.

»Zu Zack Borsody hab ich gewollt, um etwas über den Bellini herauszufinden. Der hat die Ausstellung organisiert. Ich hab die S-Bahn genommen und bin bis Pasing gefahren, ein paar Schritte gegangen und hab an dem Mehrfamilienhaus geklingelt. Zack Borsody. Wenn einer in München was über die Kunstszene weiß, dann der. Den wollt ich interviewen.«

»Zack wer?«, fragte ich.

»Zack Borsody. Es war gar nicht so einfach gewesen, den zu finden.«

Die übliche Floskel. So etwas wie ein Spesenverstärker.

»Als wenn er mich erwartet hätte. Im dritten Stock ist er in Strümpfen unter der Tür gestanden und hat einen olivgrünen Ledermantel angehabt. Beethovenmusik im Hintergrund. ›Vierte?‹, hab ich geraten. ›Blödsinn. Siebte‹, hat er gesagt. ›Dich hab ich ja länger nicht gesehen als den Papst. Komm rein, Bruder.‹«

»Erzähl mir mehr über diesen Zack«, sagte ich.

Er sah mich an wie ein Lehrer seinen verblödeten Schüler.

»Mann, Bruder«, sagte er. »Gleiche Spielregeln wie früher. Betriebsgeheimnis.« Er fuhr sich mit beiden Händen über den Schädel und fuhr fort.

»Das Wohnzimmer von dem Borsody war einfach eingerichtet, nur an der Wand sind Bilder mit abstrakten Motiven gehangen, aufgereiht wie zum Verkauf. Von Deckenstrahlern beleuchtet, die Rollläden waren heruntergelassen. Ich hab gleich gerochen, dass Zack getrunken hatte. Auf dem Couchtisch war eine geöffnete Flasche französischer Kognak herumgestanden. Kein Glas.«

Er griff in seine Lederjacke und schob mir fünf Bilder über den Tisch, eines nach dem anderen.

»Da, schau, ich hab ein paar Fotos von seinen Gemälden gemacht.«

Fotos von Spachtelarbeiten. Zerfranste Linien, aneinandergereihte Felder, gelb, grün, rot, türkis. Abscheulich grinsende Masken. Lupenreiner Humorismus, nicht mein Geschmack, doch ich konnte die Spur förmlich riechen, die Pauli da anscheinend aufgenommen hatte.

»Kopien?«, fragte ich ihn.

»Ach was. Alles echt«, sagte Pauli und ließ den Arm schweifen, als spräche er von seinen eigenen Bildern und als hingen sie an der Wirtshauswand.

»Mein Besuch war für ihn natürlich unerwartet.« Er wühlte mit der Gabel im Wurstsalat.

»Wie sieht er eigentlich aus, dein Zack?«, fragte ich.

Er zupfte an seinem Ärmel herum. »Der ist bestimmt ein paar Jahre älter als ich, genau weiß ich das nicht, aber so Ende vierzig vielleicht. Hängebacken, Hängehals, schwere Gastritisfalten, die wenigen Haare schwarz gefärbt. Gestern war er ganz grau im Gesicht gewesen, unrasiert, und er ist ein bisschen gebückt dagestanden. Das Leben scheint es nicht besonders gut mit ihm gemeint zu haben. Seine Augen haben einen ganz eigentümlichen Glanz gehabt, vom Kognak, schätze ich. Aber sonst war er ganz klar, der Mann.«

Pauli schob einen Stapel Hochglanzmagazine auf der polierten Holzbank zur Seite und rutschte hin und her. »Ich hab ihn nach Giorgio Bellini und Helen Esterding gefragt und ob ihm das was sagt. Weißt du, was er als Erstes getan hat?«

Ich hob die Schultern und ließ sie wieder fallen.

»Er hat sich die Flasche gegriffen und einen heftigen Schluck genommen. Dann hat er diese Geste gemacht …«, Pauli rieb Daumen und Zeigefinger aneinander, »… und die Augenbrauen hochgezogen. Knete wollte er haben, der Bruder. Gleich wollt er sie haben. ›Nix‹, hab ich gesagt, ›das hat Zeit. Erst die Ware.‹«

»Und?«, fragte ich. »Hat er die beiden gekannt?«

Pauli sah mich voller Mitleid an. Er zog eine zerknautschte Virginia aus der Ärmeltasche seiner Jacke, ein Heftchen Streichhölzer aus der Seitentasche und zündete den Zigarillo an. »Wie gesagt: Wenn du in München mit Kunst zu tun hast, kommst du an Bellini nicht vorbei.«

Er blies den Rauch in Kringeln zur Decke und sah ihnen nach.

»Der Zack wusste sogar, wie alt die zwei waren. ›Dreiundsechzig‹, sagte er, ›der Bellini. Dreißig Jahre die Esterding. Am 7. Juli verstorben.‹ – ›Dein Gedächtnis funktioniert also noch‹, hab ich ihm gesagt. ›Das werden wir auch noch brauchen.‹«

Pauli musste lachen. Er verschluckte den Rauch dabei und hustete jämmerlich. Postwendend erfuhr ich den Grund für seine Heiterkeit.

»›Ich hab's mir noch nicht kaputt gesoffen, mein Gedächtnis‹, hat der Zack gesagt, da war er ganz ehrlich. ›Das heb ich mir zum Schluss auf. So lange muss es durchhalten. Danach können auch meine Erinnerungen zu Staub zerfallen.‹«

»Brav!«, sagte ich und schnalzte mit der Zunge.

»Ich hab ihn gefragt, ob er weiß, warum die zwei, also der Bellini und die Esterding, ausgerechnet am Chiemsee waren. Ob sie miteinander verbandelt waren. Ob sie Streit gehabt haben. Ob es Skandale gegeben hat.« Pauli lehnte sich zurück und breitete die Arme aus. »Und dann hat der Typ wieder so einen schlauen Spruch auf den Lippen gehabt. ›Die Frage ist, ob du Gerüchte oder die Wahrheit hören willst, Bruder‹, hat er gesagt. Er wisse oft nicht, wie er das auseinanderhalten kann.«

Pauli lachte wieder und schüttelte seine Glatze nach vorne

aus, als habe er lange Haare voller Läuse. »Ich bin ja auch nicht auf den Mund gefallen. ›Gerüchte entstehen selten, ohne dass es eine Ursache gibt‹, hab ich gesagt.« Er legte einen Finger an die Nasenwand und sah mich mit hochgezogenen Augenbrauen an. »Na, wie war ich?«

Ich verzichtete darauf, laut in die Hände zu klatschen. Manchmal hörte Pauli sich einfach gern selbst reden.

»Was hast du jetzt eigentlich rausgefunden?«, fragte ich ihn. »Hast du Infos, die zählen, oder nur solches Gepläinkel?«

»Okay, Bruder«, sagte Pauli und grinste schräg. »Krieg ich noch eine Apfelschorle?«

Früher konnte ich solche Sachen auf Spesen laufen lassen. Jetzt war es eine reine Privatinvestition. Ich nickte und machte eine lockere Handbewegung zur Kellnerin hin.

»So war's jedenfalls gewesen«, fuhr Pauli fort. »Bellini hat unter denen, die in München Kunst kaufen und verkaufen, entscheidenden Einfluss gehabt. Er hat bestimmt, was gelaufen ist. Konnte Künstler fallen lassen und andere berühmt und reich machen. Fördern nannte er das. Helen Esterding hat er auch gefördert. Das bedeutet, dass er sie gebumst und dafür ihre Bilder an den Mann gebracht hat.«

Die Kellnerin kam, brachte Paulis Schorle und räumte den Tisch ab.

Ich fand das sehr beachtlich an dem Mann. Sonst trank er immer Bier, selten einen Obstler. Doch wenn er die Harley dabeihatte, ließ er es bleiben. Null Alkohol. Er prostete mir zu und nahm einen tiefen Schluck.

»Jedes Wochenende hat die Esterding in seiner Villa verbracht. Er hatte so ein herrschaftliches Gut draußen vor der Stadt, einen umgebauten Bauernhof, glaub ich, das Haus war ja auch in der Zeitung abgebildet. Was die Esterding wohl zu dem Zeitpunkt nicht gewusst hat: Der Bellini hat zusätzlich eine Wohnung in München gehabt, drüben im Arabellaviertel. Und in diese Wohnung hat er sich jede Woche Mädchen bringen lassen. Auch mehrere.«

Paulis Augen hefteten sich intensiv an mir fest. Sie leuchteten hell. Er lächelte mild, als er fortfuhr:

»Mädchen, meine ich, nicht junge Frauen. So. Und irgendwann ist ihm die kleine Esterding wohl draufgekommen. Bevor sie's mitgekriegt hat, ist sie ganz brav immer nur nach Bad Wiessee gefahren zum Roulette. Aber als sie's erfahren hat, das mit den Weibern, hat sie sich selber auch Kerle besorgt und mit auf den Bauernhof genommen. Da rauschte es dann bis in der Früh, bis der Alte wieder an die Tür geklopft hat. Schließlich soll sie's auch noch aushäusig getrieben haben, heißt es. Also wenn du mich fragst, Bruder …«, Pauli lehnte sich nach hinten und machte eine obszöne Geste, »… ich hätt sie nicht aus dem Bett geschmissen, wenn sie mir vor die Flinte gekommen wär.«

Er nahm noch einen Schluck und rülpste leise.

»Persönlich gekannt hat der Zack Borsody die Esterding nicht. Nur gesehen hat er sie einmal, hat er gesagt. Die Infos machen halt so die Runde in diesen Kreisen. Das ist das Komische an der Weltstadt München. Wenn die Wilma Maier eine Affäre mit dem Hugo Müller hat, dann weiß das nachher jeder.«

Pauli sah auf die Uhr, klatschte mit den Händen auf die Oberschenkel und sprang auf. Ein Knie rammte gegen die Tischplatte. Er jaulte auf.

»Das war's.«

An der Art, wie er an seiner Jacke herumzupfte, erkannte ich seine plötzliche Ungeduld. Pauli hatte noch was vor.

»Wart mal, Bruder«, kam ich ihm zuvor. »Beantworte mir noch eine Frage. Kunsthändler kaufen und verkaufen Bilder, richtig? Meistens sind diese Menschen doch Möchtegerne oder Hungerleider. Aber dieser Bellini, der war doch richtig bissig und richtig reich, oder? Da muss er doch noch andere Dinger gedreht haben. Oder?« Ich schaute Pauli aus schmalen Augen an. »Und wenn er so reich geworden ist, was hat er anders gemacht als seine Kollegen?«

Pauli nickte heftig. Er legte den Virginiastumpen sorgfältig am Aschenbecherrand ab.

»Der Bellini hat echt was von Bildern und Skulpturen verstanden. Und er hat einen Riecher für alles gehabt, was beim Publikum ankommt. Außerdem hat er nicht nur gehandelt. Er hat Bilder aus seinem Besitz an Firmen und Reiche vermietet, hat Auktionen gemacht und unter anderem Namen einen Kunst-Versandhandel betrieben.«

»Das alles geht doch in so großem Stil nur, wenn einer den Markt überblickt, ja beherrscht. Dazu gehört auch ein gewisses Maß an Durchsetzungskraft und Brutalität. Jetzt sag mal ehrlich, du großer Ermittler: Traust du ihm auch diesen Mord zu? Hast du das den Zack Baldoni …«

»… Borsody!«

»… auch gefragt? Dass der Bellini an einem schönen Sommertag seine Freundin im Kahn umherschaukelt und ihr dann ein hässliches Loch in die Stirn stanzt? War er der Typ für so was? Und dass er sich dann selbst den Lauf in den Mund hält und abdrückt? War das ein echter Bellini, Pauli? Ha?«

»Schwer zu sagen.«

Ich merkte sofort, dass Pauli auswich. Da kam noch mehr, ich hätte darauf gewettet.

»Der Zack war schließlich ziemlich dicht gewesen, als ich ihn aufgesucht hab. Ich glaub, der hat sich selbst nicht mehr ertragen können, er war ein Wrack. Aber bevor ich gegangen bin, hat er wieder Musik aufgelegt. ›Achte?‹, hab ich im Hinausgehen gefragt. ›Blödsinn‹, hat der Zack gesagt, ›Sechste.‹

Ich sah Pauli scharf an. Er hatte noch einen Pfeil im Köcher.

Er senkte den Kopf. »So beschränkt, wie du jetzt aussiehst, so ist's mir dort auch gegangen. Der Zack hat nur gegrinst. Ein Schneidezahn unten links hat ihm übrigens gefehlt in seinem grauen Gesicht. ›Es wurde gemunkelt‹, hat er gesagt, ›dass die Esterding einen festen Freund gehabt haben soll.‹ Einen süßen Lover also. Ob der Bellini wohl davon gewusst hat?«

Diese Frage stellte ich mir auch. Es ist ein Unterschied, ob ein Mädel wie sie nur so herummacht oder eine feste Liaison eingeht.

Ich lenkte den Porsche auf die Autobahn, anstatt den kürzeren Weg über die Landstraße zu nehmen. Ich wollte vermeiden, hinter Traktoren und Milchtransportern herzukriechen. Auf der Autobahn ging's jedoch genauso zu. Lkws aus Osteuropa, der

Türkei, aus Italien und den Niederlanden blockierten die drei Fahrbahnen. Ich kroch mit sechzig hinter den anderen her den Irschenberg hinunter und konnte dann, als die dritte Spur endlich wieder frei wurde, etwas aufdrehen.

Und überlegen. Wenn Bellini draufgekommen war, dass seine schöne Helen einen festen Freund hatte, hätte er ja wohl eher den Freund als sie umgebracht, notfalls auch sie dazu. Aber doch keinesfalls sich selbst. Doch wer begreift schon die Logik eines Mörders. Für einen Augenblick blitzte der kühne Gedanke auf, der Freund habe die beiden vielleicht seinerseits aus Eifersucht erschossen, jedoch ... weiter kam ich nicht.

Zu spät hatte ich die dunkle Halterung mit dem getarnten Gerät am Autobahnrand erkannt. Es blitzte, und die Verkehrspolizei hatte ein wunderbares Porträtfoto von mir. Mein Tacho zeigte hundertachtzehn. Achtzehn zu viel.

Mir platzte fast der Kragen. Jedes Jahr hagelt es auf diese Weise zehn Millionen Bußgeldbescheide und Verwarnungen. So etwas regt mich auf. Sechs Millionen Autofahrer haben Punkte im Flensburger Zentralregister, und unsere Amtsrichter ersticken unter den Aktenbergen. Keine andere soziale Gruppe wird permanent so überwacht und für das kleinste Fehlverhalten bestraft wie die Auto- und Motorradfahrer. Dabei werden sie nirgends so überdimensional geschröpft wie in Deutschland. Ich sollte vielleicht einmal mit Daniela Raab reden, unserer jungen Bundestagsabgeordneten, die ich kürzlich bei einer Einladung kennengelernt hatte.

Kurz vor Rosenheim wurde der Verkehr flüssiger, ein Zeichen, dass die Polizei anderweitig beschäftigt war. Als ich schließlich die Autobahn verließ, hatte ich mich wieder beruhigt. Ich überließ dem österreichischen Tieflader vor mir freiwillig die Abbiegespur und fühlte mich plötzlich sehr friedlich.

In der Stadt wollte ich als Erstes mein gutes Werk des Tages vollbringen. Ich besuchte Frau Steiner im Klinikum.

»Wie geht es Ihnen, Frau Steiner?«, fragte ich und legte die David Austin aus meinem Garten auf die Platte des Rollwagens gleich neben das Foto ihres Sohnes. Es war reine Ironie, gerade ihr diese Rose mitzubringen. Doch wie gesagt … gutes Werk des Tages.

»Ach, ich könnt schon längst hier raus«, sagte sie. Ihr linkes Auge zuckte. Als sie die Rose bemerkte, zuckte auch das rechte. »Aber sie meinen halt, wegen einer Infektionsgefahr geht's nicht.« Dabei zerrte sie ihr Nachthemd so weit nach unten, dass ich den weißen Verband an ihrem Oberkörper sehen konnte. »Der Harry besucht mich jeden Tag. Der ist fei nicht gut auf Sie zu sprechen.«

Es ging ihr also gut.

Ich schob die Kassette mit John Denver und Plácido Domingo ein und fuhr nach Seehäusl. Bei meinen Ermittlungen hatte ich seit Neuestem eine Kopie meiner alten Polizeimarke aus München dabei, ein messingfarbenes Oval an einer Metallkette.

Die Bucht, an der die Surfschule lag, zu der Georg Liebermann mit seiner Freundin hingerudert war, hatte ich problemlos gefunden. Das Ufer war mit Bäumen bewachsen, ein Campingplatz hatte sich in einer Ecke breitgemacht. Im flachen Wasser stritt sich ein Geschwader Möwen um einen verendeten Fisch. Ein Vogelpaar flog auf und kämpfte noch im Fliegen um die Beute, bis es sich auf dem abgedeckten Rumpf eines Katamarans niederließ. Dort zerrten und kreischten die Vögel weiter.

Den Inhaber der Surfschule zu finden gelang mir erst nach etlichen Fragereien. Er war ein Beachboytyp mit schulterlangem, gelbem Haar, trug ein grell gemustertes Shirt und schwarze Bikerhosen, die bis unters Knie reichten. Misstrauisch beäugte er mich.

»Kennen Sie Georg Liebermann?«, begann ich.

»Warum soll ich Ihnen das sagen?«, sagte er. »Ich kenne viele Leute.« Er hatte die Angewohnheit, sich andauernd im Schritt zu kratzen.

»Deswegen«, sagte ich und hielt ihm die Messingmarke unter die Nase. Ich erläuterte ihm, warum ich hier war.

»Ist der Georg Liebermann allein gewesen, als er bei Ihnen aufgetaucht ist?«, fragte ich.

Die Kratzgeschwindigkeit verdoppelte sich. Warum war der Bursche so nervös? »Ich hab doch schon alles der Rosenheimer Kripo gesagt«, sagte er und winkte ab.

»Wir können auch gleich nach Rosenheim fahren«, heizte ich ihm ein. »In der Direktion haben sie sehr gemütliche Verhörzimmerchen.«

»Ja, ja, der Liebermann-Schorsch war da«, sagte er schließlich, »der ist ja immer dabei. An eine Freundin kann ich mich nicht erinnern. Der hat immer wieder neue. Ich weiß auch nicht, ob er allein war oder so, beim besten Willen nicht, da waren so viele Leute. Aber mit dem Kahn ist er angekommen, das stimmt, daran erinnere ich mich, weil das ungewöhnlich war. Aber sagen Sie … zeigen Sie mir die Marke noch mal?«

»Wir müssen einfach noch mal alles überprüfen«, sagte ich, die Aufforderung übergehend. »Schildern Sie mir doch bitte einfach alles, was Sie wissen. Jedes Detail, das Ihnen einfällt.«

»Also gut, hören Sie«, sagte er.

Ich hörte.

»Dem Schorsch sein Kahn, der war weg, als er wieder zurückrudern wollte.«

»Wann war das?«

»So um drei, halb vier in der Früh. Da ist er dann mit dem Auto von der Larissa und ihrem Freund mitgefahren. Einen Honda haben die.«

Er bearbeitete die Innenseite des rechten Oberschenkels und warf das Haar nach hinten. Dann richtete er zwei blitzende Augen auf mich. »Geklaut hat den Kahn natürlich dieser Kunsthändler aus München. Der ist mitten in der Nacht mit seiner Freundin rausgerudert, hat die Ruder in den Bach geschmissen, und irgendwo da draußen hat er zuerst die Alte und dann sich erschossen. Es war Nordwind und Südströmung in der Nacht, und am nächsten Tag ist das Schiff auch nach Süden geströmt und ausgerechnet beim Liebermann angelandet. Da wurden sie dann gefunden. Sind Sie jetzt zufrieden?«

Ende. Sie hörten den Polizeibericht. Das, was der Mann mir mitteilte, war in jeder Zeitung gestanden. Es hatte sich herumgesprochen.

Unbefriedigend. Aber momentan war aus dem Burschen nicht mehr herauszuholen. Im Weggehen fiel mir ein, dass ich vor Jahren einmal einen Typ wie ihn aus der Isar hatte fischen lassen. Er war ertrunken. Sie hatten ihm einen Mühlstein um den Bauch gebunden.

»Freundschaft! Was wollen Sie denn hier?«

Georg Liebermann, als Informationsdesigner in einer Druckerei beschäftigt, trug ein rotes T-Shirt mit einem schwarz-weißen Che-Guevara-Porträt auf der Brust. Er war dreiundzwanzig Jahre alt und wohnte mit separatem Eingang im ersten Stock eines Bauernhauses, einen Steinwurf vom Biergarten seines Vaters entfernt.

Auch ihm erklärte ich den Grund meines Besuchs.

»Hatten Sie eine Freundin dabei oder nicht?«, fragte ich ihn.

»Nicht«, sagte er. »Ich nimm doch nie eine mit, wenn ich nachher eine abschleppen will, ich wär ja blöd. Aber das hat nicht funktioniert. Ich hab schon eine im Arm gehabt drüben in Seehäusl. Aber nachher, als ich festgestellt hab, dass der Kahn weg war, da ging sie mir in der ganzen Aufregung doch glatt verloren.«

Ein süßer blonder Engel mit schwarzer Baseballkappe und knappem, ausgefranstem Jeansrock trippelte barfuß aus dem Hintergrund heran. Sie hielt mir ein Glas hin. Es sah verklebt aus. »Wollen Sie einen Schluck? Oder eine rauchen?«

Auch dieser Besuch dauerte nicht lange.

Es war sinnlos.

Liebermann hatte behauptet, sein Sohn wäre mit einer Freundin nach Seehäusl gerudert. Georg selbst und sein Spezl von der Surfschule behaupteten das Gegenteil. Rein für die Sache war es selbstverständlich unwesentlich, ob Georg ein Mädchen im Boot hatte oder nicht. Mein Interesse an diesen Befragungen bestand hauptsächlich darin, eine möglicherweise widersprüchliche Aussage allein deshalb zu klären, weil sie ein Widerspruch war. Ein alter Grundsatz von mir. Widersprüche, egal womit oder worin, entwickeln oft eine beträchtliche Dynamik.

Das Seltsame war, dass ich den beiden Fieslingen mehr glaubte als Liebermann. Der konnte sich natürlich geirrt haben oder etwas verwechselt.

Mit gemischten Gefühlen lenkte ich den Porsche nach Haus. Mal sehen, dachte ich, was mich diesmal dort erwartet.

ZEHN

Die Schatten wurden länger. Der Sommer hatte seinen Zenit hinter sich, das schwindende Licht nahm am Abend die Farbe sterbender Sonnenblumen an. An diesem frühen Abend brodelten Wolkenhaufen am Himmel, ohne dass es regnete. Es sah aus, als brause ein hundertarmiger Krake übers Firmament und mühte sich ab, im Gewirr seiner Tentakel Ordnung zu schaffen.

Bevor das Rosenheimer Herbstfest seine Tore öffnete und Würstl mit Kraut, Kesselfleisch und Ente drohten, wollte ich noch einmal original unbayrisch essen. Mediterrane Kost sei gut für den Cholesterinhaushalt, hatte ich mir eingeprägt. Ich trat aus dem Haus.

Dort herrschte Stille. Nur ein einzelner Vogel krähte aus dem Geäst. Der Mülleimer war geleert, und jemand hatte freundlicherweise die Zufahrt zur Tiefgarage gefegt.

Ich sah mich um.

Herr Huber trieb sich an der mannshohen Rhododendrongruppe herum.

Harry Steiner stand, auf den Stiel eines Besens gelehnt, halb verdeckt dahinter. Er starrte, ja stierte mich ungeniert an. Er nickte nicht, er grüßte nicht, er winkte nicht. Um seinen Mund spielte ein falsches Lächeln. Ich war so überrascht und auf ihn fixiert, dass ich die anderen Gestalten hinter ihm im Busch erst bemerkte, als sie sich bewegten. Es waren drei, alle etwa gleichen Alters. Sie sahen zu mir her. Einer trug ein T-Shirt mit Che-Guevara-Aufdruck. Ich erkannte das zugehörige Gesicht. Georg Liebermann natürlich. Was wollte der hier?

Während ich noch einmal zurück ins Haus ging, weil ich mein Geld vergessen hatte, schossen mir allerlei Gedanken durch den Kopf. Klar, die drei Burschen hatten Kontakt miteinander oder waren sogar befreundet. Doch dass sie sich ausgerechnet jetzt hier bei Harry Steiner trafen, empfand ich als eigenartig. Und – warum verhielt sich der früher stets so freundliche Harry so feindselig? Dass ich Georg Liebermann egal war oder er mich nicht mochte, war bereits bei unserer ersten Begegnung deutlich geworden. Ob der Dritte im Bund der Beachboy von Seehäusl war, konnte ich nicht erkennen.

Herr Huber schoss ins Wohnzimmer und bellte laut. Die LED-Anzeige des Anrufbeantworters blinkte. Drei Anrufe. Waren die frisch oder hatte ich sie vorhin übersehen? Ich schwankte zwischen sofort abhören oder sofort essen gehen. Der Appetit behielt die Oberhand.

Die jungen Leute waren verschwunden. Ich war nicht sehr traurig darüber. Trotzdem ging mir ihr Auftritt nicht aus dem Kopf. Was braute sich da zusammen?

Im Lokal band ich den Hund unter einen Tisch am Fenster und ging hinein.

Roberta war so breit wie hoch und die beste Köchin der Welt. »*Buona sera, Signore*«, begrüßte sie mich und drückte mich an sich. Ihre Art war herzlich, ihr Akzent schauerlich. »Heut ohne Frau Gemahlin? Ich habe Seeteufel«, sagte sie. »Wollen Sie mitkommen?«

Sie nahm mich mit in die Küche, was eine absolute Ausnahme und Auszeichnung darstellte. Sie untersuchte einen Berg Fische. Dem schönsten schnitt sie den Kopf ab.

»Ihrer. Wollen Sie?«

Ich nahm eines der herumliegenden kleinen weiß-blauen Fähnchen und steckte die Spitze in den kopflosen Seeteufel.

»Klaro«, sagte ich.

Roberta lachte, packte den Fischkopf in Wachspapier und reichte ihn mir. »Fier Herr Huber«, sagte sie.

Dann zog sie dem Fisch die Haut ab und nahm die Gräten heraus, salzte ihn und wälzte ihn in Mehl. Danach schnitt sie ihn in dünne Scheiben, die sie mit Zitronensaft beträufelte. Sie schälte eine Zwiebel und hackte sie in Würfel, entfernte die Haut einer vorgekochten Tomate und zerstückelte sie, während das Olivenöl in der Sudpfanne heiß wurde. In dem Öl briet sie Zwiebel und Tomate mit einer Prise Paprika kurz an. Dann gab sie Wasser dazu, Lauch- und Lorbeerblätter, gehackte Petersilie sowie die Haut des Seeteufels.

»Dauert halbe Stunde, dann fertig. Gemusen dazu und Ciabatta. Nehmen Sie Platz.« Roberta quetschte sich zwischen mich und die Kochplatte.

Ich kehrte zu meinem Hund zurück ins Restaurant. Er schlang mit einem einzigen Würgen den Fischkopf hinunter.

Wenig später genoss ich den Seeteufel. Er war vorzüglich. Ich nahm noch den obligatorischen Espresso. Dann verabschiedete ich mich eilig von Roberta.

Am Haus war alles ruhig.

Drinnen drückte ich die Abhörtaste des Anrufbeantworters.

»Hallo, Joe, Chili hier. Gut, dass du nach dem Essen keine Zeit mehr hattest. Oder? Sonst … na ja, du weißt schon. Ist sicher besser so. Also tschüss, bis bald …«

Ja, liebste Chili. Du bist klasse darin, Erwartungen zu wecken, die gar nicht geschlafen haben.

»… ach, noch was. Ich hab lang mit Vater telefoniert, ich soll dich herzlich grüßen. Ich mach mir allerdings Sorgen. Ihm geht's schlechter.«

Ich hörte ein schmatzendes Geräusch. Ein Kuss? Ihre Schote?

Der zweite Anrufer war Pauli. »Es gibt Neuigkeiten, Bruder. Ruf mich zurück.«

Knapp wie immer.

Den nächsten Anruf hörte ich viermal hintereinander ab. Mein Herz klopfte bis zum Hals.

»Hallo, ich bin's, Donnerstag um neun Uhr abends. Ich werd kurz zu Dreharbeiten nach Sardinien fliegen. Du kannst deine Versuche, mich im Hotel anzurufen, also einstellen. Ciao, Joe, mach's gut.«

Lange hatten Lola und ich uns nicht mehr angerufen. Was hatte es zu bedeuten, dass sie sich jetzt bei mir abmeldete?

Mit Pauli verabredete ich mich am nächsten Tag in München. Diesmal trafen wir uns in Schwabing, im »Trzebinsky«. Das »Trzebinsky« ist ein typisches Schwabinger Bistro mit hohen Fenstern, viel Holz, ocker gelackten Wänden, Spiegeln, knackigen Bedienungen mit weißer Schürze. Wir nahmen einen Stehtisch.

»Von welchen Neuigkeiten sprichst du?«, fragte ich Pauli.

»Ich hab zwei von den Girls interviewt. Einzeln.« Er grinste und sah mich erwartungsvoll an.

Es dauerte einen Augenblick, bis ich kapierte.

»Wie alt?«, fragte ich.

»Fünfzehn die eine, ein Jahr jünger die andere. Behaupten sie. Ich hab mir keinen Ausweis zeigen lassen.«

»Und?«

»Na ja, ich hab sie nach Bellini gefragt. Aber welche Beurteilung willst du von so halbreifen Mädchen schon erwarten. Für die war der Mann ja uralt. ›Aber witzig‹, hat die eine gesagt, ›Cool‹, die andere. Die zwei haben übrigens nichts mit ihm gehabt, sagen sie. Er wollte sie nur in Unterwäsche sehen. Bei ein, zwei anderen Mädels könnten sie sich vorstellen, dass da was gelaufen ist.« Er löffelte sein Eis weiter.

Ich wartete.

»Dass der sich umgebracht haben soll, können sie sich nicht vorstellen. Und dass er die Frau umbringt, schon gleich nicht. Die Esterding sei übrigens zweimal aufgetaucht in der Wohnung im Arabellapark. Einmal soll's einen heftigen Streit zwischen den beiden gegeben haben. Aber die Frau fanden sie nett. Geil. Echte Barbie. Oder obercool. Eben so was. Fast geflennt haben sie, als sie von ihr gesprochen haben.«

»Und beim zweiten Mal?«

Pauli trommelte mit den Fingerspitzen auf die Tischplatte und richtete seinen Blick zur Decke.

»Beim zweiten Mal war sie nicht allein. Da war ein Mann bei ihr.« Er verstummte.

»Beschreibung?«

»Groß, hager, etwa so alt wie die Esterding. Er hatte Jeans an. Jeans und ein dunkles T-Shirt. An mehr konnten sie sich nicht erinnern.«

Ein Allerweltskerl also. Trotzdem – war das die Beschreibung von Helens Freund? Wenn ja, mussten Bellini und er sich gekannt haben.

Im Auto rief ich Chili an. »Hallo, Chili, pass auf. Das, was ich dir sage, ist ziemlich gesichert. Der Bellini hatte eine Wohnung

in der Nähe vom Arabellapark. Dorthin soll er sich Mädchen
kommen lassen haben. Sehr junge Mädchen, verstehst du?«

Ich hatte am Straßenrand angehalten, wie es sich gehört. So
konnte ich hören, wie Chili leise gluckste.

»Was lachst du?«, fragte ich. »Was denkst du?«

»Ach, du glaubst wohl, wir hier in der Provinz pennen nur.
Das mit der Wohnung wissen wir natürlich. Aber das mit den
Mädchen ist mir neu. Danke, Joe.«

»Bitte«, sagte ich. »Helen Esterding muss von diesen Ge-
schichten erfahren und dann ihrerseits mit Männern rumgemacht haben, heißt es. Und da ist noch was, Chili. Halt jetzt die
Luft an.«

Weiter kam ich nicht.

Ich hatte mitbekommen, wie eine Polizeistreife im Schritt-
tempo an mir vorbeigefahren war. Sie hielten an. Zwei Uniformierte kamen auf mich zu.

»Einen Moment, Chili«, bellte ich ins Telefon.

»Ihren Führerschein bitte«, sagte die Polizistin. Sie trug einen
Pferdeschwanz unter der Schirmmütze.

»Und die Fahrzeugpapiere«, sagte ihr Kollege.

»Ich hab nicht während des Fahrens telefoniert«, sagte ich sehr
bestimmt und kramte in den Papieren, das Handy zwischen Ohr
und Schulter geklemmt.

Chili war noch dran. Ich hörte sie kichern.

»Nein. Sie sind auch nicht zu schnell gefahren«, sagte der Polizist.

»Aber Ihr TÜV ist abgelaufen«, sagte die mit dem Pferdeschwanz. Sie deutete auf das Nummernschild.

Chilis Lachen kam schallend aus dem Hörer.

»Es gibt eine Art von Lachen, die klingt wie Falschgeld«,
sprach ich mit Grabesstimme ins Telefon. »Ich werd dir einfach
nix mehr erzählen.«

»Über die Polizistin?«, hörte ich Chili fragen.

»Nein, über die Esterding – ach, hör doch auf«, sagte ich und
kramte hektisch nach den Papieren. Selbst mich alten Hasen
machte eine Polizeikontrolle nervös.

Ans oberste Deck eines Münchener Parkhauses zu kommen ist wie die Fahrt über einen Hochgebirgspass. Kehren und Schleifen ohne Ende. Ich parkte neben dem Hotel »Rembrandt«. Herr Huber rollte sich auf dem Beifahrersitz zusammen und klappte die Augen zu. Er ahnte, dass eine längere Pause auf ihn zukam.

Langsam schlenderte ich zum Hotel und inspizierte von unten die vielen Fenster. Hinter einem wohnte Lola. Sie wollte nach Sardinien. War sie schon abgereist? Ich stellte mich schräg gegenüber unter eine hohe Buche, an die ein Fahrrad angekettet war, und wartete. Nicht dass ich geglaubt hätte, Lola käme nun einfach herausmarschiert und ich könnte sie einfach so ansprechen.

Doch sie kam tatsächlich herausmarschiert.

Meine Lola. Sie folgte dem Gehsteig Richtung Maximilianstraße. Sie trug einen breitkrempigen weißen Hut mit schwarzer Schleife, ein lachsfarbenes Kostüm mit kurzem Rock und hochhackige passende Schuhe. Sie sah hinreißend aus und lachte. Was mich allerdings gewaltig störte, war, dass Lola am Arm eines Mannes hing, den man in alten Gangsterfilmen als Dandy mit Hut bezeichnet hätte. Sie hatte ihm den Kopf zugewandt und schenkte ihm ein leicht provozierendes Lächeln, das er mit grässlich selbstsicherer Miene erwiderte.

Lola!, wollte ich ihr zurufen und über die Straße rennen. Komm zu mir zurück. Verdammt, warum hast du mich angerufen?

Ich überquerte die Straße. Alles ging jetzt sehr schnell. Ich hatte ein Auto übersehen, Bremsen quietschten. Knapp konnte ich mich auf den Gehsteig der anderen Straßenseite retten.

Lola stoppte abrupt und drehte sich um. Ein Windstoß fegte ihr den Hut vom Kopf.

Der schlingerte auf mich zu. Ich ging in die Knie und griff nach ihm. Mit dem Hut in den ausgestreckten Armen kam ich langsam wieder hoch.

Die Szene war filmreif.

Lola stand da und schüttelte den Kopf, ihr Begleiter klebte mit den Augen an mir.

Gebückt ging ich auf sie zu und trug den breitkrempigen weißen Hut vor mir her wie auf einem Tablett. Ich bin mir nicht sicher, aber ich glaube, ich wischte auch noch mit dem Unterarm über die Krempe, um ihn abzustauben.

Lolas Augen hatten sich zu Schlitzen verengt.

»Hallo, Lola«, sagte ich. »Hier, dein Hut.«

War es Unsicherheit oder pures Entsetzen, das ich in ihren Augen las, jedenfalls schüttelte sie den Kopf.

»Nein«, sagte sie, »nein, Joe, das bist doch nicht du.«

Wie in Zeitlupe streckte sie die Arme nach mir aus und machte einen Schritt nach vorn. Dann ging ein Ruck durch ihren Körper. Sie machte einen Satz auf mich zu, riss mir den Hut aus der Hand, warf die Arme mitsamt dem Hut um mich, schloss die Augen und presste sich an mich. Ihre Wangen klebten an meinem Hals.

Scheinheilig lüpfte der Dandy den Hut.

Mit einem entzückenden kleinen Aufschrei, den ich bisher nur aus sehr persönlichen Situationen kannte, stieß sie mich wieder zurück.

»Bis zum 20. Juli«, sagte sie.

Sie setzte den Hut auf, hakte sich bei dem anderen unter und blickte noch einmal zurück. »20. Juli. Nächstes Jahr«, sagte sie und schenkte mir ihr schönstes Lächeln. »Ich hab dir doch ausrichten lassen, dass ich beruflich nach Sardinien muss.« Sie himmelte das Ekel neben sich an. »Mein Begleiter hier kommt mit. Heute Abend.«

Der zauberte sein schmierigstes Grinsen aufs Gesicht.

Ich stand da, mit hängenden Armen auf einer menschenleeren Straße mitten in München, wie nach einer erfolglosen Schießerei, und blickte den beiden hinterher. Mein Blutdruck war im Keller. Ich zitterte.

In derselben Nacht saß ich mit einem Glas Weißwein im Bett, ließ die Terrassentür weit offen stehen und fröstelte noch immer. Wie lange ich so saß, wusste ich nachher nicht mehr. Meine Selbstsicherheit wackelte stark. Ich fühlte mich als Kopie meiner selbst.

»Willst du mich heiraten?« Ich hätte Lola die Frage stellen sollen.

ELF

»Wetter ist etwas, worüber alle Welt schimpft. Keiner aber unternimmt etwas dagegen. Du auch nicht«, wetterte ich. Herr Huber zog den Schwanz ein.

Die Tage flossen ineinander. Ganz Südbayern lag unter einem bleiernen Schleier, der nicht aufreißen wollte. Es regnete beinahe unablässig in dünnen Schnüren. Das Herbstfest stand endgültig vor der Tür. Dass es zu dieser Zeit regnete, war eine alte Regel. Das passte zu meiner Laune, steuerte sie wahrscheinlich sogar. Mein Gefühl der Isolation wurde durch dieses Wetter noch verstärkt. Es war, als lebte ich allein mit meinem Hund in einem undurchdringlichen Kokon, der mir den Blick nach draußen versperrte. Trotzdem und sehr bewusst unternahmen wir lange Wanderungen, von denen wir durchnässt heimkehrten.

Nachts schlief ich kaum. Ich wälzte viele Gedanken, alle gleich verworren, unklar und widersprüchlich. Wenigstens versuchte ich über die Stunden die Augen geschlossen zu halten. Als ich sie aufschlug, merkte ich, dass ich wohl doch ein wenig geschlafen hatte, wenn auch unruhig. Die Bettdecke war auf den Boden gerutscht, und mein rechter Fuß hatte sich um die untere Bettkante gewickelt. Ich musste mich auf die Seite drehen, um mich zu befreien.

Dehnübungen, die Fünf Tibeter, Magnesiumpulver, Nahrungsergänzungstabletten runterwürgen, Saft pressen, Kaffee. Während ich darauf wartete, dass das Gebräu durchlief, sah ich nach dem Anrufbeantworter im Arbeitszimmer. Das rote Licht blinkte. Ich drückte die Taste. Chilis Stimme.

»Bitte ruf mich zurück, Joe. Ich hätte da einen Vorschlag.«

Sie klang gut aufgelegt und unternehmungslustig.

Es war Sonntag. Irgendwas musste ich tun, um nicht völlig dem Trübsinn zu verfallen. Chilis Privatnummer hatte ich lange nicht gewählt.

»Du verkriechst dich«, sagte sie. »Richtig süß.«

Wie gern ich diese sanfte, dunkle Stimme hörte. Manchmal war es, als spräche Lola zu mir.

Sie flüsterte fast. »Hat dein Trübsinn mit mir zu tun? Hast du ein schlechtes Gewissen wegen neulich?«

Ich schwieg beharrlich zu diesem Thema.

Chili lachte laut auf. »Nein, du und schlechtes Gewissen. Ein Widerspruch in sich. Du bist ein vollkommen gewissenloser Kerl.«

Ich hörte sie sich räuspern. Offenbar trat sie auf die Bremse. »Zur Sache, Schätzchen. Du wirst's nicht wissen, aber die Wiesn hat begonnen. Heut ist schon der zweite Tag. Das ganze Dezernat ist heute Abend im Flötzingerzelt, sie spendieren uns sogar Bier- und Hendlmarken. Um sechs Uhr treffen wir uns, bis dahin sollte auch der Regen aufgehört haben. Hättest du nicht Lust, mitzukommen?«

Lust hatte ich nicht. Vor allem wollte ich nicht bei der gesamten Rosenheimer Kripo sitzen. Aber es wäre ein Mittel gegen meine Trauerrandstimmung, sagte ich mir.

»Ich möcht nicht bei der ganzen Meute sitzen. Lass uns einen Bummel über die Wiesn machen«, schlug ich vor. »Nur du und ich.«

»Na gut. Dann treffen wir uns um halb acht vorm Haupteingang. Ich komm dann raus«, sagte Chili. »Gleich zum Steckerlfischstand vom Bierbichler.«

S-teckerlfischstand! Wie das klang. Jedenfalls schien sie sich auszukennen. Den Schirm ließ ich zu Hause. Es hatte tatsächlich aufgehört zu regnen.

Fischsemmeln sind eine Leidenschaft von mir, Fischsemmeln mit viel Zwiebeln. Am Bierbichlerstand gab es Steckerlfisch, Backfisch mit Kartoffelsalat, Shrimps in Mayonnaise. Und Fischsemmeln. Ich genehmigte mir eine und kaute mit vollen Backen.

»Mahlzeit!«

Obwohl ich den Eingang zum Flötzingerzelt scharf im Auge behalten hatte, stand Chili plötzlich hinter mir. Sie war herbstlich gekleidet, braune Cordhosen, orangefarbener Rollkragenpulli. Eine braune Wildlederjacke hing über ihren Schultern.

»Hast du Angst vor mir?«, fragte sie.

»Absolut«, sagte ich, ohne zu wissen, was genau sie meinte. Dabei strich ich ihr eine dicke Strähne terrakottafarbenen Haars aus der Stirn.

Ihre zweifarbigen Augen strahlten mich an. »Du mit deinen Kussabwehrzwiebeln.«

Ich verschluckte mich vor Verlegenheit. Dann wischte ich mir den Mund am Ärmel ab, legte den Arm um Chili und schob uns ins Gedränge.

»Komm, wir fahren ›Night Fly‹«, sagte ich. »Vielleicht kommt das Zeug ja wieder aus mir raus.«

»Night Fly« ist ein Sturzflug-, Roll- und Überschlaggerät, besonders geeignet für Suizidgefährdete. Wenn's vorbei ist, weiß man wieder, wie schön das Leben sein kann.

Als Chili sah, wie es funktionierte, war ihre einzige Bemerkung: »Und – was ist mit deinem Rücken? Deinen Krämpfen? Deinem Schmerz?« Dabei drückte sie mir ihre Faust gegen die Wirbelsäule und fuhr den Rücken hinunter.

»Da schau hin«, sagte ich. Die Mitflieger hatten gerade in Sechserreihen nebeneinander Platz genommen. Mit schwarzem Kunststoff ummantelte Metallbügel senkten sich über ihre Köpfe hinweg herab und pressten die Oberkörper gegen den Sitz. »Da sitzt du sicherer als daheim auf deiner Couch. Das Ding umklammert dich wie ein Gorilla.«

Wir nahmen Platz, das Fluggerät setzte sich taumelnd in Bewegung. Wenige Sekunden blieben uns, einen Blick über den Festplatz zu werfen.

Vor den Buden standen Touristen mit nackten Oberkörpern, junge Mütter zwängten ihre Kinderwagen über die mit zertretenen Eistüten beklebten Asphaltwege, und die Luft war erfüllt vom Weinen kleiner Kinder, dem Gejohle von Jugendlichen und dem Humptaratata aus den Bierzelten, in denen die Leute schwitzten, erstickten, taub und betrunken wurden und trotzdem – oder vielleicht gerade deswegen – glücklich waren.

So wie Chili und ich, als wir aus dem »Night Fly« schwankten. Zur Entspannung stiegen wir ins Riesenrad und blickten hinab auf den Platz der großen Gaudi und über die Dächer von

Rosenheim bis hinein in die Tiroler Alpen. Der Lärm des Zaubertheaters unter uns und der süße Duft gebrannter Mandeln drangen bis hier herauf.

Mit Chilis warmer Schulter an der Seite fühlte ich mich an meine frühe Jugendzeit erinnert. Ich war auf dem Münchener Oktoberfest gewesen und hatte mich schrecklich in ein Mädchen verliebt, das Augen wie winzig blaue Luftballons hatte. Auch mit ihr war ich Riesenrad gefahren, und als unsere Gondel am höchsten Punkt angelangt war und anhielt, habe ich sie geküsst. Sie war schon erfahren, hatte lange Zöpfe und lehrte mich den Zungenkuss. Ich fühlte mich zur Heirat verpflichtet, aber die zarte Beziehung hielt nur ein, zwei Wochen, wenn ich mich recht erinnere.

»Hopperla«, sagte Chili und drückte meinen Oberkörper nach vorn, »da schau hin.«

In die Menge unter uns war Bewegung gekommen, wie wenn ein Stau sich auflöst. Ich sah Menschen in eine Richtung hasten, dann hörte ich einen leisen Knall. Das klang anders als ein normales Wiesngeräusch. Im selben Augenblick schien es, als würde alles Hasten in Zeitlupe verfallen und als würden all die Menschen nur mehr murmeln. In diese künstliche Ruhe hinein ertönte noch ein Knall. Die Traube stob auseinander.

Wir sahen uns an und dachten beide das Gleiche.

Chili sprach es aus. »Wie kommen wir am schnellsten wieder runter?«

Ihre Hand fuhr in die Jackentasche. Ihr Handy. »Hallo, Chili hier. Ich bin im Riesenrad, ganz oben. Ich habe Schüsse gehört, in der Ostgasse, links vom Riesenrad aus gesehen. Kommt raus aus eurem Bierzelt und beeilt euch, es sieht ernst aus.«

Unglaublich, wie störrisch ein Riesenrad sein kann. Wir wären am liebsten gesprungen, so pomadig drehte es sich. Unten spurteten wir beide los. Chili wieselte voraus, quetschte sich durch die vielen fremden Leiber. Wir hasteten zwischen den Buden hindurch, ich hatte Mühe, ihr zu folgen. In der Ferne hörte ich Sirenen.

Es war, als würde man aus einer Menge heraus auf einen Marktplatz geraten oder allein in ein volles Fußballstadion einlaufen. Die Menschen hatten ein Oval von fünfzehn, zwanzig Metern gebildet. Eine ältere Frau im Dirndl klammerte sich an ein lebensgroßes, schwarz-weißes Luftballonzebra. Sie hoppelte mit ihm im Kreis herum und rief immer wieder: »Ein Arzt! Wir brauchen einen Arzt!«

Im Mittelpunkt des Ovals befanden sich vier Personen. Eine weinende Frau, die einen Jungen im Arm hielt, und Chili, die sich auf Knien über einen Mann beugte, der wie leblos vor ihr lag.

Ich teilte die Menge und trat in den Kreis. Ich bemühte mich, ruhig zu bleiben und mir nichts anmerken zu lassen, obwohl ich am liebsten umgekehrt und davongelaufen wäre. Ich ahnte, was da auf mich zukam.

Chili hatte sich aufgerichtet und blickte zu mir herüber. Sie schüttelte langsam den Kopf.

Der Mann lag auf dem Rücken. Ein Arm war nach hinten weggestreckt, der andere abgewinkelt. Er trug einen Jeansanzug, die Beine in braunen Cowboystiefeln mit weißen Stickereien. Aus einem Riss über der Schläfe rann Blut in die Lache, die sich bereits auf dem Asphalt angesammelt hatte.

Ich trat vor und erwischte mich beim Räuspern. Das tat ich immer, wenn ich hochdeutsch vor Publikum reden musste.

»Gibt es Zeugen?«, rief ich und drehte mich um meine Achse. »Hat jemand beobachtet, wie das geschehen ist?«

»Halt, Polizei«, erklang es hinter mir. »Bitte treten Sie zur Seite.«

Scholl mit seiner Truppe aus dem Bierzelt rückte an.

»Alles klar?«, fragte er mich unaufgeregt.

»Absolut«, sagte ich. »Ein toller Anblick.«

Der Mann war tot. Das Blut rund um das Loch in seiner Stirn war dabei, zu gerinnen. Ich habe es noch nie erlebt und noch nie davon gehört, dass sich eine komplette Mordkommission so nah am Tatort befand wie in diesem Fall.

Zwei Polizisten knieten vor der Leiche.

Chili und ich wurden von Scholl persönlich vernommen. Er verzog keine Miene, als er hörte, dass wir uns fünfzig Meter über dem Herbstfest zur selben Zeit am selben Ort befunden hatten. Chili als Mitglied des Rosenheimer Kommissariats 3, Tatortarbeit, konnte sich gleich danach an die Arbeit machen. Mir bot Scholl an, bei den ersten Zeugenaussagen dabei zu sein.

Wir befanden uns in einem Raum der Wiesnwache, die sich sonst um Schlägereien, Diebstähle und verlorene Kinder zu kümmern hatte. Scholl saß an einem Tisch mit abgewetzter Platte der Witwe des Getöteten gegenüber. Ihr Name war Christnacht. Von draußen drang Lautsprechermusik herein, eine Frauenstimme pries in kurzen, abgehackten Sätzen die Gewinne einer Lotterie an.

»Mein Mann und ich sind aufs Herbstfest gegangen, weil wir dem Burschi eine Freud haben machen wollen.« Frau Christnacht runzelte die Stirn, und ihre Augen bewegten sich zwischen Scholl und mir hin und her. »Wissen Sie, wir leben getrennt, mein Mann und ich. Aber für den Burschi sind wir immer da.«

Der Burschi war zwölf Jahre alt und hatte auch einen Namen: Max.

Max Christnacht äußerte sich: »Ja, und der Papa hat mir einen Paradiesapfel gekauft. Den wollt ich grad essen und ...« Weiter kam Max nicht. Er schmiegte sich an seine Mutter und hörte nicht mehr auf zu weinen.

Eine Beamtin der Wache zog ihn sanft zur Tür. »Komm, Burschi, wir besorgen dir einen neuen Apfel.«

Frau Christnacht rieb sich mit den Knöcheln beider Hände über die Augen, zur Nase hin. Ihr Mund war breit und feucht, als sie Scholl mit einem verlegenen Ausdruck anlächelte.

»Ja, ja, der Burschi liebt Paradiesäpfel, seit der laufen kann. Der lutschte gerade daran herum, als der fremde Mann uns von hinten überholt hat. Der Mensch hat einfach rübergegriffen und ihm den Paradiesapfel aus der Hand gerissen.«

»Wie hat der Mann ausgesehen? War er groß? Was hatte er an? Ein alter Mann oder ein junger?«

Die Frau weinte nicht. Sie benahm sich so, als wäre ihr soeben die Nachricht vom Tod eines entfernten Verwandten ins Haus geflogen. Sie stützte die Ellbogen auf die Knie und wippte mit dem Oberkörper vor und zurück.

»Groß«, sagte sie, »groß und hager. Das Gesicht hab ich nicht erkennen können. Dafür ging alles zu schnell. Irgendwas Legeres hatte er an, ein Buschhemd oder so. Was Blaues, Jeans, ja, Jeans vielleicht.«

Scholl war aufgestanden. Er öffnete die Tür einen Spalt und warf einen Blick hinaus.

»Dem Burschi geht's gut«, sagte er und nickte der Frau zu.

Mir war klar, dass der Max gar nicht da draußen war. Sie hatten ihn weggebracht.

»Und«, fragte Scholl. »Und was hat Ihr Mann gemacht? Was hat er getan? Wie hat er reagiert?«

Scholl hatte seinen Stuhl in den Raum gerückt und saß nun direkt neben der Frau. Von der Seite tasteten seine Augen die Linien ihres Gesichts ab.

Ich saß am Fenster und beobachtete.

»Na ja, als er begriffen hat«, erwiderte Frau Christnacht, »dass da einer seinem Burschi den Paradiesapfel weggenommen hat, ist der gleich losgerannt. Hinter dem her, durch die Leute durch, bis ich den Schuss gehört hab. Da hab ich den Burschi ganz fest an mich gedrückt, weil der drauf und dran war, auch hinterherzustarten. Ja, und das war's dann eigentlich.«

Sie kreuzte ihre nackten Unterarme auf der Tischplatte und sagte: »Dann war er tot, mein Mann.«

Keine Tränen. Ich überlegte kurz, ob sie vielleicht froh war, sich die Scheidung von Herrn Christnacht erspart zu haben.

Der Raum hatte nur zwei schmale Fenster, eins neben mir, eins gegenüber. Daher war es nur mäßig hell, wie bei magerem Mondlicht in der Nacht. Scholl war sitzen geblieben, als sie die Frau hinausgeleitet hatten, und gab seine Kommandos.

Sie brachten den Augenzeugen, der beobachtet hatte, wie der Mann erschossen wurde. Er hatte am Boden gesessen und Akkordeon gespielt und sich sofort gemeldet, um auszusagen. Er war ziemlich massig, weder jung noch alt und hatte ein mächtiges Kinn, das sich bis zum Genick erstreckte, sodass er beinahe halslos aussah.

»Genau«, sagte er, »genau. Der Flüchtige ...«

Ich war verblüfft. Der Akkordeonspieler sprach von dem

Mörder und sagte doch tatsächlich »Der Flüchtige«. Wie ein Polizist.

»... hat einen Paradiesapfel vor sich hergehalten, wisst ihr, so einen runden roten Süßkram an einem Holzstiel, und biss alle zwei Meter hinein.«

»Was hatte er an, der Mann? Wie alt, wie groß?«, warf Scholl ihm entgegen.

»Genau, kann ich dir sagen, genau.«

Wenn der Akkordeonspieler sprach, schob er die Unterlippe vor, als ob er schmollte.

»Groß war der, sehr groß und dünn. Ein schmaler Schnurrbart auf der Oberlippe, blond. Am Kopf war er schon angegraut. Stiftenkopf übrigens. Alter Ende vierzig. Der hat eine blaue Hose angehabt, keine Jeans, weißt du, nur so eine blaue Tuchhose, altmodisch. Mokassins, ziemlich abgelatscht. Ich hab ihn ja von unten nach oben gesehen. Über der Hose ein Buschhemd, blau, mit gelben Blumen. Nein, weißen Blumen. Dahlien vielleicht. Eine dicke, fette Tasche am Gürtel, schwarz, ja schwarz. Also, dieser Mann rennt wie blöd im Zickzack durch die Leute. Schmeißt sie zur Seite. Ellenbogenarbeit, weißt du? Und hat diesen Paradiesapfel in der Hand. In der rechten, glaub ich. Und dann, ich sag's euch, dann kam's.«

Er schaute von mir zu Scholl und zurück.

»Dann ist dieser andere Mann herangespurtet.« Mit seinem wuchtigen Kinn zeigte er nach draußen.

»Anscheinend der Vater von dem Buben. Er ist hinter dem Flüchtigen hergesprintet und wollte seinem Jungen helfen. Er wollt sich den Apfel schnappen, das hat man richtig gemerkt. Er streckte schon die Arme aus. Da dreht sich der andere im Laufen um. Ich hab gar nicht gesehen, wo der die Pistole so schnell herhatte, da hat er schon geschossen.«

Das Kinn des Akkordeonspielers schob sich nach vorn, die Lippen zogen sich zurück, und ich sah weiße, lange Zähne.

»Einmal hat der nur geschossen. Dann ist er stehen geblieben. Einmal. Genau. Mitten in die Stirn. Der Mann fiel ihm entgegen, und im Fallen schlug der andere noch zu. Klopfte ihm die Pistole gegen den Kopf, seitlich, verstehst du, genau, an die linke Seite. Als ob's nicht schon genug gewesen wäre. Am Boden hat er schon geblutet, ein tiefer Riss.«

Er seufzte tief.

»Ja, genau. Und dann hab ich aufgehört zu spielen, ich hab ja vorher die ganze Zeit weitergespielt. Da hab ich einfach nichts mehr gesehen, da waren nur mehr Beine, so viele Leute um mich herum.«

»Und«, fragte Scholl, »der Täter ist ja dann geflüchtet. Haben Sie gesehen, wohin er geflüchtet ist?«

Der Mann verzog sein Gesicht zu einem Grinsen und produzierte Lachfalten an den Augen.

»Bist du schon mal mit einem sauschweren Akkordeon vom Boden aufgestanden? Na, siehst du. Bis ich da hochgekrabbelt war, war der schon über alle Berge.«

Wenn sie stimmte, war das wohl die genaueste Personenbeschreibung gewesen, die ich je von einem Augenzeugen gehört hatte. Auch Scholl war dieser Meinung. Er nickte mir kurz zu. Das Duzen überging er.

»Sie haben eine gute Beobachtungsgabe«, sagte er.

»Ja mei«, sagte der Akkordeonist. Er war mühsam auf die Beine gekommen. »Das Einzige, was ich wirklich kann. Akkordeon spielen und Menschen beobachten. So verdiene ich mein Geld, weißt du.«

Nachts ging mir viel durch den Kopf.

Da war die Schilderung des Akkordeonspielers, die mich stutzig machte. War es die Personenbeschreibung oder war es der Tathergang gewesen, der eine Saite in mir zum Klingen brachte? In die Stirn geschossen. Auch die Tote im Kahn hatte dieses grauenhafte Loch in der Stirn.

Das Letzte, das ich wahrnahm, waren die sieben Schläge der Kirchturmuhr. Ich wollte mich aus dem Bett wälzen, doch ich musste wohl noch einmal eingeschlafen sein. Von Herrn Hubers lautstarkem Bellen wurde ich endgültig geweckt.

Ich schaute hinaus auf den gepflasterten Vorplatz. Es war hell. Frau Steiner war im Taxi vorgefahren und warf unsichere Blicke auf meine Fensterfront. Ich fürchtete bereits, sie käme mich besuchen, doch sie nahm den Weg zu ihrer Haustür. Wenig später stand sie in Schürze und Strickjacke auf ihrem Balkon und goss die Blumen. Sie wirkte zufrieden. Anscheinend war sie schmerzfrei.

»Guten Morgen, Herr Ottakring. Ich bin wieder da«, rief sie herüber.

In den drei Wochen im Krankenhaus musste sie die Aussprache meines Namens trainiert haben.

»Einen wunderschönen guten Morgen, Frau Steiner«, gab ich übertrieben freundlich zurück und winkte ihr zu.

Herr Huber bellte auf und zog an der Leine. Meine Scheinheiligkeit war ihm zuwider.

Die Frau ließ mich noch nicht los. »Waren die Herren Soldatten bei mir in der Wohnung?«, rief sie herunter.

»Welche Soldaten?«, fragte ich.

»Na, hier ist's total unaufgeräumt. Bierflaschen liegen herum. Das waren bestimmt die Soldatten. Der Harry holt sich doch immer seine alten Kameraden ins Haus, mit denen er beim Bund war. Waren die da? Wissen Sie …«

Die Konsonanten knirschten zwischen ihren Zähnen.

Jetzt war mir alles klar. Die jungen Männer, das waren also Harrys Kameraden. Er und der junge Liebermann waren demnach zusammen bei der Bundeswehr gewesen. Das erklärte aber noch lange nicht die Feindseligkeit der Burschen. Trotzdem wollte ich mir den Rest von Frau Steiners Ausführungen nicht anhören.

»Keine Ahnung«, rief ich zurück und folgte Herrn Hubers Zerren.

»Seit wann nehmen Sie ein Handy mit zum Waldlauf?«, rief sie mir hinterher.

Ihre Beobachtungsgabe war beachtlich.

Das Wetter war unentschlossen. Herr Huber und ich rannten wieder den Inn entlang, bis wir zu einem unregelmäßig aufgeschichteten Hügel kamen, der aus mächtigen, hellen Steinquadern bestand. Diesen Hügel wollte Herr Huber jedes Mal erklimmen, wenn wir vorbeikamen. Er sprang federnd von einem Stein zum anderen, ein schlankes, schwarzes Tier mit fliegenden

Ohren, an dessen geschmeidigen, eleganten Bewegungen ich meine Freude hatte. Zwischen den obersten Quadern wuchs eine verkümmerte Latsche aus einem Spalt. In ihrem Schatten hockten wir uns nebeneinander, ich legte Herrn Huber die Hand ins Genick, er beugte sich zurück, und ich kraulte ihm mit zwei Fingern den Hals, bis er die Augen verdrehte. Von dieser Stelle aus hatte man einen weiten Blick über das obere Inntal, das im Dunst lag. Wir beobachteten das glitzernde Wasser des Stroms, die Bäume und die Büsche, die sich leicht im Wind bogen, den schmalen Wiesenweg, den wir noch vor uns hatten.

Jogger kamen, Jogger gingen. Einer fiel mir auf. Er lief in kurzen Hosen und trug ein knallgelbes, ärmelloses Sweatshirt. Seine Stirn zierte ein schwarzes Schweißband. Der Mann war um die vierzig, groß und dünn, und er hatte einen Oberlippenbart. Nur die randlose Brille unterschied ihn von der Beschreibung, die mir sofort ein Bild ins Gehirn schickte. Die Beschreibung, die der Akkordeonspieler von dem Mann gegeben hatte, der den Vater des kleinen Max erschoss.

Etwas in meinem Kopf lief ab, wie wenn man zwei stromführende Kabel aneinanderhält. Es zischte und zündete und rauchte. Dieser Mann erinnerte mich frappierend an das Bild des Mannes, hinter dem meine Erinnerung die ganze Zeit hergejagt war.

Es lag viele Jahre zurück, da gab es einen Mörder, der hieß Herbert Priegel. Dieser Priegel hatte damals eine wildfremde Frau mit einem Schuss in die Stirn getötet. Die Waffe, die er benutzt hatte, war eine SIG Sauer gewesen. Ich hatte dafür gesorgt, dass Priegel hinter Gitter kam.

Herbert Priegels Mord hatte damals, vor vielleicht zwanzig Jahren, außergewöhnliches Aufsehen erregt. Jetzt, da ich einen wie ihn da unten laufen sah, kam mit einem Mal auch die verschüttete Erinnerung wieder zurück. Herbert Priegel war sehr groß gewesen, sehr schlank und hatte einen Oberlippenbart getragen. Eigenartig. Ich sehe doch sonst keine Gespenster. Doch auch die Art, wie der Mann auf dem Herbstfest regelrecht hingerichtet wurde, passte absolut zu der Art und Weise, mit der Priegel damals vorgegangen war. Ich konnte zwar ausschließen, dass Priegel der Mörder vom Herbstfest oder gar der Jogger dort unten war, denn Priegel saß ja noch im Knast. Doch die Parallele war verblüffend.

Ich zog mein Handy heraus. Offenbar war ich auf dem besten Weg, ein Handyfan zu werden. Vom Saulus zum Paulus. Die Nummer meiner früheren Dienststelle hatte ich im Kopf, Olga Striplis Durchwahl auch.

Meine frühere Sekretärin war gleich dran. Eine Person mit phänomenalem Gedächtnis.

»Olga, Ottakring hier«, meldete ich mich. »Sie erinnern sich doch an Herbert Priegel?«

»Ja freilich«, sagte sie ohne Umschweife, »und ob.«

»Erzählen Sie. Machen Sie's kurz. Nur Fakten bitte.«

Sie antwortete, als hätte sie gerade im Archiv nachgelesen und meine Frage schon lang erwartet.

»Größe eins sechsundneunzig, Gewicht einundsiebzig Kilo. Blonder Oberlippenbart. Beruf Koch. Wegen Mord zu lebenslänglich verurteilt. Seinen ersten Mord hat Priegel aber schon begangen, als er noch ein Bub war. Ein Klassenkamerad war unter mysteriösen Umständen bei einem Schulausflug von einem Felsen gestürzt und hatte sich das Genick gebrochen. Doch nach all den Jahren haben wir dem Priegel die Tat nicht mehr nachweisen können.«

»Gut, Olga. Wann war das mit der Frau, die er erschossen hat? Weswegen er verurteilt wurde?«

»1983. Oktober 1983. Eine Frau namens Lisbeth Krupka wurde erschossen, als sie gerade im Innenhof ihres Wohnblocks die Wäsche aufhängte. Ein Schuss von hinten in den Rücken, der andere aufgesetzt in die Stirn. Es hat Wochen gedauert, bis Sie die Spur zu Priegel bekamen und Sie ihn schließlich überführen haben können. Die Tatwaffe war eine SIG Sauer P 226, es gab kein Motiv. Die Frau wohnte in einem weit entfernten Stadtteil, und Priegel hatte sie nie vorher getroffen. Sie haben damals gesagt, das sei bisher der einzige Mord gewesen, der Ihnen untergekommen war, der aus reiner Mordlust geschehen ist.«

»Und dann hätt ich doch beinah selber einen Mord begangen, Olga, nicht?«

»Ja. Vor sechs Jahren. An dem JVA-Psychiater, der Priegel rauslassen wollte. Übrigens, Herr Ottakring. Es sind jetzt über zwanzig Jahre nach der Tat. Könnte es nicht sein, dass sie ihn wirklich rauslassen? Rufen Sie deswegen an?«

»Absolut. Sicherungsverwahrung wurde damals noch nicht angeordnet. Und was die Weicheier in unserer Justiz heutzutage so verbrechen … Olga, du checkst bitte, ob der Priegel noch drin ist.«

»Freilich. Mach ich.«

»Noch was, Olga«, schob ich nach.

Erwartungsvolles Schnaufen am anderen Ende.

»Ich hab's dir damals schon geraten, dich mit deinem Gedächtnis bei ›Wetten, dass …?‹ zu bewerben. Nun tu's endlich, verdammt.«

Als ich nach Hause kam, stand ein roter Mini Cooper vor der Tür. Mir schoss das Blut in den Kopf. Ich legte die Hand auf die Motorhaube. Das Blech war noch warm.

»Frau Herrenhaus ist da, Herr Odelkring. Endlich ist sie wieder da.«

Es klang, als hagele es kleine Eiskörner vom Balkon gegenüber.

Aus dem Gebüsch ertönte das metallene Gezirpe der Lerchen. Ich ging direkt ums Haus herum auf die Terrasse.

Da saß Lola.

Sie hatte es sich bequem gemacht, einen zweiten Stuhl herangezogen und die Beine hochgelegt. Herr Huber beschnüffelte sie, warf sich aber ohne sonderliches Interesse unter den Tisch. Er kannte sie ja kaum.

»Hi«, sagte Lola und hob eine Hand zum Gruß, ohne sich umzuwenden. »Ich bin wieder zurück.«

Mir blieb das Herz fast stehen.

»Du meinst, du kommst zu mir zurück?«

Ich muss ein Gesicht gemacht haben wie ein Kind, das eine unvermutete Eins im Zeugnis findet.

»Na, du musst ja nicht gleich das Schlimmste befürchten. Da haben wir ja eine Abmachung, 20. Juli, erinnere dich! Nein, ich bin aus Sardinien zurück. Rate mal, wen ich da interviewt hab.«

Lola sah wieder umwerfend aus. Ihr Haar umrahmte das ge-

bräunte Gesicht, sie trug Jeans und einen Gürtel mit Drachen-
motiv, darüber ein yuccagrünes Top mit strassbesetztem Aus-
schnitt. Ich spürte das altvertraute Ziehen im Unterbauch.

»Adriano Celentano.« Sie sprach den Namen sehr italienisch
aus.

»Und den willst du jetzt heiraten?«, sagte ich.

Ich merkte, wie mein Verstand jeden Witz und meine Stimme
jegliches Volumen verloren hatte.

Drinnen klingelte das Telefon. Ich wusste, der AB war an.

Lola gab ihre Liegestellung auf und kroch aus den Stühlen. Sie
hatte ein eigenartiges Lächeln auf den Lippen und tippte sich ge-
dankenverloren mit dem Daumennagel an die Zähne.

Früher, wenn ich mit Lola zusammen gewesen war, geriet ich
manchmal in einen Zustand der Selbstverlorenheit, den ich hinterher nie fassen konnte. In ihrer Gegenwart war ich schwerelos
geworden, hatte geschwebt vor Glück, hatte den Duft ihres Par-
füms geatmet, an ihren Augen geklebt, die Wärme ihrer Haut
durch ihr Kleid hindurch gespürt.

Jetzt, hier, als sie so unvermittelt auf meiner Terrasse auftauchte, war es, als hätte ich mich in meinen eigenen Schatten verwan-
delt. Lautlos wie ein Dieb stahl ich mich ums Haus herum zurück
zur Eingangstür, schloss auf, ging an den Kühlschrank, holte
Gläser, mixte Campari Soda und brachte die Drinks zur Terrasse.

Lola war aufgestanden. Sie wickelte eine braune Strähne um
den Zeigefinger. Ernst sah sie mich an.

»Ich möchte, dass du aufhörst, mich beobachten zu lassen«,
sagte sie.

»Wie kommst du darauf?«, fragte ich.

»Allein deshalb, weil du so einen Schmuddeltypen beauftragt
hast, bin ich enttäuscht von dir.« Sie schnitt eine Grimasse. »Glatze, Lederjeans, Piercing im Ohr … Ach, hören wir doch auf. Also halt mir diesen Typ vom Hals, Joe! Bitte!«

Mit einer fahrigen Handbewegung wischte sie meine wenigen
Argumente vom Tisch. Sie ging und vermied es, den Kies spritzen zu lassen, als sie vom Hof fuhr.

Zwei volle Gläser blieben auf dem Tisch zurück.

»Herr Ottakring.«

Olga Stripli auf dem AB. Keine Begrüßung. Sie klang aufgeregt.

»Halten Sie sich fest. Priegel ist raus. Am 2. September entlassen. Ich hab das Nötige veranlasst. Zur Erinnerung: Der Mord in Ros...«

Der Rest war abgeschnitten. Mir lief ein kalter Schauer den Rücken hinunter. Priegel war frei! Als hätte ich es geahnt. Es war sozusagen eine Bestätigung meiner vagen Vermutung, dass ein Zusammenhang zwischen Priegel und den aktuellen Morden bestand. Diese gezielten Schüsse in die Stirn waren denn doch sehr eklatant. Jener vor über zwanzig Jahren; der, durch den Helen Esterding umkam, und schließlich das Loch in der Stirn von Herrn Christnacht. Für mich war es offensichtlich. Doch vorerst musste ich ein Problem nach dem anderen angehen. In so etwas verwurstelt man sich sonst leicht und beißt sich dann die Zähne aus.

Hatte ich eigentlich schon etwas aus dem Leben des Herbstfestopfers gehört? Auch um diesen Christnacht musste ich mich kümmern. Doch zuerst musste ich mit Pauli reden. Noch sollte er im Bellini-Fall unter Münchener Künstlern Ausschau halten.

»Hey, Pauli, was ist los?« Ich hatte ihn sofort am Telefon. Pauli hatte sein Handy immer und überall dabei. »Tust du etwas, von dem ich nichts weiß?«

»Ich tu vieles, von dem du nichts weißt«, sagte Pauli. »Und das ist auch gut so.«

»Du musst nicht sülzen. Du weißt genau, was ich meine. Hör auf, hinter Lola Herrenhaus herzustelzen.«

»Ich? Herrenhaus?«

Pause. Ich hörte ein Feuerzeug klicken.

»Na gut. Du hast mir leidgetan, ich hab doch gemerkt, was mit dir los ist. Und da hab ich mich eben ein bisserl um die Dame gekümmert. Willst du das Resultat hören?«

»Nein, ich hab absolut keine Zeit jetzt. Aber ich werd deswegen wieder auf dich zukommen«, sagte ich. »Kümmer dich lieber um die Esterding.«

Ich überlegte.

»Von mir aus bleib an Lola ein bisserl dran. Nur ein bisserl, sozusagen einen Hauch für alle Fälle. Aber lass dich nicht wieder erwischen. Und zieh dir was Ordentliches an.«

»Ja, Mama«, sagte Pauli mit gekünstelt hoher Stimme.

ZWÖLF

»Ich mag die Deutschen«, sagte der Mann im Fernsehen, »obwohl ihnen Ordentlichkeit, Zuverlässigkeit, Fleiß, Fortschrittlichkeit, Ehrlichkeit und ein Hang zum Kriegerischen nachgesagt werden.«

Ich hatte mir Kartoffelsuppe aus der Dose warm gemacht, die ich im Wohnzimmer auf der Couch aß. Herr Huber betrachtete mich mit neidischem Blick und sabberte mit hängenden Lefzen auf den Teppich. Im dritten Programm kam ein Interview mit einem italienischen Auslandskorrespondenten. Wie es mit den sogenannten deutschen Tugenden bei uns bestellt sei, war das Thema.

Ich hörte der Sendung zwar zu, doch konzentrieren konnte ich mich nicht. Meine Gedanken waren bei Herbert Priegel. Ich war mir sicher, dass nach ihm gefahndet wurde, und ich mochte nicht schon wieder dazwischenfunken.

»Ich wollte die Räume, in denen ich hier in Frankfurt arbeite, weißen lassen«, sagte der Journalist. »Von einer deutschen Malerfirma. Nach zwei Wochen waren sie immer noch nicht fertig. Und sie haben nicht sauber gearbeitet. Wie in Italien.«

Nun, da Olga mir bestätigt hatte, dass Priegel entlassen worden war, sprach viel dafür, dass die Lösung für den Wiesnmord nahe war. Die Merkmale des Mords waren zu typisch, als dass sie nicht für Priegel sprechen würden. Sein Alibi musste bombenfest sein, wenn er aus dieser Schlinge kommen wollte.

»In Deutschland gibt es Korruption, Schwarzarbeit, Erpressung, Steuerbetrug und Ladendiebstähle«, sagte der Italiener. »Wie am Balkan und in Italien.«

Das mit Priegel und dem Wiesnmord ging mich nichts an. Ich musste mich raushalten, nahm ich mir vor. Der Bellini-Fall allerdings war mit Scholl abgestimmt. Ausschließlich an dem wollte ich dranbleiben.

»In Wirklichkeit«, sagte der Sprecher, »gibt es schlampige und faule Deutsche. Sie sind faul, chaotisch, bequem und verschwenderisch, gerissen und laut, geschwätzig und eitel. Wahre Lebenskünstler. Wie wir Italiener eben, und das macht sie mir sympathisch.«

Gegen Ende der Sendung rief Pauli an. Er wünschte mir nicht »Guten Abend« und er sagte nicht »Grüß Gott«.

Ich schaltete den Fernseher ab.

Pauli sagte: »Bild-Zeitung!«

»Was, Bild-Zeitung?«, gab ich zurück.

»Hast du die dicke Überschrift in der Bild nicht gelesen?«

Ich erwiderte nichts. Ich war mir sicher, Pauli würde es schon erklären. Papier raschelte.

»›Rosenheimer Herbstfestmörder gefasst!‹ Interessiert dich das? Und sie beschimpfen die Justiz. Hör dir das an: ›Mörder voreilig freigelassen. Schon wieder ein Mord zu viel!‹«

»Meinen die einen gewissen Herbert Priegel?«, fragte ich siegessicher.

»Na klar!«

Also war diese Sache schon erledigt. Zumindest war Priegel gefasst, und ich war gespannt auf das Motiv und den Hintergrund der Tat.

»Aber das ist nicht alles, Bruder!«

»Was gibt's noch, Pauli?«

»Die Zeitung hab ich ja erst vor einer halben Stunde gekauft. Mein Tag hat heute aber schon recht früh begonnen. Seit meinem Militärdienst bin ich nicht mehr so früh aufgestanden wie heute.«

In seinem urigen Münchenerisch schilderte Pauli mir die Ereignisse.

»Ich hab mir nur eine Tasse Kaffee gemacht, sonst nichts. Dann bin ich in meine Lederhosen geschlüpft, hab mir mein Schneiders-Salzburg-Trachtensakko drübergeworfen und bin ganz gemütlich auf der Harley raus nach Harlaching getuckert. So früh durch die Münchnerstadt zu düsen ist echt geil, verstehst du? Und dann noch im feinen Zwirn. Frau Herrenhaus hat mein Outfit ja beanstandet.«

Ich verstand die Spitze. »Und mit deinem Indianeramulett am Hals«, sagte ich. »Um böse Blicke abzuwehren.«

Ich hörte Pauli lachen. »Die Blicke von die Madln, klar! Jedenfalls, vor dem Haus Harlachinger Hauptstraße Nummer 31 hab ich die Mühle auf dem Gehsteig abgestellt. Und bei Sorolla geklingelt. Da wollt ich hin.«

»Sorolla?«, fragte ich nach. Noch nie gehört, den Namen.

»Wart's doch ab. Einen Lift hat's nicht gegeben in dem Haus, und ich hab in den fünften Stock hinaufklettern müssen. Vom zweiten Stock an hat's intensiv nach angebrannten Spiegeleiern gerochen. Ava Sorolla hat schon unter der Tür gestanden.«

Ava Sorolla. Klang interessant.

»Sie war ungeschminkt, tiefschwarz gefärbte Haare, schwarzer Hausanzug. ›Hallooo‹, hat sie mich begrüßt.«

Pauli konnte herrlich Stimmen nachmachen.

»Ich hab sie auf gut dreißig geschätzt«, sagte Pauli. »Aber wahrscheinlich ist sie erst Mitte zwanzig. Ich hab auch ›Hallooo‹ zu ihr gesagt und an meinem Amulett gedreht. Ich hab mich als Remy Andersen vorgestellt. Ich sei Produktionsassistent, hab ich ihr erzählt, und wollt deswegen zu Ava Sorolla.«

Typisch Pauli, sich so einzuschleichen.

»Und? Erzähl!«, forderte ich ihn auf.

Pauli schilderte, wie er vorgegeben hatte, einen speziellen Film – »Einen sehr speziellen«, sagte er – zu drehen, in dem Helen Esterding hätte auftreten sollen. Nachdem seine Firma vom Tod der Esterding erfahren hatte, sei jemand auf die Idee gekommen, dass es da ja noch Ava Sorolla gäbe. Deswegen sei er hier. Ob sie schon ausgebucht sei, fragte Remy Andersen.

»›Ja‹, hat sie gesagt. Mit so einer Kopfstimme, weißt schon, Joe, wie Engländerinnen sprechen, wenn sie aufgeregt erzählen. ›Worum geht's denn eigentlich?‹, hat sie mich gefragt.«

Herrlich, wie Pauli diese Stimme imitierte.

»Dann hab ich ihr kurz das Projekt erläutert …«

»Dir also irgendeinen Schweinkram ausgedacht?«

»… bin aber sehr schnell wieder auf Helen Esterding zu sprechen gekommen. ›Du bist doch gut mit ihr befreundet gewesen, nicht?‹, hab ich sie gefragt. ›Du warst doch sozusagen ihre beste Freundin. Hast auch den Giorgio gut gekannt.‹«

»Pauli, sei ehrlich«, sagte ich. »Woher hast du das denn gewusst?«

»Mein Knoff-hoff über München ist mein Kapital.« Pauli gab sich vielsagend. »Ihrem Akzent nach ist die Kleine im Übrigen bestimmt aus Hasenbergl gekommen, unserem Münchener Glasscherbenviertel. Ava Sorolla heißt die nie und nimmer.«

Wenn Pauli erst einmal am Erzählen war, gelang es niemandem, ihn zu bremsen. Seine Langatmigkeit, die sich durchaus mit knapperen Fassungen abwechselte, konnte einen manchmal in den Wahnsinn treiben.

»Hast du ihr denn Geld geboten?«, fragte ich ihn.

»Ja freilich. Hundert Euro. Aber dazu erst später. Ob der Giorgio einen Grund gehabt hat, Helen umzubringen, hab ich sie gefragt und so getan, als ob ich die ganze Bande kenne. Ob die Helen vielleicht oft fremdgegangen ist. Ob sie spielsüchtig war. Oder ob sie vielleicht einen Freund gehabt hat.« Da hat sie den Kopf schief gelegt und hat mich angesehen.

›Was interessiert dich das?‹, hat sie mich in ihrem Hasenberglerisch gefragt. ›Ich denk, du willst mir eine Rolle anbieten?‹

Und da hab ich zugelangt und ihr den Schein hingehalten.«

Ich hörte ein Feuerzeug am anderen Ende klicken und Pauli einen tiefen Zug machen.

»Um's kurz zu machen …«, fuhr er fort.

Das war neu.

»›… ich hab nicht so viel Zeit, um mit dir zu tratschen‹, hab ich gesagt. Jedenfalls hat die Sorolla mir nachher aus der Hand gefressen. Schließlich hab ich aus ihr rausgekriegt, dass der Bellini die Bilder von jemand anderem hat malen lassen und sie dann unter Helen Esterdings Namen verkauft hat. Das war definitiv, das hat sie ganz sicher gewusst, die Kleine.

›Das mit dem ganzen Malerscheiß von ihm, das war doch nicht ihr Ding‹, hat die Ava Sorolla gesagt. ›Nein, eine Malerin war Helen nicht. Künstlerin vielleicht schon, aber nicht als Malerin.‹ Dabei hat sie gelacht.«

Es folgte eine Pause. Ich war mir sicher, dass Pauli in diesem Moment die Zigarette ausdrückte und mit der linken Hand an den drei Nadeln im Ohr herumspielte.

»Und weißt du, was sie am Schluss zu mir gesagt hat?«

Wieder eine Pause.

»›Und was machen wir heut Nacht zusammen?‹, hat sie gesagt. Aber da hab ich keinen Bedarf gehabt.«

Wieder dieses Zeitungsrascheln.

»So. Und als ich dann unten auf der Harley gesessen bin und die Zündung eingeschaltet hab, hab ich den Kiosk auf der anderen Straßenseite bemerkt. Da hab ich mir dann die Bild gekauft. Die Schlagzeile ›*Rosenheimer Herbstfestmörder gefasst*‹ ist mir gleich aufgefallen, ich hab auch sofort an dich denken müssen. Und jetzt weißt du Bescheid! Servus!« Damit legte Pauli auf.

»Ottakring, ist Ihnen eigentlich klar, dass Sie mir mit Ihrer Tour auf die Nerven gehen?«

Schon an Scholls Tonfall merkte ich, dass etwas nicht in Ordnung war.

»Welche Tour?«, sagte ich durchs Telefon, obwohl ich ahnte, worauf der Rosenheimer Kripochef hinauswollte.

»Wieso fassen die Münchener unseren Mörder? Ich werd von Ihrem Nachfolger angerufen, der mir was von Amtshilfe ins Ohr säuselt. Da müssen Sie doch dran gedreht haben. Ich sag's Ihnen, wie's war. Sie haben diesen Priegel doch damals gefasst, vor über zwanzig Jahren. Dann kam Ihnen die Zeugenbeschreibung von dem Ziehharmonikaspieler auf dem Herbstfest bekannt vor, Sie haben im Tathergang Parallelen gesehen. Hätt ich Sie bloß nicht an der Vernehmung teilnehmen lassen. Warum haben Sie nicht mir den Tipp gegeben? Warum geben Sie den Hinweis an die Münchener? Ich sag's Ihnen, das ist das letzte Mal gewesen, dass ich Sie bei uns habe mitwirken lassen. Und noch was sag ich Ihnen: Ich empfinde das Ganze als feindlichen Akt.«

»Zorn ist ein Windstoß, der das Licht der Vernunft ausbläst«, sprach ich leise ins Telefon. Dabei fiel mir ein, dass ich heute noch gar nicht meine Tibeter gemacht hatte.

»Was?«, bellte Scholl.

»Ach nichts«, sagte ich. »So, wie Sie vermuten, ist's jedenfalls nicht gewesen. Nicht im Entferntesten.« Ich hatte keine Lust auf weitere Vorwürfe und auch nicht auf Rechtfertigungen. »Ist's nicht einfach nur wichtig, dass er gefasst ist?«, sagte ich. »Ist er eigentlich schon überführt?«

Ich hörte Scholl schnaufen. »Das werd ich Ihnen grad noch erzählen«, sagte er.

Mitleid ist legale Schadenfreude, dachte ich und sagte: »Wissen Sie was, Scholl? Bevor Sie der Schlag trifft, lad ich Sie auf ein Bier zum ›Santa‹ ein. Vertragen wir uns wieder.«

»Das könnt Ihnen so passen«, schnaubte er. »Sie haben wirklich eine Art, einen so richtig aufzubauen.«

Ich blieb vollkommen gelassen. Pensionär zu sein ist eine ausgesprochen angenehme Alterserscheinung.

»Joe? Willst du's hören?«

»Egal was, ja, Pauli, ich will's hören.« Ich hielt das Telefon nah ans Ohr.

»Ich bin ein bisserl um die Häuser gegangen. Wegen der Helen, der Esterding. Vor dreißig Jahren wird sie als Helene Aberl in Giesing geboren, Vater Trambahnfahrer. Ganz brav macht sie eine Lehre als Schneiderin und heiratet mit achtzehn einen gewissen Hubert Oesterle, damals Kfz-Mechaniker bei Opel Häusler. Da heißt sie dann Helene Oesterle-Aberl. Der Oesterle verprügelt und betrügt sie, nach zwei Jahren lässt sie sich scheiden, nennt sich wieder Aberl, diesmal Helen Aberl ohne ›e‹, und schlägt sich so lala durchs Leben. Zuerst in der Änderungsschneiderei von Karstadt, dann als Verkäuferin, danach verliert sich die Spur für eine Weile. Aber aus München ist sie nie weggekommen.«

»Interessant«, sagte ich. »Und wann entdeckt sie ihr Maltalent?«

»Nie. In dieser Richtung war gar nix. Zu ihren Lebzeiten konnte die arme Helene höchstens einen grünen von einem gelb gestreiften Vorhangstoff unterscheiden. Aber auf was anderes, Lukrativeres ist sie recht schnell gestoßen.«

»Porno!«, sagte ich bestimmt.

»Genau, Chef. Sie sah ja gut aus und hatte eine prima Figur. Irgendwann verlor sie dann die letzten Hemmungen.«

Pauli mochte es, eingeladen zu werden, um edel zu speisen. Um mich zu bedanken und ihn für zukünftige Aufgaben bei Laune zu halten, lud ich ihn ins »Gaudeamus« ein, ein Münchener

Feinschmeckerlokal mit Schwerpunkt Fisch in der obersten Etage eines achtstöckigen Hauses im Münchener Westen. Für das »Gaudeamus« hatte er sich fein gemacht. Er trug sein blaues Schneiders-Salzburg-Sakko zu einer Jeans von Lacoste, hatte Armani-Stiefeletten aus weichem, braunem Leder an den Füßen. Seine Glatze strahlte, als hätte er sie mit einem Hochglanzmittel poliert.

Wir waren mitten im Speisen, da ging etwas in Pauli vor. Er bekam große Augen, zog ein riesiges kariertes Taschentuch heraus, legte es sich über die Augen, zog es wieder weg, kriegte einen Hustenanfall, stand auf, ging um den Tisch und stellte sich mit gesenktem Kopf hinter mich, mit dem Rücken zur Tür, die Hände auf der Stuhllehne.

»Die Herrenhaus«, flüsterte er in einem Ton, als wolle er einen Sarg reservieren, »ist grad zur Tür reingekommen.« Er holte tief Luft. »Mit dem Schleimi, mit dem sie neulich schon zusammen war.«

Ich hatte keine Chance.

Lola ortete mich sofort.

»Jetzt gehst du sogar mit diesem Prolli essen«, rief sie in aggressivem Ton und deutete mit spitzem Finger auf Pauli. Sie roch schwach nach Alkohol.

Der Typ hinter ihr hatte den Mund zu einem schiefen Grinsen verzogen.

Fünfzehn Sekunden lang blieb ich einfach stehen und betrachtete den Mann. Lolas ausgedehnte Beschimpfung hörte ich nur verschwommen als Hintergrundgeräusch.

Später konnte ich nicht mehr nachvollziehen, warum ich es tat. Aber ich tat es. Ich machte einen Schritt zur Seite, holte aus und schlug dem Mann mit der Faust von oben auf den Kopf.

Sein Grinsen verschwand, er knickte ein und sackte in sich zusammen.

Dann drehte ich mich um und wollte gehen.

Lola stellte sich mir in den Weg. »Warum tust du das?«, schrie sie.

Sie sah gar nicht schön aus in ihrer Wut. Aus dem Nichts kam ihre Ohrfeige.

Sie traf mich hart. Ich war so überrascht, dass ich einen Schritt rückwärts machte, stolperte und zu Boden fiel.

»Warum tust du das, du Idiot?«, schrie sie noch einmal. Sie begann, auf mich einzuschlagen.

Ich hatte Mühe, mir die tobende Frau vom Leib zu halten, während ich gleichzeitig versuchte, mich wieder aufzurappeln.

Von einem weiblichen Wesen war ich noch nie geschlagen worden. Wenn Lola früher so erregt gewesen war, dass sie die Beherrschung verlor, hatte sie Sachen nach mir geschleudert, eine Vase, eine Tasche, ein Weißbierglas. Aber nie hatte sie auf mich eingeschlagen.

»Jetzt ist's aus«, zischte Lola. »Ich hab immer noch gedacht, dass es einen Neuanfang gibt mit dir. Aber jetzt ist's aus.«

Mühsam war ich wieder auf die Beine gekommen.

Ich ging auf Lola zu und strich über ihr wunderschönes dunkelbraunes Haar, das in dem weichen Pagenschnitt ihr Gesicht umrahmte.

Lola war so perplex, dass sie es für die Zeit eines Wimpernschlags zuließ. Dann wehrte sie ab und wich zurück.

In meiner Verzweiflung beschritt ich einen Pfad, den ich noch nie vorher gegangen war und auch zukünftig nie mehr beschreiten würde. Ich stellte ihr die Frage, die mir schon lang auf der Seele brannte.

»Willst du mich heiraten?«, fragte ich sie.

Falsche Frage zur falschen Zeit am falschen Ort. Ich begriff es sofort. Aber es war zu spät.

Lola wandte sich abrupt um und ließ mich stehen.

Der Typ kroch auf Knien hinter ihr her.

Eines schätzte ich an Pauli sehr: seine Diskretion. Als er zurückkam, zupfte er an seinen Ohrringen herum und fuhr im Gespräch fort, als sei nichts geschehen. »Bellini hat von einem Auftragsmaler, der für ihn gearbeitet hat, eine neue Masche extra für Helene Aberl kreieren lassen. Das hat so funktioniert, dass dieser Maler dem Lappen, mit dem er seinen Pinsel gereinigt hat, mit Holzleim eine Form gegeben hat, einen Rahmen drum herum gezimmert und das Werk ›Kreation ohne Titel‹ getauft hat.

Dem sensationell neuen Stil hat Bellini den Namen ›Okkulter Realismus‹ gegeben und seiner Gründerin den Namen Helen Esterding.«

Wir waren aus dem Aufzug gestiegen und die paar Schritte zur Tiefgarage zu Fuß gegangen, ich mit gesenktem Kopf, Pauli mit sprechenden Händen.

»Bellini hat die Frau am laufenden Band betrogen. Er hat von ihrer Vergangenheit als Pornodarstellerin gewusst. Was er zunächst nicht gewusst hat, war, dass auch sie andere Männer hatte. Sozusagen als Rache für seine Eskapaden. Als er es schließlich herausbekam, hat er sie ihn genau in diesem Glauben gelassen. Denn was ihm wiederum verborgen geblieben ist, war, dass seine Helen Esterding inzwischen als Callgirl gearbeitet, ein eigenes kleines Vermögen angehäuft und sich in der Szene ›Nadine‹ genannt hatte. ›Nadine‹ war in kurzer Zeit zum Begriff geworden. Nebenbei: Daher übrigens auch die gute Bekanntschaft mit Ava Sorolla. Trotzdem heißt es heute noch, Helen habe einen festen Freund gehabt.«

Er verabschiedete sich mit den Worten: »Also wenn du mich fragst: Wenn ich in Bellinis Haut gesteckt hätte, hätte ich das Weib auch umbringen können.« Er sah mich aus funkelnden Augen an. »Ich hätte sie allerdings erwürgt.«

Ich war dabei, Herrn Hubers Fell zu bürsten. Wenn ich damit fertig war, wollte ich Olga anrufen. Etwas war falsch gelaufen, da gab ich Scholl recht, doch wie ich Olga einschätzte, war nicht sie die Ursache. Ich war gerade am Schwanz des Hundes angekommen, da läutete das Telefon.

»Christnacht hier«, sagte eine Frauenstimme. Die Frau sprach sehr leise.

»Woher haben Sie meine Nummer?«, fragte ich, meine Überraschung verbergend. Christnacht, der Getötete vom Herbstfest.

Seine Witwe lachte zaghaft. »Ganz einfach, von der Auskunft. Ihren Namen gibt's nur einmal in dem Ort.«

Warum sie nicht bei der Kripo angerufen habe, fragte ich sie.

Sie dachte, ich sei die Kripo. Aber ich hörte gleich heraus, dass sie Scholl nicht mochte und deswegen nicht mit ihm reden wollte. Ihr Mann habe ein sehr seltsames Leben geführt, sagte sie, und sie wolle mir einfach diese Information geben.

»Welche Information?«, fragte ich.

»Na, das mit dem seltsamen Leben von meinem Mann.«

»Warum?«, wollte ich sie noch fragen. »Der Mörder ist doch gefasst.« Doch da hatte sie schon aufgelegt.

Scholl würde ihre Adresse kennen.

Ich rief ihn an und berichtete von dem Anruf. Anschließend stand ich vor dem verglasten Bischofsschrank im Flur und bewunderte mein Ebenbild.

Was für ein ehrenwerter Mensch ich doch war!

Hinter dem Wald von Kränen, der über dem Neubaugebiet im Südwesten von Neubeuern aufragte, breitete die aufgehende Sonne einen violetten Lichtschein über die Berge und um die Wolken, die sich auf die Gipfel gelegt hatten. Ich konnte das Schauspiel von meinem Bett aus betrachten, mit einer Tasse heißer Milch mit Honig in der Hand ans Kopfgestell gelehnt. Müde war ich. Zu viel war mir durch den Kopf gegangen. Früher hatte ich mit meinen Mitarbeitern in der Mordkommission nach Lösungen gesucht. Jetzt war ich Einzelkämpfer.

Mir kam eine Idee. Pauli hatte von Zack Borsody erfahren, dass Helen Esterding regelmäßig nach Bad Wiessee ins Spielkasino gezogen sein sollte. Ich führte ein Telefonat, holte Herrn Huber aus dem Garten und den Porsche aus der Garage und fuhr hin.

»Nein, unsere Gästedatei kann ich Sie leider nicht einsehen lassen, Herr Ottakring«, erklärte der Direktor mit einer Miene, die darauf schließen ließ, dass ihm die Antwort im selben Augenblick peinlich war.

Als ich ihn von zu Hause aus angerufen hatte, war ihm sofort klar gewesen, dass er noch voll in meiner Schuld aus der Münchener Zeit stand. Ich hatte ihn damals vor öffentlichen Angriffen seiner Frau geschützt. Nun stand er hinter der noblen Empfangstheke aus Mahagoni vor mir und zierte sich.

»Aber wenn Sie mir einen Namen nennen, könnte ich ja vielleicht herauskriegen, ob diese Person Gast unseres Kasinos war. Und wann.«

»Helen Esterding!«, kam es pfeilschnell aus mir heraus.

Der Direktor musterte mich kurz. Sein Blick huschte über den Bildschirm.

»Treffer«, sagte er. »Mehrfach. Zuletzt am 1. Mai.«

Dann schaute er mich erwartungsvoll an. Einen Schuss hatte ich anscheinend noch frei.

»Ava Sorolla?«, fragte ich ins Blaue hinein.

Er grinste leicht und nickte kaum merklich mit dem Kopf. »Auch am 1. Mai. Rien ne va plus. Nichts geht mehr.«

Mir war, als sei ich auf vermintes Gelände geraten.

»Wir haben den Priegel zwar gefasst, und die Zeugen erkennen ihn wieder«, sagte Chili. »Aber uns fehlen sein Geständnis und vor allem die Tatwaffe. Scholl geht davon aus, dass er die Waffe nicht lang bei sich behalten, sondern frühzeitig entsorgt hat. Alles haben wir durchsucht, alle Fahrgeschäfte neben dem Tatort und auf dem Fluchtweg. Den Tatzlwurm, den Prosecco-Stadl, Papierkörbe, geparkte Autos, wirklich die ganze Palette. Sogar der Miss Herbstfest haben wir unter den Rock geschaut ...«

Ich blickte auf.

Chili kicherte albern. »... Verzeihung. Vernommen haben wir sie. Es ist, als habe Priegel die Pistole verschluckt.« Mit einem verlegenen Lächeln setzte sie hinzu: »Ehrlich, wir haben ihn sogar durchleuchtet.«

Wir saßen uns an einem Ecktisch im »Santa« gegenüber, Chilis Lieblingswirtshaus in Rosenheim. Es war nicht viel los nachmittags um halb vier, nur ein paar streng gezopfte Frauen, Bäuerinnen vielleicht, feierten geräuschvoll einen Geburtstag im Nebenzimmer.

Chili kaute auf einer getrockneten Schote herum.

»Bäume«, sagte ich, »untersucht alle Bäume in der Nähe.«

Chili hob die Schultern. »Haben wir schon.«

»Du?«, fragte ich. »Du selbst?«

Sie schüttelte den Kopf.

»Dann such du selber. Und wenn du mit einer Leiter von Baum

zu Baum gehst und selbst hinaufkletterst. Alle Astgabeln, jedes Blatt. Bis in die oberste Krone. Jeden Baum. Traue niemandem als dir selbst, wenn's um was Entscheidendes geht.«

»Na gut«, sagte sie und hob wieder die Schultern, »mach ich.« Als ich schon bezahlt hatte und die schöne Wirtin uns hinausbegleitete, richtete ich Chili die Grüße ihres Vaters aus. Torsten Toledo hatte mich in der Nacht angerufen.

Chili strahlte.

Am nächsten Spätnachmittag rief mich Scholl an und bedankte sich.

»Ich wollt's Ihnen selber sagen, Ottakring. Chili hat die mutmaßliche Tatwaffe gefunden. Eine Neun-Millimeter-Walther.«

Also keine SIG Sauer. Ich schwieg. Kommen lassen, den Scholl, sagte ich mir.

»Ich hab ja schon gedacht, wir finden vielleicht wieder eine SIG Sauer. Rein intuitiv, wissen Sie, Ottakring. Aber ich hab mich geirrt. Chili hat sich einen jungen Kollegen gegriffen. Sie haben jeden Baum in der Nähe des Tatorts untersucht, bis sie – na ja, die Walther gefunden haben. In die Astgabel einer Buche an der Kaiserstraße eingeklemmt. Das Magazin war leer, keine Fingerabdrücke.«

Dann druckste er herum. »Sagen Sie, wie kamen Sie darauf, in Bäumen zu suchen?«

Ich unterdrückte ein Grinsen. »Betriebsgeheimnis«, sagte ich.

Offensichtlich konnte ich Priegel nach all den Jahren noch immer richtig einschätzen. Er hatte exakt vorhergesehen, an welchen Stellen die Polizei nach der Waffe suchen würde. In Herbstfestbuden, in Papierkörben und so weiter. Deshalb deponierte er sie genau dort, wo er sich sicher sein konnte, dass sie nicht im Entferntesten vermutet wurde.

»Na gut«, meinte Scholl.

Er hatte wohl seinen großzügigen Tag.

»Ach übrigens. Der Anruf von der Frau Christnacht bei Ihnen. Ich hab mich selbst mit ihr befasst. Sie ist recht gesprächig, die Frau. Trotzdem hab ich das Gefühl, dass sie mit etwas hinterm Berg hält. Aber nichts Genaues wissen wir noch nicht.«

»Aha«, sagte ich. Das »Wir« fand ich bemerkenswert.

Er war noch nicht fertig.

»Wollen Sie, ich meine, haben Sie noch Lust, könnten wir nicht doch demnächst, wenn Sie Zeit haben …«

Schüchternheit ist eine Art Furcht vor sich selbst, hatte ich irgendwo gelesen. Ich hielt es nicht länger aus und fuhr dazwischen.

»Einen heben gehen, meinen Sie?«, fragte ich. »Zum ›Santa‹? Mein Angebot von neulich? Na klar, wann immer Sie Zeit haben. Aber Sie zahlen das Bier, Scholl.«

Ich wartete auf Scholl. Es war zehn nach sieben. »Auf d' Nacht«, wie sie hier sagen. Wir waren um sieben im »Santa« verabredet. Die Geschäfte wurden gerade geschlossen. Der kopfsteingepflasterte Max-Josefs-Platz, die kolorierten Inn-Stadt-Fassaden mit ihren Flach-Erkern und Laubengängen wirkten nicht nur halb verlassen, sie waren es auch. Die kleine Uhr über dem Mittertor bewegte sich langsam, eine Kirchenglocke sandte dürftige Töne über den Platz.

Ich wartete immer noch auf Scholl. Es war halb acht.

Ich stand mit meinem Weißbier in der Tür zum Innenhof des »Santa«, die schöne Wirtin neben mir. Sie hatte nichts zu tun, die Gäste fehlten. Ich überlegte, ob ich mich verabschieden sollte.

»Warten Sie auf Ihre Begleitung?«, fragte sie.

Sicher meinte sie Chili damit.

»Nein, auf den warte ich«, sagte ich und deutete auf Scholl, der endlich über den Platz gefegt kam, als wäre der Innenminister persönlich hinter ihm her.

»'tschuldigung, 'tschuldigung«, rief er schon von Weitem und ließ den Mantel von den Schultern gleiten. »Da gab's Neues im Bellini-Fall. Und Neues über Christnacht. Musste ich noch klären.«

Nachfragen wollte ich nicht.

Die schöne Wirtin platzierte uns an einen Ecktisch.

Scholl räusperte sich. »Horst Christnacht, fünfzig Jahre alt, Gerichtsvollzieher. Verheiratet, lebte getrennt, er in Feldkirchen, sie am Chiemsee. Der zwölfjährige Sohn Max stammt aus dieser Ehe. Christnacht wurde vor vier Jahren von der holländischen Grenze nach München versetzt und ist nach Feldkirchen gezogen. Katholisch, Vegetarier, Ordnungsfetischist, Westernfan.«

Scholl schaute mich bedeutungsvoll an.

»Keine Vorstrafen.«

»Brav, Scholl«, sagte ich. »Das wird Ihnen gewaltig weiterhelfen.«

»Wir bleiben dran«, sagte er.

Ich atmete tief durch. »Glauben Sie eigentlich immer noch an Selbstmord im Bellini-Fall?«, fragte ich.

Wir schwiegen eine halbe Minute. Dann bestellte er ein Bier, sah mich lange und mit gerunzelter Stirn an, ging aber nicht auf meine Frage ein.

»Der Priegel-Fall macht uns zu schaffen«, sagte er. »Ich will offen zu Ihnen sein. Wir haben die Waffe, aber keine Fingerabdrücke. Wir haben das Projektil, mit dem Christnacht erschossen worden ist, und können es der Tatwaffe zuordnen. Aber solange wir nicht in der Lage sind, dem Priegel nachzuweisen, dass es seine Pistole ist und dass er sie benutzt hat, haben wir natürlich keine Chance. Klar, wir haben die Zeugenaussagen, und die Gegenüberstellung war positiv, aber das hilft uns alles nicht richtig weiter. Die Indizien reichen einfach nicht aus, und sein Anwalt hat schon Antrag auf Haftprüfung gestellt. Wir brauchen sein Geständnis, wir brauchen es. Wir können es nicht schleifen lassen. Die Staatsanwältin steht mir auf den Zehen.«

Ich schnappte zu. »Es wäre doch ...«

»... spannend zu wissen«, unterbrach Scholl, »ob es Parallelen zum ersten Priegel-Fall gibt. Die Mordsache, die Sie damals aufgeklärt haben. Und jetzt wieder zwei Tötungsdelikte mit einem Schuss in die Stirn. Es wäre schon sehr unwahrscheinlich, wenn es da keinen Zusammenhang gäbe.« Er verschränkte die Hände und legte sie auf den Tisch. Beide Zeigefinger zuckten. »Jedenfalls jetzt, wo wir wissen, dass der Priegel haftentlassen ist.«

Ich begann zu ahnen, worauf er hinauswollte.

»Und da hab ich gedacht, Sie haben sich ja mit dem Priegel

sehr intensiv beschäftigt, haben ihn gefasst und überführt damals. Prost.«

Er trank allein. Mein Glas war leer.

»Und Sie waren doch in Ihrer Zeit so ein Ass in Vernehmungstechnik. Und da hab ich mir eben eingebildet, ob Sie nicht für uns …?«

»Wer zahlt das Bier?«, fragte ich.

»Ich«, sagte er.

Ich konnte.

Vorher fuhr ich nach Feldkirchen. Ich stellte den Porsche auf dem Parkplatz eines belebten Baumarkts ab und marschierte auf Umwegen zu Christnachts Wohnung. Sie lag in einer spärlich bebauten Hügelgegend und war über eine hölzerne Außentreppe zu erreichen. Das erleichterte die Arbeit. Nicht erst von Pauli hatte ich gelernt, eine Wohnungstür ohne Schlüssel zu öffnen.

»Ordnungsfetischist«, hatte Scholl gesagt. Genau so sah's in seiner Wohnung aus. Die Rollläden waren heruntergelassen, doch vom Flur fiel Licht herein, und das genügte, um das kleine Wohnzimmer so weit zu erhellen, dass ich ohne Taschenlampe auskam. Eine weiße Couch, davor ein rollbarer Glastisch mit einer leeren Rosenvase darauf, zwei weiße Sessel, ein Schrank mit Glastür, hinter der Fachliteratur prangte, neben dem Fenster ein Rollschrank, an dem der Schlüssel steckte, kein einziges Bild an der Wand: eine Wohnung ohne besondere Merkmale.

Der Schrank gab zunächst auch nicht viel her. In kleiner Schrift gekennzeichnete Ordner reihten sich millimetergenau aneinander, einen Terminkalender fand ich nicht, auch nicht in den beiden Schubladen. Versicherungen, Verträge, Briefe, Fotos, Zeugnisse, Steuern, Geldanlagen. Darin blätterte ich. Aktienfonds, Kommanditanteile an einem geschlossenen Immobilienfonds in den USA und einem in Kanada. Mieteinnahmen aus drei Häusern in München. Bankauszüge. Hapimag-Anteile, Ferienwohnungen.

Der Mann musste Millionär gewesen sein.

Ein dünner Ordner mit grünem Deckel war unbeschriftet. Ihn zog ich, mehr aus Neugier, heraus. Die Ablage war eine Art Tagebuch mit Terminen und Notizen, allesamt privat. Den Kalen-

der fürs Geschäftliche, schätzte ich, hatte er in seinem Büro geführt. Ich blätterte zurück und fand Einzelheiten seiner privaten
Transaktionen. Namen tauchten auf, teilweise mit Telefonnum-
mern. An drei Tagen im Mai, an zwei im April und an etlichen
davor fand ich einen Eintrag jeweils in den Abendstunden. Ich
zog einen Stuhl her, schnaufte durch und setzte mich. Ich blätterte.

»NADINE«, stand da in Großbuchstaben. Nichts weiter, nur
»NADINE«.

Diesen Ordner nahm ich mit.

DREIZEHN

Zwei Vollzugsbeamte brachten den Untersuchungshäftling Herbert Priegel in die schmale, gestreckte Zelle, die man für das Gespräch mit mir vorgesehen hatte. Links ein Waschbecken, an der Stirnseite ein Fenster, vergittert, verwaschene Strichmarkierungen an den Wänden.

Der Mörder war groß und hager und sah mich aus hellblauen Augen an. Er hatte immer noch diesen schmalen, blonden Oberlippenbart. Seine Igelfrisur war an den Seiten angegraut. Sein Erscheinungsbild entsprach genau der Beschreibung des Akkordeonspielers.

Priegel hatte ein offenes Arbeitshemd mit weißem T-Shirt darunter an. Er war siebenundvierzig Jahre alt und sah nicht aus wie ein brutaler Mensch. Man war geneigt, ihn zu unterschätzen.

»Sie waren schon einmal bei mir. Gell?«, sagte er.

Meine Augen tasteten ihn ab.

Herbert Priegel, hätte ich ihn nicht vorher gefasst, wäre der typische Serienmörder geworden. Ich wusste, was in dieser Art von Leuten vorging. Sie wollten ihre Beute manipulieren und dominieren. Sie wollten frei entscheiden können, welches Opfer sie sich aussuchen. Ob es leben oder sterben soll ... und *wie* es sterben soll. Und wenn sie einmal damit durchkamen, wurden sie zu Wiederholungstätern. Wenn man sie nicht bremste.

Kurz nach seiner Verurteilung hatte ich Priegel damals in der JVA Stadelheim besucht. Ich war allein in der Zelle mit ihm gewesen. Bereitwillig hatte er mir erzählt, dass seine Mutter ihn hasste, weil er von klein auf seinem Vater so ähnlich gesehen hätte. Der hatte die Mutter gequält und die Schwester missbraucht. Dann wurde Herbert Priegels Größe zum Thema. Mit sechs oder sieben Jahren war er ein Riese unter den Kindern, und die Mutter befürchtete, er könne seine ältere Schwester belästigen. Daher ließ sie ihn in einem fensterlosen Kellerraum schlafen, angebunden an die Heizung. Mutter und Schwester hielten sich oben in ihren Zimmern auf. Das schürte bei ihm einen abgrundtiefen Hass gegen die beiden Frauen. Hinzu kam die endgültige Trennung der Mutter von seinem Vater, dem einzigen Menschen, den er trotz allem mochte. Im Keller blieb er weiterhin. Er fühlte sich schmutzig und gefährlich, ohne je etwas Unrechtes getan zu haben. So erblühte seine mörderische Phantasie.

»Ich war zwölf oder dreizehn gewesen«, hatte er geschildert, »als ich die beiden Hauskatzen getötet hab und ihnen die Beine und den Kopf abgesägt hab. Der einen mit dem Taschenmesser, der anderen mit einer Schere.« Unsere Psychologen hatten herausgefunden, dass diese kindliche Grausamkeit gegenüber Tieren der Grundpfeiler seiner späteren Mordlust war.

Das war eine Dimension, die zur Vorsicht mahnte. Aus meinen früheren Verhören, selbst wenn sie zwanzig Jahre zurücklagen, wusste ich, dass Priegels Haltung weder arrogant und großspurig noch reumütig und zerknirscht war. Er hatte sich nicht geändert. Priegel sprach mit sanfter Stimme, wirkte kühl, analytisch und abwesend bis uninteressiert.

»Drei Zeugen haben Sie bei der Gegenüberstellung eindeutig erkannt, Herr Priegel«, sagte ich.

Er zuckte mit den Schultern.

»Und wir haben die Tatwaffe. Ziemlich luxuriös, das Ding.«

Er lehnte sich in seinem Stuhl zurück. »Und keine Fingerabdrücke«, sagte er. »Gar nichts haben Sie. Aber mir kann das ja eh wurscht sein, ich war zu der Zeit in München.«

Ich konfrontierte Priegel noch einmal mit dem Herbstfestmord und hämmerte mit Worten auf ihn ein.

»Null«, sagte er.

Er beharrte auf null. Null Ahnung, null Gefühl, null Bock. Null am Herbstfest gewesen.

»Ich war in München. Im Englischen Garten«, wiederholte er ein ums andre Mal. »Ich war froh, mich mal wieder einfach rumtreiben zu können. Da hock ich mich doch nicht in den Zug und fahr in die Provinz.« Er verschränkte die Arme. »Ich bin unschuldig.«

Wir saßen uns gegenüber, einen Tisch zwischen uns. Neben mir hatte ich ein kleines Regal in den Raum stellen lassen mit einem halben Meter Aktenordnern darauf gestapelt. Die Ordner bestanden nur aus leeren Blättern. Sein Name aber, »PRIEGEL«, stand dick und fett auf ihrem Rücken. Frühere Tatortfotos hatte ich an die Wände heften lassen, gleich neben ihm eines vom erschossenen Gerichtsvollzieher im Großformat. Die Neun-Millimeter-Walther, die Chili im Baum gefunden hatte, lag auf der linken äußeren Ecke des Tisches.

Die Ordner und die Fotos kümmerten Priegel wenig, doch zur Pistole sprangen seine Blicke hin wie Funken aus einem Kaminfeuer. Priegel besaß ein erotisches Verhältnis zu Waffen. Schon in dem Loch, das er bewohnte, als er seiner Mutter ausgekommen war, hatte er ein Gewehr besessen. Wenn ihm danach war, hatte er es zu sich ins Bett genommen wie eine Frau.

»Das ist Ihre Waffe, nicht? Sie sind stolz auf die Walther, können es auch sein. Haben Sie eigentlich einen Waffenschein, Herr Priegel?«

Der Mann schwitzte nicht, sein Atem ging normal, er blieb gelassen. Er zupfte an seinem Schnurrbart, rieb mit den Kuppen beider Zeigefinger über die Platte des kleinen quadratischen Tischs zwischen uns.

»Haben Sie doch längst nachgeprüft«, gab er zurück und warf mir einen weichen Blick zu.

Am anderen Tag ließ ich Priegel mitten in der Nacht wecken und den Raum in dunkles, unsicheres Licht tauchen, einen Punktstrahler auf seine Augen gerichtet. Zwei Beamte standen hinter mir.

»Vielleicht haben Sie einfach Hunger gehabt«, sagte ich. Ich wusste um seine Vorliebe für Süßigkeiten. »Oder Appetit auf was Süßes. Ich könnt's gut verstehen, wenn Sie Lust auf einen Paradiesapfel gehabt hätten. Nach der langen Zeit im Gefängnis.«

»Blödsinn«, sagte er. »Ich war in München. Spazieren im Englischen Garten. Das mit dem Apfel ist in Rosenheim passiert.«

Ein Schwall üblen Geruchs aus seinem Mund erreichte mich. Ich lehnte mich nach hinten weg. Dann nickte ich den Beamten zu. Sie verstanden. Das Neonlicht an der Decke sprang flackernd an.

»Okay, Herr Priegel«, sagte ich. »Nehmen wir an, wir wüssten, in welchem Teil der Erde Ihre Tochter lebt.«

Ich schwenkte den Punktstrahler. Sein Licht richtete sich auf ein lindgrünes, längliches Tuch an der Wand gleich neben dem einzigen Fenster. Ich zog das Tuch weg. Dahinter war ein hundert mal siebzig Zentimeter großes Schwarz-Weiß-Foto. Es war die Frontalaufnahme einer schlanken schwarzhaarigen Frau in den Zwanzigern mit ebenmäßigen Zügen und breitem Lachen.

Seine Augen weiteten sich. Schweißtropfen bildeten sich auf seinem Gesicht.

»Nehmen wir ferner an, Sie könnten Bettina noch einmal sehen, bevor Sie endgültig hier drinbleiben. Wär Ihnen das ein Geständnis wert?«

Ich stand auf, auch um dem geruchlichen Getöse aus seinem Mund zu entgehen, und stellte mich vor das Bild.

»Sie haben den Mann in Rosenheim erschossen. Früher oder später werden wir es Ihnen nachweisen, da können Sie Gift drauf nehmen.«

Ein Schlüsselbund fiel scheppernd hinter mir zu Boden. Der Beamte fluchte leise.

Priegel war verheiratet gewesen, seine Frau hatte sich, ein knappes Jahr nachdem er in Stadelheim eingebuchtet worden war, scheiden lassen. Aus dieser Ehe stammte die Tochter. Soweit bekannt war, hatte er weder Frau noch Kind danach je wieder gesehen.

Er stierte vor sich hin.

»Bettina«, flüsterte er so leise, dass ich es nur an seinem Mund ablesen konnte.

Ich nahm noch einen entschlossenen Anlauf.

»Sie wissen genau, wenn's zum Indizienprozess kommt, kriegen Sie lebenslänglich mit anschließender Sicherungsverwahrung. Sie werden nie mehr rauskommen. Die Stimmung in der Republik wandelt sich. Man spricht sogar von einer Reform der Strafprozessordnung. Die Justiz wird härter, schärfer, die Null-Toleranz-Praxis greift um sich. Bei einem Geständnis …« Ich musste mich räuspern, zwei-, dreimal.

Priegel hatte sich in der Gewalt. Ich hatte erwartet, dass er ungemütlich werden würde. Doch er biss sich auf die Unterlippe, verschränkte wieder die Arme vor der Brust und sah zur Decke.

»Krieg ich ein Bier?«, fragte er mit seiner sanften, halbhohen Stimme.

»Flasche oder Glas?«, sagte ich.

»Glas«, sagte er.

»Kein Glas in der Zelle«, sagte der Beamte, der die Schlüssel hatte fallen lassen. Nach einer Weile kam er mit einem Plastikbecher voll Bier zurück.

»Prost«, sagte Priegel und nickte. Er trank den Becher in einem Zug leer, stellte ihn vorsichtig, als könne er in Stücke zerplatzen, auf den Tisch und schaute mich an. »Auf Bettina«, sagte er.

Ich hatte gewonnen, da war ich mir ziemlich sicher. Ich konnte mir lebhaft vorstellen, wie interessiert Priegel an einer Begegnung mit seiner Tochter war, die er nur als Kleinkind kannte. Es war eine Frage der Zeit, vielleicht von Minuten, bis Priegel ein Geständnis abliefern würde.

Bevor ich weiter nachdenken konnte, merkte ich, wie sich etwas in ihm veränderte, konnte es zunächst aber nicht deuten. Priegels Augen verdrehten sich, und gleichzeitig, wie in Zeitlupe, sackte der Kopf zur Seite. Er griff sich mit beiden Händen an den Hals. In seinen Augen war nur mehr Weiß, ich sah nur Weiß, kein bisschen Hellblau, bis die Lider sich im gleichen Tempo schlossen, wie der Kopf zur Schulter sank, und der Körper in einer seltsam verdrehten Bewegung vom Stuhl rutschte.

»Obacht«, hörte ich mich noch sagen.

Dann lag Herbert Priegel am Boden und rührte sich nicht mehr. Der Gestank seiner Ausscheidungen füllte nach und nach den Raum.

Ein schweres Gewitter ging, nicht gerade typisch für die Jahreszeit, über Neubeuern schon in der Frühe nieder und verfinsterte Tal, Himmel und Berge, kaum war es ein wenig hell geworden. Ich stapfte über den Rasen und beeilte mich, ein paar Blumenkübel unters Dach auf die Terrasse zu ziehen. Die Verandatür hatte ich hinter mir geschlossen. Drinnen, im Wohnzimmer, war es dunkel. Das Haus lag still bis auf den Regen, den es unaufhörlich gegen die Panoramascheibe trieb.

Ich wischte mir die Nässe aus dem Haar und von der Stirn. Was zum Teufel war im Augenblick am wichtigsten? Pauli weiter hinter Lola herspionieren zu lassen und wofür? Den Spuren im Bellini-Fall hinterherhecheln? Abwarten, bis Priegel wieder vernehmungsfähig war? Meine sich anbahnende Sucht nach Chili bekämpfen? Den angekündigten Besuch ihres Vaters vorzubereiten helfen? Sollte ich Herrn Huber kastrieren lassen, weil er neuerdings immer ausriss? Wurde ich tatsächlich nur alt und vertrug solche Anforderungen nicht mehr so wie früher?

Der Spruch unseres Dorfpfarrers vom letzten Skatabend fiel mir ein. »Alter spielt sich im Kopf ab, nicht im Körper«, hatte Rudi gepredigt.

Ich machte Licht im Wohnzimmer, rückte den Tisch unter den Leuchter und blätterte zum x-ten Mal in Christnachts dünnem grünem Ordner. Wenn Christnacht Kunde des ermordeten Callgirls Nadine alias Helen Esterding gewesen war, dann war dies ein weiterer Verknüpfungspunkt zwischen den beiden Fällen. Doch mir fehlten weitere Fakten. Mit reiner Logik kam ich vorerst nicht weiter.

Ich wollte den Ordner schon zuklappen, da sprang mir etwas ins Auge, was mein Herz schneller schlagen ließ. Ich verfluchte die mangelnde Sehschärfe meiner Augen, die mich bei dürftiger Beleuchtung immer öfter im Stich ließen. Den groß geschriebenen Namen »NADINE« auf dem Blatt vom 20. April, dem Ostersonntag, und auf dem vom 13. Mai konnte ich sehr gut lesen. Das Gekritzel auf der Rückseite der beiden Blätter aber, sehr klein geschrieben und ganz unten, hatte ich bisher übersehen.

»H 60 M« stand da am Ostersonntag und »H 55 M« am 13. Mai. Was war mit diesen Kürzeln gemeint?

An diesem Tag hatte ich große Mühe, den Tisch für den abendlichen Skat herzurichten. Wenigstens sollten sich meine Freunde nicht über mangelnde Zuwendung beklagen können.

»Da läuft so ein Gerücht um, euer Mörder hat den Löffel weggelegt«, sprach mich Karl, der Pionierkommandeur, am selben Abend an.

Wir saßen zu viert um den Skattisch. Einer musste in jeder Runde aussetzen.

»Freilich«, warf Rudi ein, »Gerüchte sind schließlich viel interessanter als die Wahrheit.«

»Nur nicht in der Kriminalistik«, sagte ich.

»Also sag's«, sagte Uwe, der Kirchenmaler, und begann die Karten für eine neue Runde zu mischen. »Ich hab gehört, du bist da auch noch beteiligt in dem Spiel. Die Presse mischt ja gewaltig mit. Es heißt, du wärst mit einer jungen Dame im Riesenrad gesessen, während unten der Mann erschossen wurde. Du sollst dann den Mörder vernommen haben. Und der sei vergiftet worden. Kannst du uns darüber etwas erzählen?«

Das Gewitter vom Morgen war wiedergekommen und hörte nicht auf. Immer wieder lief der Donner durchs Tal, und der Regen trommelte gegen die Fenster. Echos überschlugen sich und knallten über dem Haus zusammen. Herr Huber, der ursprünglich neben dem Pfarrer gesessen hatte, weil der ihn mit Erdnüssen fütterte, verzog sich unter den Tisch. Ich tastete mit dem Fuß nach ihm und merkte, wie er zitterte.

Ich wollte mich nicht outen. Aber ein bisschen sollten meine Kumpels schon davon profitieren, dass ich mitten in der Sache steckte.

»Einmal wirklich nur unter uns Pfarrerstöchtern gesprochen ...«

Rudi warf mir einen entsetzt hilflosen Blick zu. Er ächzte gotterbärmlich.

»... bin ich felsenfest davon überzeugt, dass Herbert Priegel der Täter vom Herbstfest ist«, fuhr ich fort. »Die Polizei hat nur Schwierigkeiten mit der Beweisführung. Was das Gerücht angeht, Karl, bin ich sicher, dass Priegel weder den Löffel abgegeben noch ins Gras gebissen noch den Arsch zugekniffen hat.«

Ich schaute Rudi über die Schulter. Ein weißes DIN-A4-Blatt lag vor ihm, er hatte vier senkrechte Linien gezogen und notierte in jeder Spalte Gewinn und Verlust jedes Teilnehmers. Seine

Schrift war winzig und gestochen scharf. Rudi war für den Job ausgewählt worden, weil man üblicherweise von einem Pfarrer Ehrlichkeit erwarten darf.

An diesem Abend hatte ich die besten Karten.

»Heut habt ihr mich ja nicht so abscheulich ausgenommen wie neulich«, sagte ich.

Uwe, der Hanseat, musterte mich mit einer Miene wie der Himmel über Sylt an einem schönen Tag. »Hab ich euch eigentlich schon von meinem letzten Gesundheitscheck berichtet?«, sagte er und begann sein Hemd hochzuziehen. Uwe bevorzugte Themen wie seine Gesundheit, mögliche Krankheiten und die jeweils letzte Kreuzfahrt. Ich fragte mich, wie seine Frau das auf Dauer ertragen konnte.

Bevor er anfing, ging Karl energisch dazwischen. »Geh, hör auf mit dem Schmarrn«, sagte er laut. »Deine ständige Sorge um die Gesundheit ist auch eine Krankheit.«

Uwe war nicht beleidigt. Wir teilten schließlich alle aus. Er wandte sich an mich.

»Was war eigentlich mit deiner Nachbarin kürzlich, mit der Frau S-teiner? Du sollst sie aufges-pießt haben?«

Ein schweres Wort leicht ausges-prochen.

»Unsinn«, fuhr Rudi dazwischen und blies Luft durch die Backen. »Sie ist in eines von deine Gartengerätle reingetreten, nicht wahr, Joe?«

»So ähnlich«, sagte ich. Ich schilderte ihnen das Unglück, verschwieg jedoch die geklauten David-Austin-Rosen.

Karl versuchte sich auf seinem Stuhl emporzurecken. Doch der verspannte Nacken machte Schwierigkeiten. Sicher wäre er jetzt lieber zehn Kilometer in die von ihm verehrte Ägäis hinausgeschwommen. Karl war der raffinierteste Skatspieler von uns vieren. In dieser Runde setzte er aus.

»Was ist eigentlich mit dem Sohn der Steinerin los?«, fragte er.

Wir anderen konzentrierten uns auf unsere Karten, sodass unser Pionierkommandeur sich noch einmal bemerkbar machen musste. »Der junge Steiner hat es bei mir in der Kaserne bis zum Leutnant gebracht.«

Ich blickte auf.

»Z 2«, erklärte Karl. »Er wollte ursprünglich nur seine Wehrpflicht ableisten, hat dann aber auf zwei Jahre verlängert. Seit dieser Zeit kennt er mich, der, der ...« Hilfesuchend sah er mich an.

»Harry«, half ich aus.

»Harry, genau. Harry Steiner. Er hat mich immer freundlich gegrüßt, hat mir aus dem Auto zugewinkt oder gehupt, wenn er vorbeifuhr. Am letzten Wochenende bin ich ihm begegnet, da hab ich ihn kaum wiedererkannt. Zuerst hat er mich finster angeblickt, danach gleich weggeschaut. Beide Hände in den Taschen. Kein Gruß, kein Garnichts. Er war einer unserer Besten gewesen damals, höflich, hilfsbereit. Hat freiwillig den Ranger-Lehrgang gemacht, so ziemlich das Härteste, was es gibt. Hat sich freiwillig zu einem unserer Einsätze im Kosovo gemeldet, sich nichts zuschulden kommen lassen.«

Ich hatte bisher nur mit halbem Ohr gelauscht. Nun war unser Spiel zu Ende.

»Na ja. Wird wohl einen schlechten Tag gehabt haben, als er mir begegnet ist«, sagte Karl. »Vielleicht mal wieder in Geldnot, wie schon oft.«

»Was, Geldnot?«, fragte ich.

Mein Interesse an Harry Steiner wuchs. Mich hatte er ja auch anpumpen wollen.

»Ich hab mit Harry etwas Ähnliches erlebt«, sagte ich. »Es war schon fast dunkel gewesen. Da hat er sich wenige Meter vor mir aufgepflanzt und mich angeschaut, als wolle er mich gleich umbringen.« Ich nutzte die Gelegenheit und richtete eine weitere Frage an Karl. »Sag mal, kennst du zufällig einen Georg Liebermann? Dienstlich, meine ich.«

»Na klar«, sagte er auf Anhieb, »Liebermann. Der war Steiners bester Freund, der Liebermann, wenn auch ganz anders als er. Er hat sich dadurch ausgezeichnet, dass er nie etwas in Eile tat. Seine Trägheit war ebenso groß wie seine Habgier.«

Interessanter Abend, heute Abend. Eine Zeit lang spielten wir schweigend.

Wieder hatte Uwe Schweißperlen auf der Stirn. Diesmal jedoch nicht von der Konzentration aufs Spiel. »Ich hab mir einen Film ausgeliehen«, sagte er.

Wir wussten alle, dass Uwe begeisterter Videogucker war. Und ahnten, um welche Art von Film es sich handelte, doch keiner sprach es aus, schon mit Rücksicht auf den Pfarrer. Doch nun outete er sich selbst.

»Einen Porno«, sagte Uwe. »Unter rein künstlerischen Aspekten betrachtet.«

»Jessas«, entfuhr es Rudi.

Das Gewitter hatte aufgehört.

Herrn Hubers Blick hing an der Schale mit den Erdnüssen.

Rudi hatte hastig seinen Weißwein hinuntergekippt und sich dabei verschluckt. Er glühte wie eine Figur aus einem expressionistischen Werk der Beweinung Christi.

Uwe trank sein Bier aus. Er legte den Kartenfächer mit den Bildern nach unten auf den Tisch und schaute zu mir her.

»Joe«, sagte er. »In jedem Film gibt's eine Hauptrolle«, sagte er und schlug die Augen nieder. »Auch beim Porno. Die Hauptrolle in diesem Film sieht dem Bild der Toten aus der Zeitung täuschend ähnlich. Sie spielt ihre Rolle im Übrigen sehr ideenreich. Aber – die war doch Malerin, oder hab ich da was verwechselt?«

Ich bedankte mich. »Gut aufgepasst«, sagte ich. »Das war ein sehr wichtiger Hinweis.«

Er wäre es gewesen, wenn ich nicht schon von Helen Esterdings Pornokarriere gewusst hätte.

»Wirklich interessanter Abend, heute Abend«, wiederholte ich. Und damit beendete ich ihn.

Als sie gegangen waren, bekam Herr Huber die übrig gebliebenen Trauben und Nüsse. Danach machte ich mit ihm seinen täglichen Nachtspaziergang. Diesmal zum Schloss hinauf. Das Gewitter hatte sich verzogen, der Himmel war klar.

Uwe hatte die getötete Helen als Pornodarstellerin entlarvt. Und er war klug genug gewesen, mich darauf hinzuweisen. Ohne Paulis vorherigen Tipp wäre das eine Sensation gewesen. Auf halbem Weg zwischen Schloss und Wohnung ertappte ich mich beim Sprechen. Ich sah mich um, ob mich auch niemand gehört hatte. Doch da war niemand. Ich sprach zwar öfters mit dem Hund, aber über ein »Komm!«, »Bleib stehen«, »Brav!«

oder »Belohnung« ging unsere Unterhaltung nie hinaus. War so ein Selbstgespräch eine dieser vielfältigen Begleiterscheinungen des Alterns? Mein letzter Satz klang noch nach in meinem Ohr. »Wer ist eigentlich Harrys Vater?« Von einem Mann an Frau Steiners Seite hatte ich noch nie gehört.

»Rudi«, rief ich zu Hause den Pfarrer an, »könntest du bitte herausfinden, ob in den Taufbüchern zwischen hier und dem Chiemsee der Taufname Harry Steiner irgendwann auftaucht? Oder Harald Steiner?«

Herr Huber zog sich in sein Bett im Entree zurück und ich mir einen warmen Schlafanzug an. Ich schenkte mir ein letztes Weißbier ein und versuchte zu entspannen. Dass ich dabei nicht einschlief, hatte ich Torsten Toledo zu verdanken. Denn jäh schrillte das Telefon, und er war dran.

»Hallo, Joe, bist du noch wach? Ich lieg hier rum und kann nicht schlafen.« Er lachte ein diabolisches Lachen, das in einem abgrundtiefen Hustenanfall endete. »Stör ich dich?«

Du bist gut, dachte ich. Was wäre, wenn ich jetzt ja sagte?

»Du hast mich doch vor ein paar Tagen gefragt, was ich von diesem Bellini-Fall halte, in den du dich nicht einmischen sollst«, sagte Torsten. Er hüstelte.

Meine Müdigkeit war wie weggewischt. Die kleinen Rädchen in meinem Gehirn liefen auf Hochtouren.

»Ich sag dir, das klingt alles nach professionellem Sex«, sagte er. »Wir von der Flensburger Hafenpolizei müssen uns jeden Tag damit beschäftigen.«

Kurze Pause. Ich bekam mit, wie Torsten aus zugehaltenem Mund dumpf hustete.

»Dieser Bellini hatte selbst beruflich mit Prostitution zu tun. Darauf verwette ich meine Dienstmütze.«

Ich hörte ein leises Knacken.

»Grüßt du bitte Chili von mir, wenn du sie siehst«, endete er. »Ich hab ein paar Mal versucht, sie anzurufen. Ohne Erfolg. Ich liebe das Kind.«

Ob er mit diesem Gefühl allein war, fragte ich mich. Und fasste einen Entschluss.

Ich sprang unter die Dusche und ließ das heiße Wasser laufen, bis die Haut krebsrot war. Dann spülte ich eiskalt nach. Herr Huber tänzelte vor mir herum und verbiss sich in meine Fersen, als ich mich in Cordhose, Wollhemd und Sakko warf.

»Nein, Herr Huber, du bleibst hier«, sagte ich, strich über seinen Kopf und schaltete »Klassik Radio« für ihn ein.

Ich holte den Porsche und äugte aus dem Fenster nach oben zu Frau Steiners Wohnung. Die Lichter gingen kurz an, dann wieder aus.

Ich brauchte keine zwanzig Minuten, um zu Chilis Wohnung zu kommen. Sie stand in einem rosa Frotteebademantel unter der Tür. Ihr Haar fiel in weichen Wellen über Ohr und Schulter und roch frisch gewaschen. Neugierig, aber kein bisschen überrascht sah sie mich aus ihren zweifarbigen Mandelaugen an. Immer wieder war ich von der samtenen Weichheit ihre Teints fasziniert.

»Hopperla. Kommst du direkt von deinem Skatabend?«, fragte sie mit ihrer dunklen Stimme. »Komm rein.«

Sie zog mich an der Hand in ihr geräumiges Wohnzimmer. An der Decke prangte ein Leuchter aus rauchfarbenem Glas. Die Möbel rochen nach Lack, alles war neu, sauber und ordentlich. In der Ecke lief ein Film im Fernsehen.

»Kaffee?«, fragte sie.

»Nein, lieber ein Bier«, sagte ich.

In gespieltem Entsetzen schüttelte sie den Kopf, wandte sich aber der Küche zu, die so blitzblank war, dass sie aus einer Werbung hätte stammen können. Ich sah Chili nach.

Angeblich hatte sie diesen federnden Gang von ihren mexikanischen Vorfahren geerbt. Die Theorie ihres Vaters, sie stammten von einem spanischen Seemann ab, teilte sie nicht. Sie glaubte an Mexikaner. Während ich bei meiner Lola regelmäßig um die Harmonie des nächsten Tages bangen musste, war Chili absolut berechenbar. Stets guter Laune, unbeschwert, einfühlsam, beliebt. Niemals zickte sie. Dabei war sie nicht etwa ein Leichtgewicht. Nein, sie war neugierig, schnell im Denken und ging den Sachen, die sie interessierten, auf den Grund. Sehr bald war mir aufgefallen, dass sich dahinter eine Eigenschaft verbarg, die ihr den Respekt aller Kollegen verschafft hatte: Wachsamkeit. Sie registrierte selbst im Alltag jede Kleinigkeit und prägte sie sich ein. Auch die Preise für Brötchen, Schuhe oder Champagner. Sie war ein Champion im Vergleichen und Feilschen. »Wahrscheinlich auch von meiner mexikanischen Urgroßmutter geerbt«, rechtfertigte sie sich. »Genau wie mein Haar.«

Mit einem gläsernen Henkelkrug, in dem sich eine herrliche Schaumkrone gebildet hatte, kam sie kauend zurück. Als sie sich mir gegenüber in einen von vier kubistischen Sesseln setzte, klaffte über der Brust und an den Schenkeln der Mantel auseinander. Darunter war sie nackt.

Chili bemerkte, wie mein Blick sie streifte, tat aber nichts dagegen.

»Ich soll dich von deinem Vater grüßen«, versuchte ich die Situation zu überspielen. Mehr sagte ich nicht.

Sie lehnte sich zurück und verschränkte die Arme. Der Flausch des Mantels umspielte die Innenseite ihrer Schenkel. Ihr Lächeln war das eines Schulkinds kurz nach der Erfindung eines neuen Streichs. Wie in einem Film sah ich sie aufstehen und verfolgte, wie sie sich auf die Couch setzte und mit der flachen Hand auf den Sitz neben sich klopfte.

Wie ferngesteuert erhob ich mich langsam und schlafwandelte zu ihr hin.

Chili nahm die Augen nicht von mir.

Ich hob mit den Fingerspitzen ihr Kinn an, drückte es sachte höher und noch höher, bis wir auf gleicher Augenhöhe waren. Mir kam es vor, als bestünde ihr Gesicht aus dunklen Linien, verwaschenen, hellen Flächen und geometrischen Figuren. Ihr Terrakottahaar wie ein Vorhang vor einer edlen Skulptur. Ich löste meine Hand, und sie glitt vom Kinn bis zum Hals hinab. Die Berührung war so kurz und so leicht, als wäre es ein Haar, das über ihre Haut geweht war.

Ihr Kuss war ganz kunstlos, zunächst jedenfalls, und barst doch vor Lebenskraft. Nach einer langen Weile erkundete ihre Zungenspitze meinen Mund. Anfangs zögernd, dann leidenschaftlich aufreizend und provozierend.

Wieder stand ich am Rand einer Katastrophe. Ich fühlte mich immer noch an Lola gebunden, Chili war mir in gewisser Weise anvertraut wie ein Patenkind. Aber nun – hatte ich sie nicht schon begehrt, seit sie erwachsen geworden war? Meine Zunge drang ein in die feuchte Höhle ihres Mundes, ich umklammerte ihr Genick und zog sie an mich, während ich über ihren Körper hinwegglitt. Der Frotteemantel klaffte auseinander. Ich flog mit den Augen über ihre helle makellose Haut, ihre Brüste, ihren Unterbauch.

Losreißen. Ich liebte sie und ich liebte Lola, und ein Rest von Anstand hinderte mich zum Glück, mich ganz zu verlieren. Stöhnend zog ich mich empor, blickte auf sie hinab. Mit zittrigen Fingern zerrte ich ihr den Mantel um die Hüften. Ich schnaufte wie ein Ochse.

»Was ist los, Joe, was hast du?«

Chilis Stimme war die reine Verführung, sanft und listenreich.

»Du machst mich an, das ist los. Ich habe eine Verantwortung. Ich habe deinem Vater ...«

»Schon gut. Und was ist der wirkliche Grund?«

Ihr Lächeln war verschwunden. Sie mied meinen Blick.

Ich setzte mich neben sie und ergriff ihre Hand. »Du hast so ein grausames Gesicht und so herzlose Augen«, flüsterte ich.

»Sehr witzig.« Ein wenig Farbe kam in ihre Wangen zurück. Ich konnte sehen, wie sie tief durchatmete.

»Weißt du überhaupt, was du willst, Chili?«, sagte ich laut, fast zornig.

»Oh ja.«

»Was?«

Sie strich mir übers Haar. »Dich.«

Ich fühlte mich wie hingerichtet. Eine junge, gut aussehende, verwegene Frau wollte mich verführen. Liebte mich vielleicht sogar. Und ich wimmerte ihr etwas vor. Putzte mein Gefieder wie ein alter Adler.

»Du, ich hab nachgedacht«, begann ich.

Sie lachte trällernd. »Ja, ja, der Lieblingssatz von Menschen, die Liebeskummer haben«, sagte sie in dem nachsichtigen Ton, mit dem Kinder auf beschränkte Erwachsene einreden.

»Was? Wie kommst du darauf?«, sagte ich.

»Das sehe ich doch. Ich merke es an deinen Augen, deinen Bewegungen, deiner Zerstreutheit, deiner Achtlosigkeit. An der nachlässigen Art, wie du unseren Fällen nachgehst.«

Zuerst antwortete ich nicht.

Dann brachte ich vor: »Das war die Hitze. Diese höllische Hitze hat mir zu schaffen gemacht.« Und fügte hinzu: »Du scheinst darüber ja heftig nachgedacht zu haben.«

»Ja, hab ich. Ich bin über alles im Bild.«

Wieder schwieg ich.

Sie tippte an meine Nasenspitze. »Hey, alles in Ordnung, Joe?«

»Ja, ja, alles in Ordnung, klar, es ist nichts.«

Ich hatte mich in den Sessel gegenüber fallen lassen.

Chili stand auf und stellte sich hinter mich. Sie legte beide Hände auf meinen Kopf, als wolle sie mich segnen, dann fragte sie: »Sie fehlt dir?«

Ich presste den Kopf gegen ihre Hände und schloss die Augen.

»Ja«, knurrte ich leise. »Sie fehlt mir sehr.«

Chili war ans Fenster getreten und ließ die Nachtluft herein.

»Priegel geht's gut«, sagte sie. »Es war nichts als eine Ohnmacht. Vielleicht der ungewohnte Alkohol, vielleicht das Bier zu hastig geschluckt, zu wenig Sauerstoff, er hat eh zu niedrigen Blutdruck, wer weiß. Doch Scholl besteht umso mehr darauf, dass du ihn weiter verhörst. Er will ein Geständnis. Vermutlich glaubt er, du hast magische Fähigkeiten.«

»Absolut«, sagte ich, »hab ich.«

Chili und ich ließen uns nichts anmerken. Wir blickten drein, als sei nichts geschehen. Wir kamen noch auf Harry Steiner und Georg Liebermann und die Ranger-Ausbildung der beiden Männer zu sprechen. Ich verriet auch die Quelle meiner Information: meinen Skatfreund Karl, den Kommandeur.

»Ranger.« Chili ballte beide Fäuste. »Einzelkämpfer. Das war mein Onkel in seiner Zeit bei den Fallschirmjägern auch gewesen.«

»Onkel?«, fragte ich. »Hat dein Vater denn einen Bruder?«

»Hat er nichts davon erzählt? Er verehrt seinen Bruder. Der ist heute ein erfolgreicher Mensch beim Film.« Chili schob das Kinn über den Hals, um die tiefe Stimme ihres Vaters zu imitieren. »›Bei den Rangers machen sie harte Kerle aus einem‹, hat Dad immer gesagt.«

»Was haben sie denn so gelernt bei den Rangers?«, fragte ich. »Weißt du das?«

»Ach, so nette Spielchen wie Abseilen an der Steilwand, Stürmen eines besetzten Gebäudes, Verhörmethoden, humanes Foltern. Ich hab immer den Eindruck gehabt, James Bond wäre die schlechte Kopie dieser echten Kerle.«

Ich sah Bilder des freundlichen Harry, des hemdsärmeligen jungen Liebermann vor mir. Karikaturen ihrer selbst?

»Humanes Foltern?«, fragte ich. »Wie soll das denn gehen?«

Chili saß wieder auf der Couch. Sie zog die Knie an, achtete aber diesmal darauf, dass sie bedeckt blieben.

»Mein Onkel hat oft davon erzählt, als ich noch ein Kind war. Sie reißen dir eben keine Nägel aus, setzen dich nicht unter Strom und hacken dir keine Glieder ab. Dafür schnallen sie dich in einen hautengen Blechschrank, stellen ihn auf den Kopf und schlagen mit Knüppeln Beulen in den Schrank. Es tut nicht weh, aber der Lärm raubt dir auf Dauer den Verstand. Sie stellen dich über Nacht bei einer Wassertemperatur von fünf Grad plus nackt in eine volle Regentonne. Du zitterst vor Kälte und willst raus, aber deine Füße stecken in Schlingen. Sie träufeln dir lauwarmes Wasser über ein Netz in deinen Mund, und jedes Mal, wenn du Atem holst, läuft die Lunge ein bisschen mehr voll mit Wasser. Alles kriegs- und CIA-erprobte Aktionen, total legal.«

Ich war hergekommen, um mit Chili zu reden. Doch der Blick hatte sich verschoben. Mit unglaublichem Einfühlungsvermögen hatte diese Frau erkannt, dass ich nicht hinter ihr her war, sondern immer noch sehr an Lola klebte, und hatte mir mit drei kleinen Wörtern den Spiegel klar vor Augen gehalten.

»Sie fehlt dir?«

Ich nahm sie wortlos in den Arm, als ich mich verabschiedete. Unausgesprochen achteten wir beide darauf, dass sich kein Partikel der eigenen Haut am anderen rieb.

»Wirst du dich noch mal über Priegel hermachen?«, fragte sie mich in der Tür.

»Absolut«, sagte ich. »Den muss ich knacken.«

VIERZEHN

Ich wollte es nicht wahrhaben. Doch ich wurde fremdbeherrscht. »Ich bin dein neuer Herr«, hatte der Schmerz gesagt, als er sich bei mir einführte. »Dein Regent für lange Zeit.«

Es war eine Macht ohne Gestalt, aber mit einem zupackenden Griff und einem messerscharfen Ausdruck. Er packte mich knapp oberhalb des Gesäßes, umklammerte meine Hüften, fuhr in die Oberschenkel und machte meine Knie weich. Mein Körper verlangte nach Bewegung.

Meine Gedanken kreisten um Lola, als ich gegen Mittag durch die Rosenheimer Innenstadt streifte. Ich hatte wahllos in den Kleiderschank gegriffen und mir den alten Kamelhaarmantel aus Münchener Zeiten gekrallt, um meinen Rücken warm zu halten. Im »Giornale« wollte ich mir einen Cappuccino leisten, wechselte dann aber doch zu Weißbier über, bevor der Kaffee kam. Der italienische Inhaber war vor nicht langer Zeit von einem Verrückten erschossen worden. Seine Witwe führte seither das Lokal. Drei Frauen mittleren Alters an der Bar beäugten mich, als sei ich ein verirrter Gast, der die falsche Tür geöffnet hatte. War es wegen meiner Verrenkungen oder wegen des Wintermantels?

Nachher betrat ich die Michaeliskirche, genoss die Ruhe und presste meinen Rücken gegen die Wand. Mir war, als behandle mich jemand mit glühenden Nadeln an tausend Punkten meines Körpers. Ein unterdrückter Schrei störte die absolute Ruhe in der Kirche. Nach einer Weile hatte ich mich wieder in der Gewalt.

In der Karstadt-Passage sah ich mein Spiegelbild im Schaufenster. Gewelltes, mittellanges Haar, schmale Augenschlitze, dicke Tränensäcke, bläuliche Schatten auf den Wangen – ich sah aus wie der frühe Leo Kirch.

Pfeilgrrad, hätte die Steinerin bestätigt.

Mir kam die Idee, hineinzugehen und mich in der Kosmetikabteilung nach einer neuen Anti-Aging-Creme zu erkundigen, von der ich kürzlich gelesen hatte. Doch ich konnte mich nicht wirklich dazu entschließen, denn mich beschäftigte ein anderes Thema.

Harry Steiner. Der junge Liebermann.

Im Gehen holte ich mein Handy aus der Tasche.

Paulis Nummer war laufend besetzt.

Dann wollte ich Scholl anrufen. Er sollte für mich den nächsten Termin mit Priegel in der JVA vereinbaren. Doch wenn ich schon mal in der Nähe war, konnte ich auch gleich den kurzen Weg zur Direktion nehmen. Bewegung, Bewegung, Bewegung.

Ich beschloss, einen kleinen Schlenker zur Kunsthalle zu machen. Die Ausstellung einheimischer Künstler interessierte mich. Ich nahm mir vor, sie in den nächsten Tagen zu besuchen. Die Sonne tauchte das Rathaus mit seiner roten Klinkerfassade in helles Licht. Das Rathaus, das früher der Rosenheimer Bahnhof war und jetzt in der TV-Serie »Die Rosenheim Cops« als Polizeipräsidium entfremdet wurde.

»Hallo, Herr Ottakring!«

Eine energische, dunkle Stimme. Sie kam mir bekannt vor. Ich blickte nach rechts.

»Gut, dass ich Sie treffe.« Gabriele Bauer, die Oberbürgermeisterin! Sie kam aus der Tiefgarage. Staatsfraulich gekleidet, die blonden Haare hochgesteckt und ein bisschen zerweht. Sie streckte mir die Hand hin.

»Sagen Sie, Herr Ottakring, Sie waren doch jahrelang Chef der Mordkommission, nicht?«

»In München. Ja.«

»Was halten Sie denn von diesem Herbstfestmord? Das war doch schrecklich. Gut, dass sie den Mörder schon gefasst haben. Können Sie es ihm beweisen?«

Das hätte ich auch gern gewusst.

»Bestimmt, Frau Bauer. Das glaub ich schon. Ich bin mit dem Fall nicht befasst, aber damit vertraut. Ich bin sicher, dass es recht bald zu einem Ergebnis kommen wird.«

Wow! Ich staunte über mich. Ich hätte mich als ihr Pressesprecher bewerben sollen. Zu gern hätte ich ihr offenbart, dass ich auf dem Weg zum Kripochef war, um einen Vernehmungstermin mit Priegel zu vereinbaren. Während ich noch darüber nachdachte, warum Oberbürgermeister keine Bodyguards haben, hatte sich eine kleine Menschentraube gebildet. Alle wollten der beliebten OB die Hand schütteln. Sie strahlte und ließ sich in Gespräche verwickeln.

Ich überquerte den Max-Josefs-Platz und achtete darauf, dass ich nicht im holprigen Kopfsteinpflaster unterging. Links der »Gasthof Stockhammer«, den ich wegen seines Kesselfleischs so schätzte. Dahinter die blumengeschmückten Traditionsgebäude des Bergmeister und Adlmeier mit ihren Arkaden.

Die Uhr über dem Mittertor zeigte kurz vor halb drei. Um diese Zeit war der Platz nicht sehr belebt.

In einer Ecke des Ludwigsplatzes, gleich hinterm Mittertor, hatte sich eine vielköpfige Trachtenkapelle aufgestellt. Eine ausladende Frau im tief ausgeschnittenen Dirndlkleid spielte die Tuba. Kaum jemand blieb stehen. Die meisten hasteten vorbei.

Die belebte Kaiserstraße zu queren ist ein Wagnis. Um unverletzt auf der anderen Straßenseite anzukommen, braucht man einen Schutzengel. Ich hatte einen. Bald war das hässlich grüne Gebäude der wirklichen Polizeidirektion in Blickweite.

»Gut, dass Sie da sind«, sagte Scholl. Er blieb hinter seinem Schreibtisch sitzen.

Offensichtlich mein Glückstag. Jeder schien sich über meine Anwesenheit zu freuen.

»Vier Tage noch«, sagte der Kripochef. Er atmete schwer. »Dann ist er frei. Die Haftprüfung seines Anwalts hat Erfolg gehabt. Unsere Justiz ist doch ein Segen, nicht?«

»Wer ist frei? Priegel?«, fragte ich.

»Nein. Al Capone. Mei, Herr Ottakring, stellen Sie Fragen. Ich hab einen Termin in Stadelheim für Sie gemacht.« Seine Worte kamen als heiseres Krächzen rüber. »Übermorgen um halb vier.«

»Mit Priegel selbst, nehm ich an«, sagte ich.

Scholl kroch aus seinem zerschlissenen Chefsessel. Mitleidig betrachtete er mich. »Nein. Mit dem Papst. Der kommt extra von Marktl rüber.«

Er hatte ja recht. Ich war so was von vernagelt. Die ganze Zeit hatte ich den Rücken gegen die Wand gepresst. Meine Kiefer arbeiteten.

»Ach, Ihr Kreuz wieder, gell? Werden S' denn durchhalten?« Ich versuchte, Feuer in meinen Blick zu hexen.

»Also gut«, besänftigte Scholl. »Wir brauchen jedenfalls sein Geständnis, sonst kommt der wieder raus. Wie ich Sie einschätze, wollen auch Sie das unter allen Umständen verhindern.« Er verstummte kurz.

Dann sagte er: »Vier Tage haben wir Zeit. Vier Tage. Maximal. Übermorgen um halb vier«, beendete Scholl das Gespräch. »In Stadelheim, Herr Ottakring. Und nicht im Vatikan.«

Ich hatte schon die Klinke in der Hand, da hörte ich ein auffälliges Räuspern hinter mir. Ich blieb stehen, drehte mich aber nicht um.

»Entschuldigung, Herr Ottakring«, ertönte es leise hinter meinem Rücken. »Ich wollte Sie nicht verletzen. Und – bitte. Ich wünsche Ihnen Erfolg.«

Mit einer stählernen Klaue im Rücken schlich ich über den Max-Josefs-Platz, ließ hinterm Mittertor die Marktstände links liegen und trabte zum Auto. Während ich die Parkzeit verlängerte, drückte ich wiederholt Paulis Nummer. Endlich kam das Freizeichen.

Er hätte mir nicht zu erklären brauchen, dass er die ganze Nacht gesumpft hatte, ich hörte es an seiner Stimme. Sie klang wie Metall gegen Metall.

»Hör zu, Pauli bist du halbwegs fit?«

»Halbwegs? Wieso halbwegs? Ich bin fit wie ein Zehnmeterläufer.«

»Dann hol dir was zu schreiben.«

Ein Passant rempelte mich an. Ich wollte zurückrempeln, doch er entkam mir.

»Pauli. Kümmer dich bitte um einen Harry Steiner. Vierundzwanzig Jahre alt, er wohnt in Neubeuern, Gasteig 11, fährt einen älteren Opel Astra Kombi, Farbe grün, Kennzeichen RO-AN 204. Er arbeitet in München, im Staatsdienst, wie es heißt.«

»Gasteig 11, das ist doch gleich bei dir.«

»Richtig, Steiner ist mein Nachbar, er wohnt bei seiner Mutter. Vor allen Dingen will ich wissen, wo er beschäftigt ist und was er so treibt in München. Freunde, Lokale, Vorlieben. Von zu Hause fährt er normalerweise um kurz nach sieben in der Früh weg zur Arbeit. Manchmal fährt er gar nicht, manchmal hör ich ihn mitten in der Nacht starten.«

»Mach ich, Chef.«

Ich hätte Martha Steiner nach ihrem Sohn fragen können, sie hätte mir auch Auskunft gegeben. Doch mir war bei dem Gedanken wohler, geräuschlos aus dem Hinterhalt zu arbeiten.

Als ich an diesem Abend zu Bett ging und das Licht löschte, war ich überzeugt, dass die Situation sich langsam zuspitzte.

Mit Priegels Geständnis wäre der Herbstfestmord gelöst. Vielleicht ergab sich dadurch auch endlich die viel gesuchte Verbindung zu den Toten im Boot. Eine verschwommene Vorstellung durch Christnachts Aufzeichnungen hatte ich bereits davon. Ich war gespannt, was Pauli über Harry Steiner in München herausfinden würde. Und Rudi über Harrys Vater. Und das Phantom Liebermann? Der Junge war noch völlig undurchsichtig. Ich war mir zum Beispiel sicher, dass sein Vater mehr wusste, als er bisher zugegeben hatte. Viel mehr.

»Morgen wird's spannend«, rief ich Herrn Huber zu.

Er holte Luft und seufzte tief.

Der nächste Tag war ein Freitag. Weit oben am Himmel hatten sich Wolkenschlieren gebildet. Der Wendelstein war zum Greifen nah, und ich hätte die Zacken des Kaisermassivs berühren können, hätten mir nicht drei gigantische Buchen im Süden die Sicht geraubt. Ihre Blätter wirbelten wie kleine Notfallschirme zu Boden. Sie schillerten in tiefem Blutrot und Orange. Ich schlürfte meinen Pfirsich-Maracuja-Joghurt und trottete mit Herrn Huber in den Ort, um ein paar Dinge beim Dorfkramer einzukaufen.

An der Tür vom »Glaserwirt« hing wieder einmal das Schild »Zu verpachten«. Der Dorfplatz war zugeparkt mit Fahrzeugen. Dieser Platz, auf dem vor wenigen Wochen die Marktbeleuchtung stattgefunden hatte. Ein Fest, bei dem jedes Jahr mehr als zehntausend Kerzen den historischen Marktplatz in magisches Licht tauchen. Eigentlich sollte er von Pferdefuhrwerken und Kutschen bevölkert sein. Dieser Ort mit seinen Lüftlmalereien an den Hausfassaden ringsum passte einfach nicht in unsere Zeit. Gut, dass es wenigstens noch den Schmied Schorsch gab. Den Schmiedemeister Georg Poll mit seinen vier Töchtern.

»Hallo, Joe. Gerade wollte ich zu dir.«

Es war der Pfarrer. Rudi trug ein schwarzes Sakko mit dem weißen Kollar des katholischen Priesters. Darüber ragte ein gewaltiger schwarzer Schlapphut in seine Stirn.

»Ich hab Neuigkeiten«, sagte er. »Aber lass uns zu dir gehen. Hast du ein Aspirin?«

Ich war überrascht von seiner Bitte. So als verlange der Pfarrer nach einem Schnaps, jetzt am frühen Morgen.

»Dieser Föhn macht mich krank«, sagte er und warf den Hut auf den Glastisch im Wohnzimmer. »Ich hab schon Predigten abbrechen müssen deswegen.«

Ich beförderte den Hut auf die Couch und hoffte, dass Rudi etwas in Erfahrung hatte bringen können.

Er schluckte das Aspirin, anschließend kramte er zwei Zettel hervor, auf die er mit seiner Skatschrift sorgfältig Notizen gemacht hatte. »Ich hab nachgelesen«, sagte er.

Er machte einen wackligen Eindruck. Er schnaufte und stöhnte. Ich schob ihm einen Stuhl hin.

»Also«, sagte er, »du hast mich gebeten, in den Kirchenbüchern zwischen hier und dem Chiemsee nachzuforschen, was es mit Harry Steiner auf sich hat.« Er verzog das Gesicht, als hätte jemand während des Vaterunsers gelacht. »Ein Glas Wasser«, sagte er, »kann ich …?«

Ich war schon aufgestanden.

Rudi setzte sich mit geradem Rücken vorsichtig an den vorderen Rand seines Stuhls. Die Knie stießen gegen die Tischkante. Er leerte das Wasser in einem Zug, bevor er weitersprach.

»Der junge Steiner ist als Sohn der Martha Steiner in der Pfarrkirche Neubeuern getauft worden«, sagte er nicht ohne Pathos. »Und zwar tatsächlich auf den Namen Harry, nicht Harald oder so. Wie ich den damaligen Laden kenne, geschah das unter meinem Vorvorgänger sicher nur widerwillig. Vater unbekannt, steht in den Büchern. Eine ledige Mutter war damals noch was Anrüchiges.«

Ich wartete gespannt auf weitere Informationen. Doch Rudi blieb still.

»Ist das alles?«, fragte ich enttäuscht.

»Was hast du denn erwartet? Einen Schwarzen als Vater?«

Ja, was hatte ich erwartet? Es war nur so ein Gefühl gewesen. Ich war mir sicher, dass zwischen den Toten im Boot und dem Mord am Herbstfest eine Verbindung existierte. Harry war für mich das Bindeglied. Wer war sein Vater? Und was hatte Liebermann damit zu tun?

Kaum hatte Rudi die Wohnung kopfschmerzfrei wieder verlassen, überfiel mich daher nicht zum ersten Mal das jämmerliche Gefühl, mich im Kreis zu bewegen. Mich hätte es ja nichts angehen müssen. Ich hätte Chili, Scholl und die anderen machen lassen können. Doch als hätte er mir selbst etwas angetan, war Priegel zu so etwas wie meinem ganz persönlichen Mörder geworden. Ich war beinahe missionarisch davon überzeugt, dass dieser Mann ein Ungeheuer war und ein für alle Mal hinter Schloss und Riegel gehörte.

Im oberen Management mag man es vielleicht als Erfahrung einstufen, wenn ein Fehler so lange eingeübt wird, bis man nicht mehr dabei erwischt wird. An mir aber nagte das Gefühl, dass ich etwas ausgelassen, etwas übersehen hatte. Dass ich grundlegende Muster der beiden Verbrechen missverstand oder falsch interpretierte. Die Opfer Esterding und Christnacht hatten sich gekannt. Was bedeuteten die Zahlen hinter dem H, was das M in Christnachts Unterlagen?

Und – ich konnte den entnommenen Ordner schlecht Scholl übergeben. »Bitte schön, Scholl, dieses Stück stammt aus Christnachts Wohnung. Mir ist es zufällig in die Hände gefallen. Ich komm damit nicht weiter.«

Nein, so ging das nicht.

Mir fiel ein Satz ein, den Lola einmal in ihrer Sendung gebracht hatte: Man soll Fehler nicht schon bereuen, bevor man sie begangen hat. Daran richtete ich mich wieder auf. Es war noch früh am Morgen, mein Hund bellte vergnügt, und ich hatte den ganzen langen Tag noch vor mir.

Pauli meldete sich am Telefon. Ob ich den »Scheidegger« in der Isabellastraße kenne?

Die Isabellastraße liegt draußen in Schwabing. Natürlich hatte ich vom »Scheidegger« gehört. Der Gasthof war berühmt für seine großen Portionen und seine hübschen Bedienungen. Ich war leider noch nie drin gewesen.

Wir verabredeten uns. Pauli wollte mich draußen in Ramersdorf abholen, weil er wusste, wie sehr ich den Verkehr in der City hasste. Also parkte ich den Porsche gleich hinter der Autobahn. Pauli hatte einen zweiten Sturzhelm mit und setzte mich hinten auf die Harley. Wir tuckerten die Rosenheimer Straße entlang, vorbei an der Philharmonie, am Deutschen Museum, überquerten die Maximilianstraße und stellten die Maschine zwanzig Minuten später neben dem Fahrradständer vor der Wirtschaft ab.

»Erst das Vergnügen, dann die Arbeit«, sagte Pauli und bestellte einen riesigen Salat mit Lachsstreifen.

Ich begnügte mich mit einer Leberknödelsuppe und einem Weißbier.

»Und, was gibt's?«, sagte ich. »Du hast mich doch nicht umsonst hierher gelockt. Hat es was mit Harrys Arbeitsplatz zu tun?«

Pauli kraulte zärtlich seine Glatze. Er lehnte sich zurück und schaute verträumt in die Baumkronen über sich.

»Du kommst jetzt mit. Ich will dir mal vorführen, was für Typen hier so existieren. Nach so was könnt ihr draußen in eurer Provinz lange suchen.«

Wir teilten die Rechnung durch zwei – mezzo, mezzo –, gingen zu Fuß in südliche Richtung und bogen zwei Straßen weiter nach links ab. Nach zehn Metern öffnete sich der Gehsteig zu einem schrägen Schacht. Wir stiegen sechs Treppen nach unten und wandten uns nach links einer heftig korrodierten grünen Eisentür mit handgeschriebenem Firmenschild zu.

Pauli deutete auf das Schild. »Dieser Typ hat Helen Esterding die blaue Rose auf den süßen kleinen Hintern tätowiert. Mal sehen, ob er da ist.«

Er hämmerte an die Tür. Rost bröselte über seinen Handrücken.

Der Typ öffnete. Welliges, schulterlanges Haar. Ohr, Nase und Zunge gepierct.

»Aha, meine typische Kundschaft. Kommt rein, ihr Arschlöcher.«

Pauli deutete einen Karateschlag an.

Der Typ erwiderte mit einer Karate-Abwehrverschlingung und grinste.

Pauli beschrieb Helen Esterding.

Ich stand schweigend an der Wand und fühlte mich wie in einem Jugendfilm.

»Ja«, sagte der Langhaarige, »ich kann mich genau an sie erinnern. Sie hatte einen herrlich festen Arsch. Wenn du da den Inker ansetzt, das is wie auf Beton. So einen Arsch trifft man nicht alle Tage.«

Seinen Handbewegungen nach musste es sich um ein kleines, rundes Hinterteil gehandelt haben.

»Wenn der Problemiker nicht in meiner Aufrisszone rumgehangen hätte, hätt ich die Hippe echt zu meiner Perle gemacht.«

»Und«, fragte Pauli, »wie sah der aus, der Alte?«

Langhaar zeigte Zahnlücken. Er lachte.

»Echt cool, der Mann. Doppelt so alt wie du vielleicht. Kaum älter als der da.« Er nickte zu mir her.

»Echt relaxte Clubwear, ganz in Grün. Cotton oder Wolle oder so, jedenfalls kein *smart material*. Alles grün bis oben hin, echt geil. Und auf dem Kopf ein abgefahrenes Piece, das glaubst du nicht. Auch grün natürlich und ziemlich oversized.«

Aha, ein Förster also oder ein Jäger. Ich konnte nicht anders, als mich mit einer Frage einzumischen, die gewiss nichts zur Sache beitrug.

»Hast du dir schon mal überlegt, deine Sprache zu ändern?«, fragte ich. »Und dein Aussehen? Du bist doch irgendwie einigermaßen intelligent.«

Der Tätowierer strich sich mit der Hand durchs Haar und

nickte. »Aussehen?«, sagte er und zupfte an seinem Nasenring herum. »Das ist Berufskleidung. Aber die Sprache, da liegst du falsch, Mann.«

Er plusterte sich auf, kniff sich mit zwei Fingern die Nase zu und quäkte: »Ich hab Abitur. Außerdem stamm ich aus dem Haus von einem deutschen Popsänger und Musikproduzenten. Deswegen hab ich gleich von Anfang an in meinem Leben so geredet.«

Langsam konnte ich ihn mir in Spitzenhöschen von der Farbe zerstampfter Himbeeren vorstellen.

»Also«, meldete Pauli sich wieder, »der Problemiker und die Bitch, haben die zusammengehört?«

Langhaar zog sein T-Shirt nach oben und kratzte sich am Bauch. »Der kam daher wie ein Assel. Der Stecher von dem Girl war der bestimmt nicht. Typischer Mülltrenner.«

Pauli beugte sich vor. »Zebrastreifenbenutzer«, sagte er.

»Verfallsdatumleser«, kam es von gegenüber.

»Festnetztelefonierer.«

»Gurtanleger.«

Ich konnte mir den Mann in Grün schon vorstellen.

Aus reiner Zeitersparnis brach Pauli das Gespräch ab und nahm die abgebrochene Eisenklinke in die Hand.

Ich drückte die Tür auf. Draußen drehte ich mich noch einmal um und rief zaghaft zurück: »Klobrillenhochklapper.«

Der Langhaarige schüttelte den Kopf, verdrehte die Augen und quetschte einen Kaugummi durch die Zahnlücke. »Sitzpisser«, sagte er.

Auf unserem Weg zur Harley schüttelte es Pauli immer noch vor Lachen. »Magst du auch meinen Harry-Steiner-Report hören?«, warf er dazwischen.

Ich hatte das Thema vorher nicht berührt, um Pauli nicht zu nerven.

»Einwohnermeldeamt. Handelskammer. Behörden überhaupt. Nicht das, womit ich mich bevorzugt beschäftige. Okay?«

Ich streckte einen Daumen aus zum Zeichen meiner Dankbarkeit.

»Ich hab dem Steiner seinen grünen Astra Kombi in Ramersdorf abgepasst, kurz nachdem er die A8 verlassen hatte. Dann hab ich ihn verfolgt.«

»Mach schon!«

»Er arbeitet bei Safemax, das ist ein mittelgroßes Bewachungsunternehmen. Er ist dort fest angestellt, macht Kurierfahrten und wird zur Bewachung von Sexclubs im gesamten Stadtbereich eingesetzt. In mehr als der Hälfte seiner Arbeitszeit macht er das. Übrigens eine Zivilfirma, kein Staatsdienst, wie du gemeint hast.«

Mein Leben schien nur mehr aus Überraschungen zu bestehen. Harry bewachte Sexclubs. Aha.

»Sein Auto, den RO-AN 204, parkt er in der Tiefgarage von Safemax in der Hochbrückenstraße. Tagsüber fährt er mit einem neutralen Firmenauto. Mit wem er in München Kontakt hat, in welchen Lokalen er verkehrt, hab ich noch nicht recherchiert. Aber des hammer glei.«

Dann legte er noch eins nach.

»Hast du dir eigentlich überlegt, ob dir der Problemiker mit der relaxten Clubwear bekannt vorkommt? Der mit dem abgefahrenen Piece auf dem Kopf? Alles in Grün?«

Ich war mir ziemlich sicher, dass Paulis Frage ins Nichts zielte. Er konnte schließlich nicht wissen, dass die Beschreibung haargenau auf Liebermann passte. Aber wo zum Teufel hätte wiederum die Verbindung zwischen Liebermann und Helen Esterding sein sollen? Und wenn es eine gab, die Liebermann verschwiegen hatte, was hätte ihn veranlassen sollen, mit ihr diesen Tattoomenschen aufzusuchen?

Ich war kaum auf der Autobahn, da rief Chili an. »Wir haben endlich ein Projektil gefunden, das eindeutig von der SIG Sauer stammt, die der tote Bellini in der Hand gehalten hat. Magst du kurz herkommen? Zu mir nach Hause?«

Na endlich. Ich hatte mich schon lange gefragt, ob da jemand geschlafen hatte. Aber was tat Chili um diese Zeit zu Hause?

»Zu Haus? Mitten in der Woche? Wo bleibt die Disziplin?«

»Frag nicht. Komm.«

Ich machte den Umweg über meine Wohnung. Herr Huber hatte gelbe Augen. Er platzte fast vor Harndrang.

Draußen rannte ich beinahe Frau Steiner um. Sofort lag mir eine Frage auf der Zunge. Ich spuckte sie aus.

»Ihr Sohn arbeitet also im Staatsdienst?«, sagte ich.

»Ach, hören Sie auf. Ich hab schon so den ganzen Ärger mit ihm.«

»Ärger? Was denn für Ärger?«

Sie stellte die Gießkanne auf den Boden und wischte die Hände an ihrer Schürze ab. »Ach, er war immer so ein lieber Junge. Aber seit er diese Frau – er ist wie umgewandelt, der Bub.«

Das erste Mal, dass ich Frau Steiner außer Kontrolle sah. Ihre Mundwinkel fuhren nach unten, die Nasenflügel bebten. Dann nahm sie die Gießkanne wieder auf. Mit nassen Augen nickte sie mir zu. Trippelnd verschwand sie hinterm Haus.

Seit sie aus dem Krankenhaus entlassen war, wollte ich sie wegen der abgeschnittenen Rosen zur Rede stellen. Ich war mir sicher, dass die Steinerin sehr direkt damit zu tun hatte. Doch sollte ich diese verzweifelte Frau nach dem Motiv fragen?

Ich fuhr mit Abblendlicht und ohne in einen Stau zu geraten. Die Fahrtzeit zu Chilis Wohnung betrug achtzehn Minuten.

Es stand fest, dass das Projektil aus der SIG Sauer in Bellinis Hand verschossen worden war. Ballistische Untersuchungen lügen nicht. In einem Aufschlagwinkel von achtundfünfzig Grad war es in den Schlamm im Schilf gefahren. Die leere Hülse lag einen knappen Meter daneben.

Die Fahndung der Polizei mit sogenannten Deep-Target-Metallsuchgeräten, selbst solchen mit Diskriminator-Technik, war bislang erfolglos geblieben. Dann hatte Chili einen Geologen gefunden, der mit einem Cäsium-Magnetron arbeitete, mit dem er in der Nähe des Hofstätter Sees hinter Überresten aus der Bronzezeit her war. Mit diesem Gerät war er unweit der Surfschule in der Hirschauer Bucht in zweiundvierzig Zentimetern Tiefe auf das Geschoss gestoßen.

»Der Bellini ist also mit halb vollen Lungen ertrunken, bevor er die Esterding im Boot erschoss«, sagte ich und erwartete von Chili ein Kichern. »Vorher hat er noch einen Schuss ins Schilf abgefeuert, nur so zum Spaß.«

Im selben Moment musste ich daran denken, was ich über »humane Foltermethoden« gehört hatte. »Sie träufeln dir Wasser über ein Netz in deinen Mund, und jedes Mal, wenn du Atem holst, läuft die Lunge ein bisschen mehr voll mit Wasser.«

Chili saß in einem ihrer hellen, kubistischen Sessel, runzelte die Stirn und sah dabei seltsam besorgt aus. Ihre Augen wanderten ständig zwischen der Funkuhr an der Wohnzimmerwand und ihrer Armbanduhr hin und her. Es war neunzehn Uhr einundzwanzig.

»Was hast du?«, fragte ich. »Worauf wartest du?«

In ihr »Nichts« mischte sich der nervige Ton ihres Telefons.

»Hi, Dad«, sagte sie und schaute wieder zur Uhr.

Ich konnte mir den Triumph in ihren Augen nicht recht erklären.

Sie flüsterte mir zu: »Mein Vater. Er gratuliert mir zum Geburtstag.«

Dann verschwand sie gestikulierend durch die Tür.

Ich griff mir an den Kopf. Dies war der zweite Geburtstag, den ich innerhalb kurzer Zeit vergessen hatte. Nur nicht mit so schweren Folgen wie zuletzt. Meinen Skatfreunden durfte ich davon nichts erzählen. »Alzheimer lässt grüßen«, wäre ihr einziger Kommentar. Als Chili zurückkam, nahm ich sie wortlos in den Arm.

»Lass nur, ist doch nicht so wichtig«, sagte sie.

Sie machte sich los und strahlte mich an. »Wichtig ist nur, dass er angerufen hat und dass er sich gut fühlt. Vollkommen gesund ist er ja nicht, aber er lässt sich nichts anmerken.« Sie deutete auf die Uhr. »Ich bin abends um sieben Uhr einundzwanzig geboren. An einem Sonntag.«

Sie drückte meine Hand und sah mir fest in die Augen. Ganz der Vater.

»Genau zu dieser Minute ruft er mich jedes Jahr zu Hause an. Deswegen bin ich jetzt in meiner Wohnung, verstehst du? Ärgerliche Unterbrechung meiner fünfundzwanzigstündigen Tagesarbeitszeit. Früher hat er mir immer Blumen geschickt, aber das übersteigt heute bei Weitem seine Möglichkeiten. Ich hab's ihm ausgeredet.« Lässig hob sie die Hand. »Ich soll dich herzlich grüßen.«

Chili sah so frisch aus, als wäre sie gerade der Sauna entstiegen.

»Setz dich«, forderte sie mich auf. »Ich mach uns einen Kaffee. Du machst den Eindruck, als kaust du auf etwas herum. Überlegst du, wie du morgen mit Priegel weiterkommst?«

Ich wollte nicht noch mehr Zeit verlieren. Die Sache mit der vollgeträufelten Lunge beschäftigte mich. Ich zog Chili an der Hand von der Kaffeemaschine weg.

»Lass uns gehen«, sagte ich. »Und frag nicht. Komm einfach mit. Den Rest erzähl ich dir im Auto.«

Ich musste noch kurz zur Toilette.

»Nimm vorsichtshalber deine Knarre mit«, rief ich zurück, bevor ich verschwand. Ich schaute mein Gesicht im Spiegel über dem Waschbecken an. Es sah ziemlich mitgenommen aus. »Lass es, Ottakring«, sagte ich unhörbar. »Hör auf, den knallharten Typen rauszukehren.«

Liebermann saß mit zwei anderen, die ich nicht kannte, an seinem Stammtisch am Fenster. Als er Chili und mich erspähte, blickte er uns mit der belustigten Überlegenheit eines sizilianischen Mafiabosses und der souveränen Gelassenheit des gefeierten Opernstars entgegen. Er musste blitzschnell begriffen haben, dass wir seinetwegen hier waren.

»Tach, ihr zwei«, rief er uns fröhlich zu.

Alles grün bis oben hin, echt geil, fuhr es mir durch den Kopf. Und auf dem Kopf das abgefahrene grüne Piece. Die Beschreibung des Tätowierers passte hundertpro. Sitzpisser.

Wir baten Liebermann in einen Nebenraum. Er bot mir eine Zigarre an. Ich nahm sie.

Chili stellte die Fragen. Ich hatte ihr während der Fahrt alles berichtet, was ich in den letzten zwölf Stunden erfahren hatte.

»Erzählen Sie uns doch bitte etwas mehr über Ihren Sohn, Herr Liebermann«, begann sie.

»Über Georg?«, fragte er und lehnte sich zurück. »Was ist mit ihm?«

»Nun ja. Er läuft immerhin noch unter Bewährung wegen Drogenhandels.«

Liebermann zuckte die Achseln. »Ja freilich. War mir schon klar, dass Sie das rausfinden werden. Aber was soll's? Ermitteln Sie in Sachen Drogen?« Er streifte mich verstohlen mit einem Blick.

»Georg Liebermann«, sagte Chili, und sie sprach den Namen sehr betont aus, »Georg, das ist doch Ihr leiblicher Sohn?«

Liebermann machte zwei hastige Züge an der Zigarre.

Hinter dem Zigarrennebel merkte ich, wie sich urplötzlich etwas in Liebermann veränderte. Er strich mit der Hand über den Holztisch, räusperte sich und vermied es, uns anzusehen. Das Holz der Tischplatte war rissig und roh unter dem farblosen Lack.

»Haben Sie einen Sohn, Ottakring?«, fragte er schleppend. Seine Stimme war belegt.

»Nein«, sagte ich bloß.

»Dann verstehen Sie das auch nicht. Ich hab ihn großgezogen. Von Beginn an hab ich ihn großgezogen. Er ist mein Fleisch und Blut. Er ist so etwas wie ein von mir signiertes Unikat. Was ich mein, ist: Jeden Kratzer, jede abgeschlagene Ecke, jede Delle hat er von mir, da war ich dran beteiligt. Ja, der Georg ist mein Sohn.«

Das klang wie ein Geständnis. Ich hielt es nicht mehr aus.

»Es war Ihr Kahn, Liebermann, in dem die Toten lagen.«

Ich bemühte mich, sachlich zu bleiben. Trotzdem: Meine Spezialität im Verhör war die Provokation. Chili sollte ruhig etwas davon mitkriegen.

»Hat Georg sie umgebracht?« Meine Worte mussten knallen wie Schüsse. »Hat Ihr Sohn Giorgio Bellini und Helen Esterding erschossen?«

Chili sah mich erschrocken an.

Mit einem Ruck schob Liebermann den Tisch zurück und sprang auf. »Sind Sie wahnsinnig?«, brüllte er und sah mit verzerrtem Gesicht auf mich herunter.

Jede Überlegenheit war von ihm abgefallen.

»Sie verdächtigen meinen Sohn des Mordes? Und wagen es, mir das mitten ins Gesicht zu sagen?«

Die brennende Zigarre war ihm aus dem Mund gefallen. Er wischte sie vom Tisch.

»Mann, Sie haben doch keinen einzigen Beweis für so eine Behauptung! Ich sag nichts mehr ohne Anwalt, Sie Scheißkerl!«

Ein herumstehender Stuhl schlitterte nach Liebermanns Tritt über den Fußboden.

Ich nahm's gelassen. Ich stand auf und befand mich auf Augenhöhe mit ihm.

»Sie waren mit Helen Esterding in München«, sagte ich. »Sie waren dabei, als sie sich den Hintern hat tätowieren lassen. Sie müssen sie gut gekannt haben, Liebermann, die Frau, die nachher tot in Ihrem Kahn angetrieben wurde …«

Wie auf Kommando ging Liebermann auf mich los.

Chili wollte sich dazwischendrängen, doch mit einer Kraft, die ich nie bei ihm vermutet hätte, schob Liebermann sie zur Seite.

Ich war stärker. Ich packte ihn an der Schulter, drehte mich mit ihm im Kreis und schleuderte ihn zurück auf seinen Stuhl. Er prallte gegen die Lehne, kippte nach hinten weg und auf den Boden. Sein grüner Hut war gegen das Fenster geflogen, kreiselte auf der Krempe übers Sims und tropfte zögernd hinab auf Liebermanns breite Brust.

Liebermann keuchte. Er war kreidebleich. Die Haare standen struppig nach oben weg. Der Mund war weit geöffnet, rasselnde Geräusche kamen aus seiner Kehle. Er blickte schräg zu mir herauf, ohne Vorwurf, eher fassungslos. Ich hörte ihn etwas murmeln, als ich mich hinunterbeugte, um ihn aufzurichten.

»Wieso?«, flüsterte er röchelnd. »Georg doch nicht. Doch nicht mein Georg.«

Im Augenwinkel beobachtete ich Chili. Sie drängte sich an mir und dem liegenden Liebermann vorbei und bückte sich. Sie pflückte den grünen Filzhut von Liebermanns Brust. Mit der anderen Hand pickte sie noch etwas von den Holzdielen. Es war ein Foto, das auf der Bildseite lag. Mit zwei Fingern, als wolle sie es nicht knicken, drehte sie die Fotografie um. Ihr Blick blieb einige Augenblicke daran hängen, dann wanderte er langsam zu mir. Ihre schmalen Augen sahen mich unverhohlen an. Langsam hob sie den Arm und drehte das Foto mit der Bildseite zu mir.

Lola.

Es war das Foto aus unserem Capriurlaub. Ich hatte es vor Tagen schon aus dem Rahmen genommen und eingesteckt. Es zeigte Lola, wie sie am Pier saß und mich verliebt anlachte. Es musste mir im Kampf aus der Brusttasche gerutscht sein.

Ich spürte, wie Röte mein Gesicht überzog, während Chilis Mundwinkel sich zu einem verkorksten Lächeln verzog.

»Sie fehlt dir immer noch?«, sagte sie.

»Grüß Gott, Herr Ottelkring.«

Frau Steiner schien auf mich gewartet zu haben. Eine Hand steckte tief in der Tasche ihres braunen Mantels, mit der anderen nestelte sie am Briefkasten herum. Auf dem Kopf hatte sie einen runden Hut von undefinierbarer Farbe. Keine Schürze, keine Strickjacke, keine Gießkanne.

Ich hatte Chili zu Hause abgesetzt und war auf dem schnellsten Weg zu mir gefahren. Mein Gewissen plagte mich, weil ich Herrn Huber wieder so lang allein gelassen hatte, und ich wollte mich auf das morgige Verhör konzentrieren.

»Ihre Frage nach dem Harry heut früh«, begann die Steinerin, als ich eilig auf die Haustür zusteuerte. »Freilich ist er im Staatsdienst. Ich hab nur sagen wollen, seit er mit dieser Frau zusammen war, ist er ein ganz anderer Mensch geworden ...«

Auf dem Absatz drehte ich mich um. Drinnen schimpfte Herr Huber voller Zorn.

»Warum«, fragte ich, »was ist mit Harry?« Ich hatte ja schließlich selber gemerkt, dass der Junge anders geworden war. »Was hat er denn angestellt?«

Frau Steiner ging ein paar Schritte, stellte sich vor mich hin und faltete die Hände.

»Angestellt ...«, sagte sie. »Direkt angestellt hat er nix. Aber er fing an zu trinken ... hat laut geträumt ... und seine Kameraden von der Bundeswehr ... Er ist da in was reingeraten, hat sich ausnutzen lassen. Mich hat er wie eine Putzfrau behandelt, dabei hab ich doch alles für ihn getan. Und alles wegen dieser Frau.«

»Welche Frau, um Himmels willen?«, fragte ich. »Wer ist diese Frau, wie heißt die denn?«

163

»Ogottogottogott«, schluchzte die Steinerin, schlug die Hände vors Gesicht und fing an, hemmungslos zu weinen.

»Ottakring!«, bellte Scholl ins Telefon. »Was ist das wieder für ein Scheiß? Wieso überfallen Sie mit der Toledo den Liebermann? Wieso verständigen Sie mich nicht vorher?« Er hustete. »Wenn ich könnt, würd ich Ihnen Ihre Pension sperren lassen.«

»Ich leb in meiner Wohnung!«, blaffte ich. »Nicht in einer Pension.«

Ich hörte ihn schlucken.

»Also, was ist jetzt«, sagte Scholl. »Das ist ja interessant, was Sie der Toledo alles über den Liebermann erzählt haben. Wir werden uns den mal genauer ansehen. Haben Sie noch mehr Infos?«

»Absolut«, sagte ich, bloß um ihn zu ärgern. »Aber ich hab nicht die Absicht, Ihre Selbstmordtheorie aufzuweichen.«

Er lachte kurz auf. »Vorschlag zur Güte, Ottakring. Ich kümmer mich um die Bellini-Sache. Komplett. Und Sie halten sich da raus. Komplett. Sie kümmern sich um Priegel. Morgen um halb vier in Stadelheim. Okay?«

FÜNFZEHN

Über eines musste ich mir im Klaren sein: Zeit war für Herbert Priegel wie ein hungriger Hund. Sie hechelte rastlos um ihn herum und schlabberte den Tag auf wie einen Napf dünner Nudelsuppe. Schon lange schmeckte Priegel die Stunden und Tage und Wochen nicht mehr, ebenso wenig merkte er, ob es Nacht war oder Tag. Also würde er versuchen, sich an alles zu erinnern, was ihm aus seiner Vergangenheit einfiel, damit er ihren würzigen Duft riechen konnte in dieser leeren Zeit im Kerker. Zum Beispiel an Bettina. Seine Tochter.

Damit wollte ich ihn ködern.

Die harten Böden und die kahlen Mauern gaben dem Klang meiner Schritte einen Hall wie in einem Dom. Dazu kam der ständige Geräuschhintergrund aus fernen Rufen, schlagenden Türen und dem Klirren von Stiefelabsätzen auf eisernen Emporen. Durch lange Korridore und über steile, enge Treppen gelangte ich nach oben zum Verhörraum. Es war ein anderer als beim letzten Mal. Der Wärter öffnete die Nachbarzelle, von wo aus er uns durch eine verspiegelte Tür beobachten konnte.

So trafen wir wieder aufeinander, Herbert Priegel und ich. Milchglasscheiben verweigerten jeglichen Ausblick. Diesmal hatte ich keine Kulisse vorbereitet, keine Ordner, keine Waffen oder Fotos. Nur mit einem Tisch zwischen ihm und mir.

Seit unserem letzten Treffen war er noch hagerer geworden, auch noch länger, schien es, zumindest, wenn er saß. Tiefe Falten zogen sich von den Mundwinkeln nach unten. Er lehnte im Stuhl, hatte die Arme hinter dem Genick verschränkt und starrte mich an, ohne zu blinzeln. Seine hellblauen Augen musterten mich unter halb geschlossenen Lidern. Etwas in seinem Gesicht hatte sich verändert, ich kam nur nicht gleich darauf, was.

»Mögen Sie wieder ein Bier?«, fragte ich und war gespannt auf seine Reaktion.

»Was wollen Sie hören?«, sagte er. »Ein Nein?«

Humor hatte der Mann ja.

»Ihr Geständnis«, sagte ich und machte eine Pause. »Ihre Tochter. Sie haben doch die ganze Zeit über Bettina und meinen Vorschlag nachgedacht, stimmt's? Ihr Geständnis im Tausch gegen Bettina. Sie wäre bereit, Sie zu besuchen.«

Chili hatte herausgefunden, dass Bettina verheiratet war, zwei Kinder hatte und in Holland lebte. Ihre Familie war strikt gegen ein Treffen mit »dem Mörder«, doch sie selbst würde unter Umständen die Reise antreten.

»Bettina«, murmelte Priegel mit leeren Augen. Er bückte sich, um sich mit der Handfläche über die Schuhe zu fahren.

Ich stand auf. Ich konnte nicht sitzen. Außerdem hielt ich seinen Mundgeruch nicht mehr aus. Ich lehnte mich mit dem Rücken gegen die gekalkte Wand und stützte mich mit dem abgewinkelten Bein ab. Was mochte in ihm vorgehen? Seit ihren Kindertagen hatte er seine Tochter nicht mehr gesehen. War dieser kaltblütige Mann tatsächlich so dünnhäutig, wie er tat?

Priegel stand auch auf.

»Wie lang sind Sie jetzt hier drin?«, fragte ich ihn.

Er zupfte sich an der Oberlippe.

Diese Geste löste die Blockade in meinem Gehirn. Der Schnurrbart. Natürlich, er hatte sich den Oberlippenbart wegrasiert. Eigenartig. Draußen hat jeder, der einen Bart getragen hatte, nachher einen weißen Streifen oder Fleck auf der braunen Haut. Priegel hatte weder eine braune Haut noch einen Fleck.

»Dreizehn Tage«, sagte er.

»Klar, seit Sie wieder eingebuchtet worden sind. Nachdem Sie den Mann am Herbstfest erschossen haben. In Freiheit waren Sie gerade mal drei Tage. Und davor sind Sie zwanzig Jahre und vierundsechzig Tage in diesem Loch rumgehangen.«

Er schüttelte den Kopf. »Zweimal umgezogen dazwischen. Mir gefällt's hier drin. Meine Zelle ist genial.«

Ich schluckte. Bluffte er oder meinte er, was er sagte? Ich war vollkommen überrascht von Priegels Reaktion. Ich verstand auch sein dünnes Lächeln nicht. Und das Hellblau seiner Augen konnte einen richtig nervös machen.

»Haben Sie eigentlich mitbekommen«, sagte ich, »was sich

ereignet hat in den zwanzig Jahren draußen in unserem blühenden Deutschland? Wenn Sie vor zwanzig Jahren mit dem Auto von Rosenheim in die Münchener Innenstadt gefahren sind, haben Sie fünfundvierzig Minuten gebraucht.«

Priegel wiegte den Kopf.

Ich hätte gern gewusst, was er im Schild führte. Egal, er musste mir den Mord gestehen, und ich musste ihn dafür weichklopfen.

»Damals waren's fünfundvierzig Minuten«, wiederholte ich. »Wissen Sie, wie lang es heutzutage dauert, nach München zu kommen?«

»Nein, weiß ich nicht«, sagte er. »Ist mir auch egal. Ich fahr ja nicht von Rosenheim nach München. Was soll ich dort? Ich war noch nie in Rosenheim.«

Ich verstand die Botschaft. Doch ich kannte seinen Autotick.

»Die Autobahn ist dreispurig. Sie ist zu einer Lkw-Rennstrecke geworden. Die rechte Spur ist blockiert von Lkws mit Anhängern. Auf der mittleren überholen Laster, die drei Kilometer schneller sind als ihre Kollegen auf der rechten Seite. Und auf der linken Spur überholen holländische Wohnwagen die Lkws. Dazwischen fummeln graubärtige Männer auf schweren Motorrädern rum und vierradangetriebene Frauen, die ihre Sprösslinge über die Autobahn zum Kindergarten bringen. Sie hätten da gar keine Chance, voranzukommen.«

Wir standen uns immer noch in zwei Metern Entfernung gegenüber, jeder mit dem Rücken an seiner Wand.

Priegel kratzte sich am Kopf. »Vielleicht brauch ich ja gar kein Auto«, sagte er. »Ist das wirklich so da draußen?«

»Noch schlimmer, Herr Priegel. Noch schlimmer. Die Benzinpreise sind so hoch, dass kein normaler Mensch sie sich mehr leisten kann. Und ...«

»Und der FC Bayern? Wie steht der denn da?«

Ich kannte auch diese Vorliebe. »Sie haben sich international verstärkt. Mit Millioneneinkäufen. Eine ausgesprochene Star-Truppe haben sie. Sie ...«

»Sind Europapokalsieger geworden?«

»Champions League heißt das heute. Nein, Herr Priegel, in

Europa sind sie nur zweitklassig. Wie der gesamte deutsche Mannschaftsfußball überhaupt. Die meisten Vereine leben von Sportlern aus Tschechien, dem Libanon, aus Ghana und Georgien. Die deutschen Spieler pflegen ihre Verletzungen und ihre Frauen. Damit verdienen sie ihr Geld, klotzig Geld, obwohl sie nicht mal ihre begonnene Elektriker- oder Mechanikerlehre abgeschlossen haben. Mit zweiundzwanzig Millionär.«

Priegel folgte mir mit großen Augen.

»Doch ein Millionär ist heute nicht mehr reich«, fuhr ich fort. »Diese jungen Schnösel vergeigen ihr gesamtes Geld mit Autos, Frauen und Telefonieren. Sie ziehen Handys aus ihren Lackjöppchen und senden eine SMS, die mit ›Hi Andi‹ anfängt und mit ›Tschüssikowski‹ endet. Monatelang züchten sie an einem albernen Designerbart herum, in ihren Schlafzimmern hängen rote Lampen in Kussform. Zwischendurch dürfen sie mal in einem dieser Kochkabaretts im Fernsehen auftreten, den Topfdeckel heben und ›Köchel, köchel‹ sagen oder ›Mjam, mjam‹. Zu mehr reicht ihr Wortschatz eh nicht.«

Priegel verschränkte die Arme und legte sein Kinn in eine Hand.

»Heute gilt die Schaumschlägerei. Geblieben sind uns Deutschen dann nur mehr die Bundeskegelbahnen, der ins Sofakissen geprügelte Knick und der Frühstücksabfalleimer. Die gibt's nach wie vor in unserem Land.«

Ich merkte deutlich, dass ich Priegel dahin bekam, wohin ich ihn haben wollte. Er sah aus, als müsste er sich gleich übergeben. Tränen standen in seinen Augen. Also setzte ich noch eins drauf.

»Vergangene Woche wurde in Hamburg ein siebenundfünfzigjähriger Pastor getraut. Er hat seinen Freund, einen achtunddreißigjährigen Studenten, geheiratet. Als die Trauung zu Ende war, hat er ihn mit einem Klaps auf den Po verabschiedet.«

Volltreffer! Herbert Priegel strauchelte. Er schlug die Hände vors Gesicht. »Einiges bekommt man ja auch hier drinnen von dem mit, wie's draußen aussieht. Aber dass es so schlimm ist ... Muss ich da raus?«, flüsterte er. »In diese Welt?«

»Ja!«, reagierte ich grimmig. »Übermorgen werden Sie frei sein. Dann müssen Sie raus.«

Ich machte eine Pause und sah ihm in die Augen.

»Außer – Sie gestehen mir, dass Sie den Mann am Herbstfest erschossen haben. Dann dürfen Sie drinbleiben. Das müssen Sie aber jetzt tun. Jetzt gleich.«

Ich winkte dem Wärter hinter der Spiegeltür, um einen Schreiber zu rufen.

Im selben Augenblick flog die eiserne Eingangstür auf.

Zwei weibliche Arme umklammerten einen Arm des uniformierten Wärters, es gab ein kurzes, wortloses Gerangel, ich hörte, wie laut ein- und ausgeschnauft wurde.

Ich warf einen vorsichtigen Blick über die Schulter auf Priegel. Er lehnte immer noch an der Wand und stierte zu Boden. Wahrscheinlich hatte er den ganzen Jammer in unserm Land noch nicht verdaut. Ich wünschte mir, dass sein Zustand noch ein wenig andauern würde.

»Lassen Sie mich zu ihm«, rief eine Stimme aufgeregt.

Chili! Ihr Gesicht lugte hinter dem breiten Rücken des Wärters hervor. Ein kleiner Schreck fuhr mir von der Brust in den Magen und blieb eine Zeit lang dort sitzen.

Was war mit Chili?

»Lassen Sie sie los«, rief ich dem Wärter an der Tür zu.

Ich wusste nicht, was ich zuerst tun sollte. Hier hatte ich Priegel so weit, dass er sein Todesurteil unterschreiben würde, nur um nicht in die richtige Welt entlassen zu werden. Und dort erkannte ich, dass Chili dringend Hilfe brauchte. Ihr Gesicht war weiß und starr, wie verwüstet von einem heftigen Schmerz.

»Er ist tot«, sagte Chili leise, nachdem sie sich aus dem Griff des Wärters gelöst hatte.

Ich merkte, dass sie Mühe hatte, Luft zu holen.

»Einfach so. Ich muss zu ihm. Torsten ist tot.«

Ich beobachtete, wie Chili einen kurzen Blick auf Herbert Priegel warf. Der Wärter hatte ihm Handschellen angelegt.

Ich nahm Chilis Kopf in meine Hände und drückte ihre Stirn gegen meine Stirn.

»Chili, Chili, Chili«, sagte ich.

Ebenso schnell, wie sie außer Kontrolle geraten war, wurde

sie wieder ruhig. Ihre Augen waren verquollen, und ich konnte mir denken, wie ihr Kopf sich anfühlte.

»Ein Asthmaanfall«, sagte sie. »Er hatte offenbar sein Spray nicht zur Hand. Er ist nachts im Bett erstickt.«

»Was hast du jetzt vor?«, fragte ich.

»Ein Ticket hab ich bestellt«, sagte sie. »Ein Ticket nach Hamburg. One way. Und dann mit dem Zug weiter nach Flensburg. Morgen früh.«

Herbert Priegel war klug. Er hatte die Zusammenhänge vom Tod von Chilis Vater sofort verstanden. Ich merkte, dass er auch die Veränderung spürte, die in mir vorging. Ich konnte mich nicht gegen die Trauer wehren, die ich empfand. Doch ich wollte sein Geständnis. Nach der Unterbrechung hatte es allerdings keinen Zweck, sofort wieder mit der Tür ins Haus zu fallen.

Der uniformierte Schreiber saß uns gegenüber in dem schmalen Raum.

»Was machen Sie als Erstes, wenn Sie wieder frei und draußen sind?«, fragte ich Priegel.

Er strich mit Daumen und Zeigefinger die tiefen Falten nach, die von seinem Mund aus nach unten verliefen.

»Ich besorg mir ein Gewehr, geh in eine Tiefgarage und schieß auf Menschen«, sagte er.

Automatisch verfolgten mich die inneren Bilder von dem qualvollen Erstickungstod meines Freundes Torsten. Mit der Rechten holte ich aus, stoppte den Schlag jedoch knapp vor seinem Ziel. Ich wollte keinen Mord an einem Mörder begehen, sondern ich wollte, dass Priegel den Mord gestand. Er durfte nicht wieder raus.

Vor meinem Schwinger hatte er sich nicht einmal geduckt. Er wirkte wie abwesend und sah durch mich hindurch. »Bettina«, sagte er plötzlich. »Was ist jetzt mit ihr? Wann krieg ich sie zu sehen? Das letzte Mal hab ich sie gesehen, als sie ein kleines Kind war.«

Da schau her. Er warf mir den Ball zu.

»Bettina gegen Ihr Geständnis, Priegel.« Ich kniff die Augen zusammen. »Einen Moment«, sagte ich.

Ich kramte in meiner Tasche und fand den gelben Haftzettel, auf den ich die Telefonnummer seiner Tochter notiert hatte. Ich wählte ihren Anschluss in Holland, hörte das Freizeichen. Bettina war nicht zu Hause.

»Belegt«, log ich. »Klar werden Sie Bettina sehen.« Ich griff in meine Brusttasche. »Hier, schauen Sie. So sieht sie heute aus.«

Priegel hatte das Foto der schwarzhaarigen Frau bereits bei seiner ersten Vernehmung gesehen. Trotzdem griff er danach. Ich überließ es ihm. Seine Züge wurden weich.

»Herr Priegel«, sagte ich eindringlich, »Sie haben doch keine Chance. Wir haben die Waffe und wir wissen, dass Sie Christnacht getötet haben. Wir haben Augenzeugen und genügend weitere Beweise. Diesmal werden Sie für immer in den Bau gehen. Ihre Tochter werden Sie nie mehr wiedersehen. Es sei denn … Aber ich wiederhole mich.«

Unablässig hatte Priegel mit düsterer Miene auf das Foto gestarrt.

»Nein«, sagte Priegel und griff sich ans Hirn. »Stimmt das mit dem Pfarrer in Hamburg? Zwei Schwule haben geheiratet? So weit sind wir schon?«

»Absolut«, sagte ich. »Die Welt hat sich gewaltig verändert, seit Sie hier drin sind. Und in diese heruntergekommene Gesellschaft wollen Sie hinaus? Übermorgen müssen Sie gehen, wenn Sie heute nicht gestehen.«

Da stand er vor mir, lang, hager und rasiert. »Schrecklich«, sagte er. »Schrecklich, diese Welt da draußen. In den paar Tagen, die ich draußen war, hab ich's ja erlebt. Ich hab fast Angst gekriegt vor lauter Lärm, Gedränge und Gehetze. Nein, nein, das schreckt ab. Dagegen ist's hier drinnen gemütlich. Ich krieg mein Essen, hab Gesellschaft, und ich fühl mich behütet. Hier bin ich wer. Da draußen hab ich das alles nicht.« Mit gesenktem Kopf gab er dem Schreiber einen Wink. Dann atmete er tief durch und sagte mit dumpfer Stimme:

»Ich, Herbert Priegel, gestehe, dass ich am Herbstfest in Rosenheim auf einen Mann, der mich verfolgt hat, geschossen habe. Bisher hab ich gesagt, dass ich in München im Englischen Garten war. Aber das stimmt nicht, ich war in Rosenheim. Ich sage das, weil ich lieber im Gefängnis sitzen will als in diese kaputte Welt hinaus.«

Er unterbrach kurz, sah zu mir auf und schüttelte den Kopf. Es schien, als ob er unendlich traurig war. Dann sprach er weiter: »Ich hab den Mann nicht vorsätzlich erschossen, ich hab mich bedroht gefühlt, deswegen hab ich geschossen. Ich war einfach verschreckt von der lauten Umgebung. Von dem Getobe.« Er überlegte kurz, seine Augen flogen für einen Moment über mein Gesicht. »So, jetzt haben Sie Ihr Geständnis.«

Der Schreiber nickte und gab ihm einen Kugelschreiber. »Nur unterschreiben müssen Sie noch.«

»Versprochen, das Treffen mit Bettina?«, fragte Priegel und streckte mir die Hand hin.

Ich schlug ein. »Versprochen«, sagte ich.

Wie im Triumph setzte Priegel seinen Namen unter das Papier. Ich holte so heftig Luft, dass der Wärter zu mir herschaute.

Priegel fixierte einen Punkt auf der leeren Wand. Dreißig Sekunden verstrichen. Vielleicht war es auch eine Minute. Ich hatte den Eindruck, als überlege er, ob er alles richtig gemacht hatte. Zurück konnte er nun nicht mehr. Es war leichter gegangen, als ich gedacht hatte. Ich hatte zwar noch kein wirkliches Motiv, das ich ihm abnahm. Aber Priegel hatte gestanden.

Da machte er noch einmal den Mund auf. »Ich wollt ja eh nur raus, um die Sache mit Christnacht zu erledigen«, sagte er.

SECHZEHN

Herrlich war dieses gleichmäßige Tuckern der Harley unter mir. Die Sonne schimmerte durch eine dünne Wolkendecke, als wir am nächsten Morgen auf Nebenstraßen zum Simssee fuhren. Zwei, drei Minuten bevor er mit dem Motorrad vor der Tür stand, hatte Pauli mich verständigt.

»Komm, schwing dich hintendrauf«, sagte er. »Wir besuchen Ava Sorolla.« Er hatte die seitlich geflochtene Lederhose und eine dunkelblaue Wetterjacke an, die bis über die Hüften reichte. Hinter dem Rücksitz war wieder der zweite Helm befestigt.

Es knallte wie bei einer Explosion, als Pauli die schwere Maschine anließ. Sie hustete und rauchte, bevor der Motor endlich den harleymäßigen Ton gefunden hatte. Einmal auf der Straße, murmelte er in brummigem Bariton etwas von Abenteuer vor sich hin. In einer guten halben Stunde waren wir da. Ich hatte nur kurz an Chili in Flensburg denken müssen und an Herrn Huber, der wieder allein zu Hause bleiben musste.

Von einer Anhöhe blickten wir hinab auf den See. Ein feiner Dunstschleier lag über der Oberfläche. Nicht der schwere Dunst, der sich anfühlt wie schwebende Staubteilchen, sondern dieser frische, reine Dunst, den es nur an schönen Tagen gibt.

Wir holperten über einen Feldweg, nicht gerade die ideale Unterlage für einen Chopper. Pauli zeigte auf ein Haus etwa hundertfünfzig Meter unter uns.

»Dort drüben, das weiße Haus, diese Villa, das ist's. Da müssen wir hin«, sagte er.

Von Weitem sah es aus wie ein Spielzeughaus.

Es war müßig, den Herrn vor mir auf dem Sitz zu fragen, über welche Informationen er verfügte. Ebenso wenig würde er mir im Detail verraten, was er überhaupt beabsichtigte. Doch stets konnte ich mir sicher sein, dass Pauli mich mit einem Ergebnis überraschte.

Das Haus hatte zwei Stockwerke, weiße Schindeln und dunkelgrüne Fensterläden, dunkel, fast schwarz. Das Dach machte einen flachen Schwung, als hätte jemand mit der Handkante eine Delle hineingewalzt, wie in einen Teig. Es sah aus wie ein altes Strandhotel in Belgien oder Südengland.

Mein Fahrer ließ die Harley fast lautlos den Hügel hinabrollen und parkte direkt am Zaun.

Pauli zeigte auf die Person, die auf der Terrasse saß.

»Das ist sie. Ava Sorolla.«

Die Frau hatte es sich in einem Schaukelstuhl aus braunem Rattan bequem gemacht und blickte nach Westen hinaus auf den Simssee. Sie trug Jeans, ein gelbes Trägertop mit einer gefransten Lederjacke darüber und hellbraune Stiefeletten. Ihr Haar hing lose und feucht über die Schultern. Sie sah schick und seriös aus.

»Ich hab Mühe gehabt, herauszufinden, wo sie sich aufhält«, flüsterte Pauli mir zu. »Ihre Münchener Wohnung war leer. Gestern erst hab ich erfahren, dass die Dame hier sein soll.« Er zog Handschuhe und Nierenwärmer aus und ließ die Jacke über die Schultern gleiten. »Glück gehabt, dass sie da ist«, fügte er hinzu. »Das hier ist übrigens das Haus ihres Onkels.« Er rollte mit den Augen. »Es heißt, er habe was mit ihr.«

Er kniete sich hin, um einen Stiefel zuzubinden. »Pass auf«, sagte er in einem Ton, der keinen Widerspruch duldete. »Du vertreibst dir hier ein bisschen die Zeit. Ich will dem Mädel nur eine einzige Frage stellen. Dann bin ich wieder hier, okay?«

Aus der Motorradtasche holte er ein Fernglas und hielt es mir wortlos hin. Dann setzte er mit einer eleganten Flanke über den Bretterzaun. »Einen kleinen Schreck könnt ich ihr schon verpassen«, meinte er, bevor er auf Zehenspitzen durchs welkende Gras stieg. »Des hammer glei.«

Vor der Veranda, auf der Ava saß, wuchs ein verwilderter Blumengarten, im Bogen angelegt. Eine Bank aus weiß lackiertem Holz stand in dem Bogen. Um sie musste Pauli herum, um an die Frau heranzukommen.

Ava war augenscheinlich so vertieft in ihre Gedanken oder in die Betrachtung des Wassers, dass sie Pauli nicht einmal hörte, als der Kies unter seinen Stiefeln leise knirschte. Erst als er mit den Fingern eine Spur über den Rücken ihrer Lederjacke zog, schrie sie auf.

Ihr mit Kopfstimme herausgeplärrtes angstvolles »Wer sind Sie denn? Was wollen Sie?« in breitem Münchenerisch drang bis zu mir herauf. Anscheinend erkannte sie Pauli nicht wieder. Ich setzte das Fernglas an.

Ava war hochgesprungen. Es war offensichtlich, dass sie ins Haus flüchten wollte.

Pauli hielt sie am Arm fest. Er redete auf sie ein.

Es war deutlich, wie in Avas Augen Erkenntnis aufleuchtete, als ihr Blick auf das indianische Amulett auf Paulis Brust fiel.

Ihre Augen weiteten sich. Sie verschränkte die Arme.

»Der Bulle«, sagte sie hörbar.

Ich kletterte über den Zaun, ging in die Knie und watschelte den flachen Hang hinunter.

Pauli löste ein Messer vom Gürtel und klappte es mit dem Daumen auf, wobei er Ava in die Augen sah.

Ihre Hände zitterten.

Ich war bis zu einer Auffangtonne für Regenwasser vorgedrungen und duckte mich dahinter.

»Was willst du?«, flüsterte Ava und schloss die Augen. »Du kannst alles haben, was du willst.«

Pauli beugte sich über die verblühten Blumen im Beet neben sich und schnitt eine rote Rose fünf Zentimeter unterhalb des Kopfes ab.

»Hätte Helen diese Rose gemocht?«, fragte er.

Erst jetzt machte sie die Augen wieder auf. Sie schielte auf das Messer. »Warum?«, fragte sie.

»Frag nicht so saublöd. Beantworte meine Frage.«

Dieses Mädchen reagierte am schnellsten auf Drohungen.

»Also noch mal für die Behämmerten: Hat deine Freundin Helen Rosen gemocht?«

Mir dämmerte, worauf Pauli hinauswollte.

Sie nickte. »Und wie. Rote hat sie besonders gemocht.«

»Und er, Bellini? Mochte er Rosen? Hat er ihr welche geschenkt?«

Sie schüttelte den Kopf so lange, dass das Haar fast davon

trocken wurde, und sah immer wieder zu dem Messer hin. Sie sagte:

»Dem hat's doch vor allen Pflanzen und Tieren gegraust. Der hat sich vor Bakterien und Läusen und Bazillen gefürchtet wie kein anderer. Nie hätte der eine Blume angefasst. Nie. Der hat ja nicht mal Bilder verkauft, wo Blumen drauf waren.«

Sie warf sich wieder in den Rattansessel und beglückte Pauli mit einem vorgefertigten Augenaufschlag.

»Und – was machen wir jetzt heut Nacht?« ...

»Also, war's interessant, Bruder?«, fragte Pauli, als er am Motorrad die Jacke wieder überstreifte.

Interessant? Diese Information war Gold wert. Bellini mochte keine Rosen. Wie waren dann die Rosen auf die Leiche neben ihm gekommen?

In alle Freude über diesen Quantensprung mischte sich ein klein wenig Bedauern. Wieso war ich nicht selbst auf diese Lösung gekommen?

Als Pauli hörte, dass ich mir an diesem Tag noch Liebermann vornehmen wollte, schlug er vor, mich dort abzusetzen. »Ich kann dich ja später wieder einsammeln. Und so lange mach ich eine kleine Tour um den Chiemsee.«

»Nein, danke«, sagte ich. »Bitte bring mich nach Haus. Ich muss mich um Herrn Huber kümmern.«

Den Porsche mitsamt Hund ließ ich auf dem auffallend leeren Parkplatz vor Liebermanns Biergarten stehen. Das kündete nicht gerade von Hochbetrieb im Lokal. Am Eingang erkannte ich, warum. »Heute geschlossen«, hieß es dort. Ich drückte die Klinke trotzdem, sie gab nach.

»Können Sie nicht lesen?«, bellte Liebermanns Sängerstimme durch den dunklen Flur.

»Ich kann sogar schreiben«, blaffte ich in gleichem Ton zurück. Es sollte scherzhaft klingen. Er sollte nicht den Eindruck gewinnen, ich wolle ihn verhören.

»Was macht Georg? Wie geht's ihm?«, fragte ich locker, als ich Liebermann gegenüberstand.

Ich hatte meine Frage noch nicht ausgesprochen, da merkte ich schon, dass etwas mit dem Mann nicht stimmte. Er sah mich an, als käme ich von einem anderen Stern.

»Was soll die Frage?«, sagte er. »Ja, wissen Sie's denn nicht? Die haben den Georg doch gestern festgenommen.«

Ich bemühte mich nach Kräften, mir die Überraschung nicht anmerken zu lassen.

Wir setzten uns an einen Ecktisch im leeren Gastraum, er mit dem Rücken zum Fenster, ich saß ihm gegenüber und konnte nach draußen sehen. Der Biergarten war geschlossen, Tische und Stühle weggeräumt. Die Brandung war so spärlich, dass sie diese Bezeichnung nicht verdiente. Die Eichen hatten die Hälfte ihrer Blätter verloren. Durch ihre Zweige waren das Glitzern des Chiemsees und in der Ferne die Umrisse der Fraueninsel deutlich zu erkennen.

Allmählich krallte sich Liebermanns Botschaft in meinem Hirn fest.

»Festgenommen. Mit welcher Begründung wurde er denn festgenommen?«, fragte ich. Anscheinend gab es im Rosenheimer Kommissariat niemanden mehr, der es für nötig hielt, mich auf dem Laufenden zu halten.

»Ich hab ja immer gedacht, der Georg wird seine Bewährung packen. Und, was eine Sauerei ist: Es waren nicht die Drogisten, die ihn abgeholt haben. Es waren die Mordler.« Liebermann legte mir eine Hand auf den Unterarm und äußerte sein Bedauern darüber, dass er beim letzten Mal so heftig geworden war. Fast hätte er sich noch für den Kopfstoß entschuldigt, den ich ihm unabsichtlich verpasst hatte.

Als ob das jetzt so wichtig wäre, dachte ich. Trotzdem: Ich mag Menschen, die nicht nachtragend sind. Eines war mir aber sofort klar: Etwas an Liebermann und seiner Geschichte stimmte nicht.

»Georg ist oder war drogenabhängig«, sagte ich. »Dafür ist er zur Bewährung verurteilt. Wenn sie ihn abgeführt haben, kann das nur eines bedeuten: Die Rosenheimer halten Ihren Georg für einen Mörder. Für einen Doppelmörder, Liebermann! Das kann ich nachvollziehen, möchte Ihnen aber aus alter Freundschaft helfen. Haben Sie denn wenigstens eine Idee, wie Sie den Kopf Ihres Sohnes aus der Schlinge ziehen? Sie befinden sich doch selbst mittendrin in dem ganzen Schlamassel, Herrgott noch mal.«

In mir hatte sich seit dem Besuch bei Ava Sorolla ein Gefühl der Gewissheit breitgemacht. Ich war mir nun absolut sicher, dass es sich im Bellini-Fall nicht um Selbstmord handelte. Es war ein getarnter Mord, der inszeniert war wie ein Selbstmord. War Georg Liebermann der Mörder der beiden? Und welches Motiv sollte er haben?

Dessen Vater saß mir mit geschlossenen Augen gegenüber. Er hatte die Ellbogen auf die Tischplatte gestützt und die Hände gefaltet. Schmerz lag in seiner Miene.

»Was glauben Sie denn, Ottakring? Warum stellen Sie mir solche Fragen?« Dann öffnete er die Augen wieder.

»Weil ich überzeugt bin, dass Sie den Mörder kennen«, sagte ich. »Eine Zeit lang hab ich sogar Sie selber verdächtigt. Dass Sie beteiligt sind oder zumindest Kenntnis haben, schließ ich immer noch nicht aus. Mitwisserschaft ist wie Beihilfe, wissen Sie. Auch darauf steht Haft.«

Neben Liebermanns Kopf spiegelte sich schon seit Minuten eine Gestalt im Fenster. Der Mann hielt die Hände in den Hosentaschen und schaute zu uns her. Eigenartigerweise musste ich sofort an Priegel denken.

»Aber es war doch Selbstmord«, sagte Liebermann mit dünner Stimme. Aus seinem Mund klang es wie »Selbstmochd«.

»Schmarrn«, wollte ich gerade sagen, da trat die Gestalt auf uns zu. Meine Schultern verkrampften sich. Ich fuhr herum, darauf vorbereitet, mich sofort fallen zu lassen und Liebermann mit zu Boden zu reißen.

Es war Scholl. Er trat näher. Er sprach ohne Hast. Und er sprach zu mir.

»Ich denke, wir hatten vereinbart, dass Sie sich um Priegel kümmern und die Finger von Bellini lassen? Und von Ihnen soll er sich auch fernhalten, Herr Liebermann.« Er hüstelte. »Ich hab unfreiwillig Ihr Gespräch mitgehört.«

»Sie können ganz schön kindisch sein, Herr Scholl«, sagte

ich. »Sie verhaften den jungen Liebermann und erwähnen es mit keinem Wort. Und nun beschwören Sie sich über eine nicht eingehaltene Vereinbarung. Meinetwegen. Hocken Sie sich her.«

Ich schob ihm einen leeren Stuhl hin. Zögernd nahm er Platz. Nach einer Weile sagte er: »Ja. Georg Liebermann sitzt wieder in U-Haft. Sein Vater und ich, wir haben uns ausführlich darüber und über den Bellini-Fall unterhalten. Er hat mir alles erzählt. Nicht wahr, Herr Liebermann?«

Der nickte.

»Alles?«, fragte ich. Ich hätte gern gewusst, ob auch der Besuch Liebermanns bei dem Tätowierer in München zur Sprache gekommen war. Doch ich fragte nicht nach. Ich sollte mich ja raushalten.

»Alles«, sagte Scholl. »Also, was wollen Sie hier, Ottakring?«

Ich war schon im Gehen, da kam Pauli angetuckert. »Hey, ich war eh in der Gegend. Und weil ich ja wusste ...«

Dass er aber ausgerechnet jetzt auftauchte, während Scholl noch herumsaß, war mir unangenehm. Scholl hatte keine blasse Ahnung von Paulis Existenz und den Zusammenhängen. Ich wollte ihm meinen V-Mann nicht auf dem Silbertablett präsentieren.

Pauli begriff. Er grinste und strich sich über die Glatze.

Ich nahm ihn am Arm und rief in den Gastraum: »Mein Spezl und ich verziehen uns kurz nach draußen, okay?«

Scholl blieb sitzen.

Ich brauchte plötzlich frische Luft. Das unbelebte Gasthaus hatte etwas Beklemmendes. Es drang zu wenig Licht herein. Verstohlen musterte ich Pauli. Seine Miene sprach Bände. Er sah aus, als halte er mit etwas hinterm Berg. Ich kannte ihn lang genug.

»Dein kleines Verhör mit der Sorolla hat mir sehr geholfen«, sagte ich zögernd. »Danke.« Und ich bekannte, dass ich mich über mich selbst geärgert hätte.

Ich erhaschte einen flüchtigen Seitenblick. Ich blieb stehen und sah Pauli an. »Aber du hast doch noch etwas auf dem Herzen. Spuck's aus.«

»Erwischt«, sagte er und schnalzte mit den Fingern. »Ich hab zwei gute Nachrichten. Welche willst du zuerst hören?«

»Die bessere«, sagte ich, ohne zu zögern.

»Also«, sagte er und grinste mich bedeutungsvoll an. »Deine Lola. Ich bin ihr nebenberuflich noch ein bisschen nachgestiegen.«

Für Lola hätte ich Bellini freiwillig sausen lassen und Priegel auf den Meeresboden versenkt.

»Und?«

»Der Mann, mit dem du sie gesehen hast. Ihr Lover, wie du meinst.«

»Was ist mit ihm?« Blut stieg mir in den Kopf. Was sollte daran gut werden?

»Das ist ihr Redakteur. Der Redakteur der Sendung ›Herrenhaus‹. Stockschwul, der Junge. Und einen andern Mann hab ich nicht in ihrer Nähe beobachten können.« Er reckte die Arme in die Luft und räkelte sich in einem Sonnenstrahl. »Zufrieden?«

Ich hätte ihn küssen können. Seit ich Lola das letzte Mal gesehen hatte, war ich immer wieder auf mich selbst hereingefallen: Ich sitz in meiner Wohnung und denk an Lola und warte und stell mir vor, dass es klingelt, und sie steht vor der Tür, und es ist alles wieder gut.

Lächerlich.

Doch nach Paulis Hinweis nahm ich mir unverzüglich vor, mein Glück wieder selbst in die Hand zu nehmen.

»Und was ist die zweite frohe Botschaft?«, fragte ich, besser gelaunt als vorher.

»Na ja«, sagte Pauli. »Es geht noch einmal um Bellini. Aber das ist wirklich nur für deine Ohren bestimmt. Willst du's hören?«

Ich nickte heftig. Was sonst? Sollte ich Scholl zuliebe nein sagen?

»Der tote Bellini war nebenher an drei Münchener Sexclubs beteiligt und zwar ordentlich. ›Le Coq d'Or‹, das ›Märchenschloss‹ und das ›House of Wonders‹. Ich hab nicht rausfinden können, ob Helen Esterding als Nadine dort gearbeitet hat oder ob sie überhaupt von seinen Beteiligungen gewusst hat. Ist ja letztlich auch wurscht, ich hab nur gedacht, es würd dich interessieren.«

Ich schob die Lippen nach vorn und rammte Pauli eine Faust vorsichtig in den Magen. »Das nenn ich Recherche«, sagte ich.

Das war allerdings etwas, das Scholl wissen sollte. Unbedingt musste er das wissen. Ich schob Pauli vor mir her zurück in den Gastraum.

Scholl erwartete uns.

»Mein Freund Pauli aus München. EKHK Scholl von der Kripo Rosenheim«, stellte ich vor. »Pauli, sag uns bitte, was du erfahren hast.«

»EKHK?«, richtete Pauli die Frage an Scholl.

Von ihm erntete ich einen vorwurfsvollen Blick. »Erster Kriminalhauptkommissar«, erklärte er.

Wir setzten uns.

»Muss ich das wirklich?«, fragte Pauli.

»Verdammt, wer parkt denn da die Einfahrt zu?«, brüllte jemand hinter meinem Rücken von der Tür her. »Wem von euch zum Teufel gehört das Auto mit …?«

Scholl sprang auf. »Ja mei«, sagte er und tippte mir gegen den Arm. »Bin gleich wieder da.«

»Du führst mich ganz schön vor«, knurrte Pauli, »ich bin doch kein Schulbub. Und nicht dein Krimiclown.«

Doch als Scholl wieder am Tisch saß, war Pauli rasch der Alte. Mit funkelnden Augen berichtete er von seinem Besuch in dem Haus am See, Helen Esterdings Liebe zu Rosen und Bellinis Ekel davor. Er erwähnte nicht, wer ihn begleitet hatte.

Scholl überdachte die Konsequenzen.

»Wenn das stimmt, muss man sich wirklich fragen, wie die Rosen auf den Körper der Toten gekommen sind.«

»Also Mord?«, fragte ich.

Scholl hob die Schultern. »Mord«, sagte er. »Das wär die logische Konsequenz.«

Ich fragte mich, auf welcher Seite Scholl eigentlich stand. Hielt er immer noch an der Selbstmordvariante fest, oder hatte sich auch in seinem Hirn schon die Mordlösung eingenistet? Warum sonst hätten sie Georg festnehmen sollen?

»Und Bellini war an Sexclubs in München beteiligt«, setzte ich noch einen drauf. Mein Hang zur Selbstdarstellung war grenzenlos.

»Also was jetzt«, sagte Scholl.

Aus irgendeinem Grund fiel mein Blick auf Scholls Schuhe. Für meinen Geschmack und seine Figur hatte er viel zu große Schuhe an. Ausgelatschte Schuhe wie ein alter Mann.

Der Kripochef ergriff das Wort. »Wir stellen fest, dass dieser Bellini ein seriöser Kunsthändler ist, seine Freundin eine Künstlerin, die er fördert. Er hat Kenntnis davon, dass sie Pornodarstellerin war, weiß aber zunächst nicht, dass sie ihn betrügt. Dann erfährt er, dass sie ihn hintergeht, weiß aber wiederum nicht, dass sie als Callgirl arbeitet und sich Nadine nennt. So, und jetzt soll er plötzlich selber einen Puff betreiben? Ist dieses Gerücht von Ihnen, Herr Pauli? Da müssen Sie mir aber schon die Quelle nennen.«

»Hammer glei«, sagte Pauli. »Doch ich muss Sie korrigieren, Herr Scholl. Bellini hat keinen Puff selber betrieben, er hat nur die Knete hingelegt, und zwar einen ganzen Haufen.«

Er schaute mich siegesbewusst an. Dann nannte er die drei Sexclub-Adressen.

Scholl schrieb mit.

»Hab ich alles recherchiert und geprüft. Weil ich Herrn Ottakring von früher zu Dank verpflichtet bin.« Er bedachte mich mit einem übertrieben zärtlichen Blick. »Was Sie aber wahrscheinlich auch nicht wissen, Herr Scholl: Im vergangenen Jahr ist ein weiterer Teilhaber vom ›Märchenschloss‹ umgekommen. Auf eine recht seltsame Art ist er gestorben. In seinem Auto ist er in eine Metallpresse auf einem Schrottplatz draußen vor der Stadt geraten.«

Durch Scholl ging ein Ruck. Er stellte die Ohren auf, wie Herr Huber, wenn er Wild im Wald wittert. Natürlich hatte jedes Kind von diesem Unfall in der Metallpresse gehört. Aber wer brachte schon so eine Geschichte in Verbindung mit Sexclubs oder gar dem renommierten verstorbenen Kunsthändler Bellini?

»Also. Ich bin dann mal wieder weg.« Pauli war aufgestanden.

Ich nickte.

Wenig später hörte ich die Harley röhren.

Scholl nahm mich am Arm, und wir gingen ins Zirbelstüberl.

Ich war froh, endlich wieder in die Senkrechte zu kommen. Dieses ständige Sitzen konnte einen krank machen.

»Das riecht nach Krieg in der Szene«, sagte Scholl, als wir uns gegenübersaßen. »Mord unter Zuhältern. Letztes Jahr wird ein Mensch aus diesem ›Märchenschloss‹ umgebracht und jetzt Bellini. Muss ich sofort überprüfen lassen.« Er zückte sein Handy. »Ich ruf die Münchener an.« Er ließ das Handy wieder sinken. »Ich vermiss was«, sagte er und musterte mich.

»Was?«

»Wollen Sie denn gar nicht wissen, warum wir den Georg aus dem Verkehr gezogen haben? Und was Liebermann gestanden hat?«

»Warum wollen Sie mir das plötzlich sagen?«

»Weil ich heut meinen großzügigen Tag hab«, sagte Scholl.

»Großzügigkeit ist die Eitelkeit des Herablassens«, murmelte ich und bot ihm eine Zigarre an. Zu meiner Überraschung nahm er sie.

»Was haben Sie gesagt?«, fragte er.

Ich zückte mein Feuerzeug mit den Initialen LH. »Ach, nichts«, sagte ich und gab Scholl Feuer.

»Wenn es also Mord war, halten Sie dann nicht Liebermann für den Mörder?«, fragte ich zurück. »Nicht den jungen. Den alten.«

Ich versuchte, den Blick meines Gegenübers festzuhalten. Es gelang mir nicht. Scholls Blick wanderte ruhelos durch den Raum, wie der eines Drogensüchtigen.

Ich hakte nach. »Glauben Sie nicht, dass der alte Liebermann die beiden erschossen hat?«

Scholl sah haarscharf über mich hinweg, als ob er jemanden suche.

»Georg«, sagte er, »Georg Liebermann. Der hatte allen Grund dazu. Der war total in diese Nadine alias Helen verknallt. Da er selber ständig klamm war, hat Vater Liebermann ihm alles finanziert. Liebermann war ihm zuliebe sogar bei einem Tätowierer in München mit ihr, weil sie es sich so dringend gewünscht hatte. Sie erinnern sich, Ottakring: die blaue Rose auf der Hinterbacke?«

Als ich nickte, sagte er: »Die Rose hat ihr der alte Liebermann finanziert. Für Georg, seinen Sohn. Der hat dagegen sein Geld für härtere Sachen ausgegeben.«

Ich dachte kurz nach. »Und warum hat er sie dann erschossen? Und Bellini gleich mit? Und warum so kompliziert? Er hätt sie ja auch im Damenklo erwürgen können.«

»Ganz einfach. Eifersucht. Eifersucht wegen der Frau und auf Bellini. Georg hat schließlich als Letzter den Kahn über den See gerudert, in dem die Toten angeschwemmt worden sind. Er hat zwar ein Alibi, aber ein windelweiches. Bei einer Larissa soll er die Nacht verbracht haben. Die hat er auf der Surfparty am Abend vorher abgeschleppt. Im Auto von ihrem Freund sind sie weggefahren, das steht fest, der Besitzer der Surfschule hat's bezeugt. Als der Freund sich verflüchtigt hat, hat sie den Georg mit nach Haus genommen. Man sollte ja nicht glauben, was dieses Bürschchen für ein Glück bei den Weibern hat.«

Er hielt inne. Dann stand er auf und stellte sich vors Fenster, Gesicht zu mir. Wieder konnte ich seine riesigen, ausgelatschten Schuhe bewundern.

»Wissen Sie eigentlich«, sagte er, »nein, woher auch, das können Sie ja nicht wissen. Sie erinnern sich doch, dass der Kahn keine Ruder hatte, als wir ihn entdeckt haben. Wir haben die Dinger im ganzen See gesucht, im Schilf, unter abgestellten Autos, auf Bäumen. Haben Sie eine Ahnung, wo wir die zwei Ruder gefunden haben, mit ein paar Metern Schnur aneinandergewickelt?«

Scholl wischte sich den Schweiß von der Stirn. Dabei machte er ein Gesicht, als hätte er soeben nach langer Irrfahrt einen sechsten Kontinent entdeckt.

»In dem Bauernhaus, in dem Georg wohnt, auf dem Speicher. Auf diesem Speicher waren auch jede Menge Pornos, Filme, Videos und Hefte. Gebrauchte Spritzen. Verpackte Ampullen.« Sein Gesicht sprach Bände.

»Wie haben Sie den Antrag begründet?«, warf ich ein.

»Auf Hausdurchsuchung? Wir haben keinen gestellt. In Verdacht hatten wir den jungen Liebermann ja schon lange. Und da hat sich's halt ergeben, dass ein junger Anwärter, der zufällig gerade in der Gegend zu tun hatte, über den Speicher gestolpert ist … Na ja, Sie wissen schon.«

Seine Augen waren auf der Suche nach einer Stubenfliege, einer Rauchschwalbe oder sonst was.

»Auf einigen Fotos ist übrigens auch der Harry Steiner drauf. Aber das wussten wir ja, dass die beiden befreundet sind. Jedenfalls haben wir die Ruder beschlagnahmt und den Georg festgenommen. Wertvolle Beweismittel.«

Wenn man es genau nahm, redete Scholl mit mir wie mit einem Vorgesetzten. Andererseits hatte ich den Mann noch nie so offen plaudern hören. Auch Kriponesen sind nur Menschen. Ich beugte mich vor und sagte:

»Und? Wie wird's nun weitergehen? Seit einer halben Stunde haben Sie schließlich neue Erkenntnisse.«

Scholls Kopf schnellte in die Höhe, als hätte er beim minutenlangen Sprechen gleichzeitig über einem Problem gebrütet.

»Noch haben wir kein Geständnis von Georg Liebermann.«

Es klang genau wie damals, als er mich anheuerte, Priegel zu verhören. Ich wartete schon auf einen neuen Auftrag in meiner Spezialdisziplin.

Als ob er meine Gedanken erraten hätte, schüttelte Scholl den Kopf.

»Priegel war ein anderes Kaliber«, sagte er. »Übrigens … das mit den Rudern, die wir da zufällig gefunden haben, weiß nicht mal Chili. Sie hat auch noch keine Ahnung von dem Zugriff.« Er räusperte sich. »Haben Sie noch mal was von ihr gehört? Wie geht's ihr?«

Warum fragte er? Ahnte Scholl etwas von meiner engen Verbindung zu Chili? Oder hatte sie im Zusammenhang mit Torstens Tod etwas davon erwähnt? Chili rief mich jeden Tag aus Flensburg an, wenn es Abend war. Es ging ihr »leidlich gut«, so beschrieb sie ihren Zustand. Das hieß für mich, sie litt.

Zu Scholl sagte ich: »Keine Ahnung. Ich hab nichts mehr von Chili gehört, seit sie weg ist.«

Es war keine Lüge. Es war eine der Verschleierung dienende nicht absolut authentische Aussage. Ich trauerte selbst noch um Torsten Toledo, meinen alten Kameraden. Und ich vermisste Chilis unbekümmertes Lachen.

Heute war der Tag der neuen Erkenntnisse. Bellini war ein Rosenhasser. Er war an Bordellen in München beteiligt. Beim jungen Liebermann hatten sie die Ruder des Mordkahns gefunden. Da wollte ich noch eins draufsetzen.

Ich nahm einen Bierdeckel und malte zwei Zeichen.

»H 60 M« und »H 55 M«. »H 60 M« hatte der erschossene Gerichtsvollzieher Christnacht am Ostersonntag in seinen dünnen grünen Ordner eingetragen und »H 55 M« am 13. Mai.

»Sagen Sie, Scholl«, sagte ich und berührte mit dem Zeigefinger die Narbe auf seinem Handrücken. Sie fühlte sich an wie eine eingekerbte Markierung. »Haben Sie eine Ahnung, was das bedeuten kann?«

Er schaute auf den Deckel. Dann beäugte er mich wie einen, der ihn auf den Arm nehmen will.

»Wo waren Sie denn in der Schule?«, fragte er. »Sechzig und fünfundfünfzig Mille. Sechzigtausend und fünfundfünfzigtausend. Warum?«

Es gibt Augenblicke, die so herausragend sind, dass man sich ein Leben lang daran erinnert.

Dies war so einer.

Auf einmal war mir alles klar.

Draußen griff ich mir mein Handy. Die Telefonnummer der Spielbank hatte ich noch im Kopf. Ich verlangte den Direktor.

»Harry Steiner«, fragte ich ihn und buchstabierte den Namen, »haben Sie den auch im Computer?«

»Da brauch ich nicht nachzuschauen«, sagte er. »Dieser Name ist mir sehr geläufig.«

Ich hatte keine Lust auf Autobahn, und wir fuhren die geschlungenen Pfade über die Dörfer. Herr Huber saß in der Mitte der hinteren Sitzbank und hielt den Blick aus eisgrauen Augen auf die Straße gesenkt. Vor jeder Kurve stemmte er seinen Körper nach links oder rechts gegen die Fliehkraft an. Herr Huber und ich verständigten uns im Auto nicht durch Laute, sondern durch Blicke im Rückspiegel.

Es war eine windungsreiche Fahrt. Die Zwiebeltürme der Dörfer ragten wie Leuchttürme in den Nachmittagsdunst. Autos mit eingeschaltetem Licht kamen uns entgegen. Wir rollten die hügeligen Sträßchen hinunter, beiderseits standen weißbraun gescheckte Rinder auf den Wiesen, wiederkäuend, alle mit dem Hinterteil nach Westen. Eine Wolke kleiner, dunkel gefiederter Vögel kreiste über ihnen. Die Landschaft mit ihren verwaschenen Farben bot einen trostlosen Anblick. Trübsinnige Gedanken krochen durch meinen Kopf, kreuzten und bekämpften sich. Ich sehnte mich nach blauem Meer, Salzluft und wolkenlosem Himmel. Ich warf eine Kenny-Rogers-Kassette in den Schlitz, drückte aufs Gas und jagte den Porsche eine abschüssige Gerade hinunter. Herr Huber jaulte auf vor Freude.

Beim Weggehen hatte sich Scholl noch bei mir bedankt. Doch er machte eine Miene dabei, als kaue er auf alten Limonen herum. Ohne Hellseher zu sein, war ich überzeugt, dass er sich als Nächstes auf den Metallpressenfall stürzen würde. Er würde herausfinden wollen, ob Bellini und die Esterding Opfer eines in München tobenden Bandenkriegs geworden waren.

Meine Gedanken kreisten um »Herrenhaus am Mittwoch«. Wenn ein Prominenter prominent genug war, richtete Lola sich nach seinem Kalender. Heute Abend würde sie Wladimir Wladimirowitsch Putin gegenübersitzen. Dass der russische Präsident als Studiogast bei »Herrenhaus« auftrat, war in diesen Tagen die Sensation schlechthin. Alle Medien berichteten davon und rätselten, wie der Moderatorin dieser Volltreffer gelungen war. Mit Ackermann, Roberto Blanco, vielleicht sogar mit Helmut Kohl hätten sie ja noch gerechnet, aber Putin? Die Einschaltquote würde phänomenal sein. Ich hatte lange keine Sendung mit Lola mehr angeschaut. Diese musste ich sehen, heute, Mittwoch, um zweiundzwanzig Uhr zwanzig.

Durch zwei Feuerwehrautos wurde ich aus meinen Gedanken gerissen. Sie rasten mir blinkend und heulend entgegen und hätten mich fast ins Gras gedrängt. Nachher kam noch ein drittes. Herr Huber und ich machten in einem kleinen Gasthaus eine Pinkelpause, er draußen, ich drinnen. Als ich vor dem Urinal stand, hörte ich, wie Leute im Flur hinter mir sich etwas zuriefen.

»Der ›Liebermann‹ brennt!«, riefen sie.

SIEBZEHN

»Der ›Liebermann‹ brennt!«

Ich überholte die Feuerwehr und traf ein, als Liebermann noch allein war. Er saß auf dem Kiel eines Boots am Wasser und betrachtete das tobende Feuer, als sähe er einem Billardspiel zu. Selbst als ich auf ihn zurannte, blieb er teilnahmslos.

»Liebermann!«, rief ich und schüttelte ihn. »Ihr Laden brennt. Was ist los mit Ihnen?«

»Der Georg war's nicht«, sagte er kaum hörbar. Ich musste ihm die Worte von den Lippen ablesen.

»Natürlich nicht«, sagte ich. Ich hielt sein Gesicht zwischen den Händen. Seine Augen flohen vor mir. »Der sitzt ja.«

»Den Mord, mein ich. Das mit meinem Kahn. Den Mord.«

»Was haben Sie dem Scholl erzählt?«

Hinter mir prasselte es, die Scheune brannte ab. Doch ich konnte eh nichts tun. Also wollte ich die Chance nutzen, etwas aus Liebermann herauszubekommen.

Er schüttelte den Kopf. Blickte durch mich hindurch und schien alles Mögliche zu sehen, nur nicht mich.

»Es war der andere«, sagte er dumpf.

Ich hatte nicht die Absicht, mich dem Löschtrupp anzuschließen. Doch ich musste noch einmal da hinein. Es war heiß, und die Flammen züngelten an meinem dünnen Mantel und den Schuhen empor. Im Zirbelstüberl fand ich, was ich hatte liegen lassen: mein Feuerzeug mit den Initialen LH.

Zu Hause hörte ich Paulis Stimme auf dem AB.

»Ich muss dir was erzählen«, sagte er. »Das wird dich umhauen, Bruder. Ich komm am besten ganz schnell raus zu dir. Des hammer glei.«

Ein zweiter Anruf kam von Scholl. Er bat mich, sofort zu ihm zu kommen. Ich wollte ihn zurückrufen, doch sein Anschluss war belegt. Eigentlich wollte ich ja in Ruhe »Herrenhaus« sehen. Doch Scholl würde mich nicht zu sich bitten, wenn es nicht wichtig wäre. Es war das erste Mal, dass er mich vorlud. Ich fuhr hin.

Er begrüßte mich auf seine Weise. »Eigentlich müsste ich Sie verhaften«, sagte er.

»Hab keine Zeit für Witze«, sagte ich. »Was gibt's?«

»Der Priegel lässt Sie grüßen«, sagte er. »Seine Tochter Bettina hat ihn tatsächlich besucht. Ich hab lang darauf hinarbeiten müssen. Es muss allerdings ziemlich gekracht haben zwischen den beiden, sie hat ihm zum Abschied nicht einmal die Hand gegeben. Uns kann's wurscht sein, wir haben damit unser Pfand eingelöst. Übrigens: Bei dieser Metallpressensache scheint was rauszukommen, da hat Ihr Herr Pauli wahrscheinlich recht. Der Tote war tatsächlich am ›Märchenschloss‹ und einem weiteren Sexclub beteiligt. Es sieht also ganz nach Mord in der Szene aus.«

So lang am Stück hatte ich den Scholl selten reden hören. Ich überlegte grade, was er wohl in Wirklichkeit beabsichtigte, da platzte er schon damit heraus.

»Aber warum ich Sie eigentlich sprechen wollte, Ottakring.« Scholl lupfte die linke Augenbraue und sah mich direkt an. »Ich hab natürlich alle Pfändungen überprüfen lassen, die Horst Christnacht in den letzten Monaten durchgeführt hat. Daraus hätte sich ja ein Motiv für den Mord an ihm ergeben können. Hat es aber nicht. Und zur selben Zeit haben wir uns mit seiner Witwe befasst. Wissen Sie, was die uns am Ende gezeigt hat? Nein? Wissen Sie nicht? Können Sie auch nicht wissen. Schuldscheine hat sie uns gezeigt. Schuldscheine über Geld, das ihr Mann verliehen hat.«

Ein kleiner Nerv zuckte an meinem Kinn. Mir war Scholl nie verschlagen oder geheimniskrämerisch vorgekommen, und ich hatte Schwierigkeiten, ihm jetzt etwas Raffiniertes zuzutrauen. Doch ich ahnte bereits, was kommen würde. Zum Teufel, vielleicht hatte ich doch einen Fehler gemacht.

»Und wissen Sie, Ottakring, von wem zwei dieser Schuldscheine stammen? Nein? Ahnen Sie's nicht?«

Ich spürte eine sanfte Röte in meinem Gesicht aufsteigen.

»Von einem gewissen Harry Steiner.« Scholl starrte mich regungslos an. »Und wissen Sie auch, auf welche Summen diese Schuldscheine lauten? Nein? Sollten Sie aber, Ottakring. Es sind genau die Summen, nach denen Sie mich so harmlos bei Liebermann gefragt haben. Die Sie auf den Bierdeckel gemalt haben. Sechzigtausend und fünfundfünfzigtausend. Können Sie sich da einen Reim drauf machen?«

Er machte eine Pause und eine Miene, der nicht anzusehen war, was in ihm vorging.

»Seltsam, nicht? Jedenfalls erwarte ich jetzt endgültig Ihre Kooperation.«

Die sagte ich ihm zu. Nicht aus Not, nein, aus reiner Sympathie. Ich hatte bereits die Klinke in der Hand, als er noch einmal ansetzte.

»Ach, übrigens, Ottakring. Haben Sie nicht eine Nachbarin, die Steiner heißt?«

»Steiner, ja«, wiederholte ich.

»Wissen Sie auch, wie die mit Vornamen heißt?«

»Martina, glaub ich«, sagte ich. »Nein, Martha.«

»Weil sich nämlich eine Martha Steiner in der JVA angemeldet hat. Sie möchte Priegel besuchen.«

Ich fühlte mich wie gerädert. Unendlich blamiert. Obwohl Scholl mich nicht komplett geschlachtet hatte. Er hatte mir sogar noch erklärt, was es mit den Schuldscheinen auf sich hatte. Christnacht hatte demnach in größerem Stil Geld verliehen. Die unterschriebenen Schuldanerkenntnisse hatte er vorsichtshalber seiner Frau, die eingeweiht war, überlassen. Sie sollte sie als Sicherheit für den zwölfjährigen Max aufbewahren, was sie auch tat.

Während ich in meiner Wohnung auf und ab ging und auf Pauli wartete, klingelte es. Herr Huber schlug an, senkte dann aber den Kopf und schnüffelte durch den unteren Türschlitz.

»Herr Offelkring, Herr Offelkring!«

Wenn der liebe Gott sich nicht zu erkennen geben will, verleiht er seiner Vorsehung einen Namen: Zufall. Frau Steiner stand vor der Tür. Die arme Frau war wieder einmal vollkommen aufgelöst. Beide Augenlider waren außer Kontrolle geraten und zuckten ununterbrochen.

»Was ist?«, fragte ich und trat vor die Tür.

Offenbar war heute ein besonderer Tag. Ich musste aufpassen, denn ich befand mich in dem gefährlichen Alter zwischen Geburt und Tod.

»Ich kann mir nicht mehr helfen. Ich muss Sie jetzt was fragen, Herr Ogelfing.«

»Ottakring.«

»Ottelkrring. Darf ich reinkommen?«

»Ottakring. Nein. Ja, doch.«

Die Steinerin hielt die Arme vor dem Körper verschränkt und hatte keine Schürze um.

Ich ließ sie ins Entree, nicht weiter. Herrn Hubers knallweiße Schwanzspitze trommelte gegen den polierten Holzkasten der bischöflichen Standuhr. Es roch nach verblühten Rosen.

Sie behielt die Arme verschränkt.

»Sie riechen nach Rauch«, sagte sie. »Nach Rauch. Nach Brand. Nach Feuer.«

Erst da fiel mir ein, dass ich mich seit Liebermanns Brand noch nicht umgezogen hatte. Ich schnupperte an meiner Schulter. Natürlich. Es roch.

»Sie müssen mir helfen, Herr Ottakring. Ich weiß nicht mehr aus noch ein.«

»Wegen Harry?«

Sie nickte heftig. »Der Harry, ja. Seit Tagen ist er nicht mehr heimgekommen. Er hat mich angerufen, da war er total betrunken. Ich hab ja solche Angst, dass er in dem Zustand Auto fährt. Der verliert noch seine Stelle deswegen. Verstehen Sie das, Herr Ottakring?«

Ich war stolz. Sie hatte meinen Namen zweimal richtig ausgesprochen.

»Und alles wegen dieser Frau? Wegen der er Sie schlecht behandelt hat?«

Bevor sie noch den Mund aufgemacht hatte, war ich mir sicher, dass sie nicht die Wahrheit sagen würde.

»Weiß ich nicht. Er hat mir ein-, zweimal Fotos von ihr hingehalten, und einmal war sie bei ihm im Auto, da hab ich sie aus der Entfernung gesehen.«

Ich stellte mich breitbeinig vor sie hin. »Frau Steiner. Sie haben geklingelt, und ich hab Sie reingelassen. Sie sind doch nicht hergekommen, um mir zu sagen, dass Sie noch Jungfrau sind. Was ist der Grund, aus dem Sie hier sind? Sagen Sie's mir. Oder gehen Sie wieder.«

Frau Steiner senkte die Arme und strich ihr Kleid glatt.

Ich warf einen Blick auf meine Armbanduhr.

»Ich glaub, der Harry ist nicht mehr ganz dicht«, sagte sie sehr leise. »Ich glaub …« Sie presste die Lippen zusammen und drehte den Kopf zur Seite, als ob sie draußen etwas hörte.

Auch ich horchte. Eine schwere Maschine tuckerte schwach vor sich hin. Das musste Pauli sein.

»Der Harry. Das wird doch nicht der Harry sein.« Frau Steiner flatterte wie ein in die Ecke getriebenes Huhn.

Wir lauschten beide. Der Motor verstummte. Nichts rührte sich.

»Ich glaub …«, wiederholte Frau Steiner nach einer Weile.

»Hallo, grüß Gott«, ertönte eine feste Stimme aus dem Wohnzimmer. »Stör ich?«

Ich erfuhr nicht mehr, was Frau Steiner glaubte. Ich kam auch nicht mehr dazu, sie zu fragen, was ich eigentlich hatte fragen wollen. Was zum Teufel sie denn in Stadelheim zu tun habe bei Herbert Priegel. Was denn der Grund dafür sei, dass sie einen Mörder besuchen wolle. Ich kam nicht mehr dazu. Auch dafür, sie auf die abgeschnittenen Rosen anzusprechen, war es zu spät.

Denn Pauli stand im Wohnzimmer. Er wurzelte breitbeinig und schwarz im Parkett wie Superman, der vom fliegenden Einsatz zurückkehrt.

Frau Steiner schaute kurz. Mit der Linken drückte sie auf ihre spärliche Frisur, als wäre da ein Hut oder als würde es regnen. Mit der Rechten riss sie die Tür auf und ruderte, ohne sich zu verabschieden, hinaus ins Freie.

»Wer war das denn?«, fragte Pauli.

Herr Huber rieb den Kopf an seinem Bein.

»Wie kommst du denn hier rein?«, fragte ich dagegen.

Er zeigte auf die Terrassentür.

»War ganz leicht zu knacken, das Teil. Du stinkst nach Rauch.«

»Ich weiß. ›Herrenhaus‹ kommt gleich«, sagte ich und wies auf den laufenden Fernseher.

»Alles klar. Willst du's hören oder nicht?«

»Natürlich will ich's sehen. Ist schließlich meine Lola.«

»Das, was ich dir zu sagen hab«, sagte Pauli. »Ob du das hören willst, Bruder.«

»Wenn's lohnt: ja. Aber schnell!«

»Also. Der Harry Steiner arbeitet bei diesem Safemax-Wachdienst in der Hochbrückenstraße in München. Da bin ich hingedüst. Die Einsatzzentrale befindet sich im ersten Stock. Lass dir erzählen …«

»… eine Leuchtkarte der Münchener City an der Breitwand, Straßenkarten mit Pins in verschiedenen Farben an den Seitenwänden und zwischen den beiden vergitterten Fenstern. Männer in brombeerfarbenen Uniformen saßen sich an ihren Schreibtischen gegenüber und hantierten mit Tastaturen, Telefonen, Schreibblöcken. Alles geschah ruhig und unaufgeregt. An der Tür klebte ein Nichtraucherschild. Der Einsatzleiter hat mir den Platz gezeigt, auf dem Harry Steiner normalerweise saß. ›Wenn er Einsatz hat. Meist ist er aber draußen‹, hat er gesagt. Wir gingen ins Dienstzimmer des Leiters. Ich hab ihn gefragt, ob's denn normal sei, dass der Harry öfters fehlt. ›Nein, das ist ungewöhnlich‹, hat er gesagt. ›Der ist immer korrekt, er meldet sich an und ab, ich kann mich auf ihn verlassen. Pünktlich. Schnell. Smart.‹

›Was ist eigentlich Harry Steiners Einsatzschwerpunkt?‹, hab ich gefragt.

Der EL hat nur gelacht. ›Rauchen‹, hat er gesagt. ›Der raucht wie ein Henker. – Nein, im Ernst‹, hat er sich korrigiert. ›Aufpassen, dass nicht eingebrochen wird. Bei Schlägereien einschreiten. Wachen, ordnen, schlichten – gemäß unserem Wahlspruch. Macht er gut und sehr diplomatisch, unser Harry.‹

›Das ›Märchenschloss?‹, hab ich gefragt.

›Ja.‹

›Coq d'Or?‹

›Ja, der auch.‹

›House of Wonders?‹

›Ja. Warum?‹, hat er gefragt.

›Ach, nur so. Das sind die einzigen Clubs, die ich kenne‹, hab ich gesagt.«

Pauli ließ Luft ab und nahm einen neuen Anlauf.

»Mit der Info wollt ich raus zu Ava Sorolla. Sie war wieder in der Stadt, das wusst ich. Beim ersten Schellen hat sie aufgemacht. Und dann hab ich die Frage gestellt, die ich schon lang hätte stellen sollen. Zur Bekräftigung hab ich am Amulett gedreht.« Er packte mich am Oberarm. »›Wie hat er ausgesehen, Nadines Freund? Beschreib ihn mir‹, hab ich gesagt …«

»… und die Beschreibung hat natürlich gepasst«, beendete Pauli seine Schilderung. Er warf seine Jacke auf die Couch und ließ sich auf den Platz daneben fallen. Die Tür zur Terrasse und zum Garten stand offen. Pauli neigte den Kopf und schloss die Augen. Eine späte Sommerfliege ließ sich unter einem Tränensack nieder.

»Da hat uns einer ganz schön ausgetrickst«, sagte ich wütend. Obwohl mir die Zusammenhänge längst klar waren. Es war eine Wut, die während Paulis Bericht wie Wasserblasen angestiegen war und nun zerplatzte. »Pauli. Kennst du einen Mann, blond, schlank mit beginnender Wampe, der oft so rumrennt wie du, wenn du deinen Landhaustick hast?«

»Hey, beruhig dich mal wieder. Du meinst, weites Trachtenhemd mit Stickereien und Landhaushose aus hellem weichem Leder? Zum Beispiel?«

»Brav«, sagte ich. »Dämmert's?«

»Yep. Ich hab den Mann nur ein-, zweimal gesehen. Aber – hammer glei!«

»Absolut. Also wirklich genau der, den wir vermutet haben, du und ich? Vernarbtes Gesicht, bayerischer Akzent, starker Raucher? Möchtest du mehr wissen?«

Ich konnte spüren, wie es bei Pauli knisterte. »Unbedingt«, sagte er.

»Also. Dass Nadine Stammgast in Bad Wiessee war, das weißt du ja. Dass Ava Sorolla auch manchmal dabei war, wird dich nicht überraschen. Dass aber unser Freund, von dem wir reden, dort eine prominente Größe und sogar dem Direktor namentlich bekannt ist, dürfte dich überraschen.«

»Ups!«, machte Pauli.

Es klingelte am Festnetz. Ich ließ es klingeln. Die Titelmelodie von »Herrenhaus« erklang aus dem Fernseher. Ich drehte ihn lauter und ließ den Anruf über den AB laufen. Es war zweiundzwanzig Uhr zweiundzwanzig.

Lola hatte sich für ein knielanges, leuchtend blaues Seidenkleid mit asymmetrischem Dekolleté entschieden. Eine schlichte Perlenkette zierte den schlanken Hals. Mit ihrer Erscheinung hätte sie auch als Königin auftreten können, fand ich.

Pauli schnalzte mit der Zunge.

Leichter Wind von der offenen Terrassentür bewegte die Vorhänge.

Wladimir Putin trug einen einfachen grauen Einreiher. Klein wirkte er, aber nicht fragil. Er gab sich leger, wenn er sich auch manchmal etwas linkisch bewegte, wie von einer Puppenschnur gezogen. Putins Augen irrten umher, waren minutenlang nicht auf Lola gerichtet. Dann wieder fixierte er sie so, als wolle er sie damit erdrücken. Er sprach deutsch.

Nach Kindheit, Kampfsportarten und Karrierestationen kam Lola auf seine Vermögensverhältnisse zu sprechen.

Umgerechnet einundachtzigtausend Dollar, sagte Putin, betrage sein jährliches Bruttoeinkommen. »Außerdem gehören mir unter anderem zwei Autos aus den sechziger Jahren, ich habe ein Barvermögen von hundertfünfzigtausend Dollar, eine kleine Wohnung und ein Stück Land.« Ein wenig schwermütig, schien es, blickte er Lola Herrenhaus an. Er rieb die Hände aneinander, als ob er damit Zeit gewinnen wollte.

»Und vier Komma fünf Prozent der Aktien von Gazprom?«, hakte Lola nach.

Putin lächelte.

»Und siebenunddreißig Prozent von Surgutneftegas? Geschätzter Marktwert zwanzig Milliarden Dollar?«

Auch diesmal dementierte Putin nicht.

»Ich liebe meine Frau«, sagte er. »Doch manchmal bin ich

entsetzlich einsam. Haben Sie das auch schon einmal erlebt? Haben Sie jemals jemanden verloren, den Sie lieben, Lola?«

Eine solche Frage hatte sie nicht erwartet. Sie wollte lächeln, brachte aber nur ein hilfloses Zucken ihrer Lippen zustande. Schaffte nur ein heiseres Räuspern. Doch dann behielt ihre Professionalität die Oberhand. Wie vor dem Standesbeamten antwortete sie mit ernstem Gesicht und gestelltem Lächeln:

»Ja, Herr Präsident, ich habe auch jemanden verloren, den ich sehr liebe. Doch mein Verlust muss nicht endgültig sein. Das verlorene Kind kann jederzeit zu mir zurückkommen.«

Bei den letzten Worten hatte sie den Kopf gewandt und sah aus dem Fernsehgerät heraus direkt zu mir her. Die gleiche Situation hatte ich schon einmal erlebt: damals, als sie den hybriden Fußballspieler interviewt und mir die Trennung vor die Füße geschmissen hatte.

Putins amüsiertes Lächeln sah ich wie durch einen Schleier.

Pauli war aufgesprungen und schaute begeistert zu mir herunter.

Ich musste mich abwenden. Einen Ottakring unter Tränen sollte Pauli nicht erleben.

»Donnerwetter!«, sagte Pauli. »Du flennst ja.«

Lola hatte mich durch dieses Ja an einen Abgrund gestellt. Ich wusste nicht, was ich mit ihrer Aussage anfangen sollte. Spontan wollte ich im Sender anrufen, doch Pauli stoppte mich. Ich ging ins Arbeitszimmer und hörte den AB ab.

Neugierig stellte Pauli die Frage, deren Antwort ihn eigentlich nichts anging. »Erzähl, wer hat so spät noch angerufen? Wer hat auf deine Mailbox gesprochen?«

Ich hob den Kopf und sah ihn an. »Es war Chili. Ihr geht's verhältnismäßig gut. Aber sie will weiter Urlaub nehmen und vorerst in Flensburg bleiben, sagt sie. Jetzt brauch ich erst mal ein Weißbier. Du auch?«

»Hammer glei. Ich geh eins holen.«

Ich stieß mit Pauli an, nach gutbayerischer Art mit dem Fuß des Glases gegeneinander.

197

»Kannst du dir denken, wo die Zigarettenkippen her sind?«, fragte ich Pauli.

Pauli schnüffelte.

Herr Huber schnüffelte.

»Nicht hier. Hier raucht doch keiner«, sagte ich. »Ich mein zum einen die Kippe, die ich in Litzldorf aufgesammelt hab.«

Pauli reagierte noch immer nicht, obwohl ich ihm irgendwann davon erzählt hatte.

»Scholl hat mir das Untersuchungsergebnis mitgeteilt.«

Aha. Plötzlich leuchteten Paulis Augen auf. Er schien sich zu erinnern.

Ich fuhr fort.

»Die eine der beiden Kippen stammt von dort. Jemand hat sie neben dieser Hecke weggeworfen. Direkt neben der Stelle, wo die Handtasche im Busch hing. Na ja. Das wär ja noch irgendwie normal. Aber jetzt kommt's. Die anderen Kippen stammen aus meinem Garten. Verstehst du? Aus meinem Garten! Ich hab sie zwischen den Rosen aufgelesen und vorsichtshalber mit untersuchen lassen. Der berühmte Kommissar Intuition. So. Und jetzt halt dich fest. Alle Kippen, die aus Litzldorf und die von hier …«, ich machte eine Geste zum dunklen Garten hin, »… sind vom selben Raucher. Du ahnst, was das bedeutet?«

Damit lehnte ich mich zufrieden zurück und schaute Pauli in die Augen.

Pauli sah sich um, als suche er etwas, und stellte sich vor mich hin. Er sah auf mich hinunter und wippte ein bisschen auf den Sohlen auf und ab. Die Hände hielt er in den Taschen seiner Lederhose vergraben.

»Das trifft sich punktgenau mit der Info, die ich dir noch schuldig bin«, sagte er.

Seine Stimme klang hohl.

»Dann weißt du natürlich auch, wer der geheimnisvolle Freund von der Nadine gewesen ist?«

Schlagartig war der Fall geklärt. Wir mussten ihn nur noch finden, unseren Doppelmörder.

ACHTZEHN

Das sind gute Voraussetzungen für ein Verhör, wenn einer schon am Ende ist. Müdigkeit ist wie ein verhangener Himmel vor dem Dunkelwerden. Ich musste es durchziehen. Herrn Huber packte ich nach draußen in den Porsche, um nachher ungestört zu sein. Er mochte die kühle Einsamkeit der Tiefgarage, redete ich mir ein.

Harry Steiner kam noch in derselben Nacht nach Hause. Ich schnappte ihn mir, als er drüben die Haustür aufsperrte.

»Kommst du mit zu mir?«, fragte ich ihn, vorbereitet auf ein Nein oder einen Fußtritt oder auf Tränen.

Harry Steiner nickte. Er war noch nicht in dem Zustand, dass er sich die Hosen über den Kopf hätte ausziehen wollen, doch an den Schleifen, die er über den Kies der Einfahrt zog, merkte ich, wie besoffen er war.

»Müde«, sagte er immer wieder, »müd bin ich. Ich will schlafen.«

Ich schaffte ihn ins Haus.

»Harry«, sagte ich, »hast du das Feuer bei Liebermann gelegt?«

»Warum?«, sagte Harry.

»Warum nicht? Du stinkst nach Rauch. Schau dich doch an. Wenn deine Mutter dich so sehen würde, sie würde sich vor Scham in ihre Schürze wickeln.«

Harry verfiel in trotziges Schweigen. Ohne zu fragen, griff er in die Hemdtasche und zündete sich eine Zigarette an. Ich stellte ihm einen Aschenbecher hin. Wir saßen im Wohnzimmer, Harry von mir abgewandt auf der hellen Couch, ich im Ledersessel gegenüber. Die Tür zum Arbeitszimmer war angelehnt.

»Also?«, sagte ich bestimmt. »Warum hast du das getan?«

Er drehte den Kopf in meine Richtung, inhalierte den Rauch aus der Zigarette mit gespitzten Lippen. Ich hatte schon vor, die Strategie zu wechseln, da kam Leben in seine Augen.

»Harry«, sagte ich. »Kannst du mich hören? Harry Steiner!«

Er nickte mit gesenktem Kopf.

»Also ja?«

Er nickte wieder. Zerdrückte die Zigarette im Aschenbecher.

»Ich möchte es hören. Hast du das Feuer dort gelegt? Den Laden vom Liebermann in Brand gesteckt?«

Er fuhr mit der Zungenspitze durch die Kieferhöhle, was seine Wangen weitete und seine Narben noch sichtbarer machte.

»Ja«, sagte er schließlich und zündete sich eine neue an.

Harry Steiner rauchte Zigaretten nicht, er fraß sie.

»Du hast dem alten Liebermann eins auswischen wollen, nicht?«

Er schüttelte den Kopf. »Dem Georg«, sagte er. »Dass der mich nicht verpfeift. Der sitzt doch.«

Die Logik verstand ich zwar nicht ganz, doch ich wollte mich nicht weiter auf diesem Nebenkriegsschauplatz aufhalten. »Der Georg hat dir damals den Kahn besorgt, hab ich recht?«, sagte ich betont lässig.

Jetzt sah Harry mir in die Augen. Er wollte sprechen, das merkte ich, aber er fand entweder die Worte nicht oder er war kurz vor einem Tränenerguss. Sein Gesicht sah aus, als würde es von unsichtbaren Händen zusammengepresst. Die dunklen Ringe unter seinen Augen zeugten von Nervosität und schlaflosen Nächten. Schon aus der Art, wie seine Mutter mir ihre Sorgen geklagt hatte, konnte ich schließen, wie sich ihr Sohn in kurzer Zeit verändert hatte. Dieser Wandel war an seinem Gesicht abzulesen, an seinem Verhalten … Es würde nicht lange dauern, da würde Harry Steiner zusammenbrechen, da war ich mir sicher. Er war gewiss nicht der eiskalte Killertyp.

»Magst noch ein Bier?«, fragte ich ihn.

Gierig nickte er.

Harry hatte seine total verdreckten Schuhe draußen im Flur ausgezogen, das Trachtenhemd über der Brust geöffnet. Mit den Händen in den Taschen presste er den Rücken gegen die Couch.

»Zuerst hat dir also der Georg den Kahn organisiert. Er ist mit dem Kahn seines Vaters hinübergerudert, das war nicht weiter auffällig. Der Kahn wurde nachher nicht etwa geklaut, sondern Georg hat ihn für dich an anderer Stelle versteckt und behauptet, er sei weg. Stimmt's?«

Mit Georgs Drogenvergangenheit und seinem Dauerbedarf hatte der smarte Harry ihn im Griff. Und Vater Liebermann hielt dicht. Manchmal verwechselte er auch ein paar Fakten. Georg war einfach labil und weder Harry noch seinem Vater gewachsen.

Harry rutschte auf seinem Hintern hin und her. Fast regelmäßig war ich früher Leuten begegnet, die froh waren, aussagen zu können. Zuerst haben sie geschwiegen, gelogen, haben Ausreden erfunden und sich dabei verhaspelt oder versucht, mir Fallen zu stellen. Von einem bestimmten Punkt an aber machten sie den Mund auf und wollten die für sie äußerst unangenehme Situation eines Verhörs schleunigst hinter sich bringen.

So einer war Harry Steiner. Nicht allein Dünnhäutigkeit würde ihn alles gestehen lassen, sondern seine abgrundtiefe Verzweiflung.

»Dass du die beiden im Boot erschossen hast, Harry, das weiß ich. Ich weiß bloß nicht, warum. Willst du es mir erklären?«

Vor ein paar Tagen noch hätte Harry sich geziert, womöglich alles abgestritten. Der Dauerstress jedoch, die Schlaflosigkeit und der Alkohol öffneten nun alle Schranken.

Er hatte Nadine vorgespielt, er wolle sich bei Giorgio Bellini als Wachmann bewerben, und sie unter diesem Vorwand in dessen Wohnung gelockt. Dort band er Bellini an einen Stuhl, drohte ihm, seine Bilder aufzuschlitzen, seine Wohnung anzuzünden. Helen zwang er, zuzusehen.

»War nicht weiter schwierig. Der Depp war gelähmt vor lauter Angst«, klärte Harry mich auf. »Die Nadine wollte mich verlassen. Dass sie mit dem Bellini zusammen ist, das hab ich ja gewusst. Das hab ich noch vertragen können. Aber wie dann noch der Christnacht dazwischenkam …«

Ich ließ mich von Harry eine Minute lang betrachten. Seine Finger bewiesen, wie es in ihm arbeitete. Der rechte Oberschenkel pumpte wie ein Kraftwerk.

Um uns herum herrschte Stille.

»Die hat ja auch noch mit dem Christnacht rumgemacht. Der, bei dem ich die Schulden gehabt hab.« Harry schluchzte. »Ich hab sie zur Rede gestellt. Und dann ist mir die Hand ausgerutscht. Ich war so sauer auf sie, das glauben Sie nicht. Das hat sie nicht vertragen – meine Nadine.«

Er musste unterbrechen.

Ich reichte ihm eine Serviette.

»Dann hat der Bellini das rausgekriegt, das mit uns … Er ist auf mich losgegangen, der Depp. Ich wollt Nadine zurückgewinnen. Ich hab ihr Rosen gebracht, aber die hat sie auf den Boden geschmissen.«

Welche Rosen das waren, sagte er nicht, und ich fragte nicht nach.

Harry hatte die beiden aus Bellinis Wohnung zu seinem Astra dirigiert, sie gefesselt und mit Gewalt in den Kofferraum gezwängt. Er fuhr mit ihnen nach Litzldorf, vierzig Kilometer westlich des Chiemsees. Dass Harry Steiner zu diesem Zeitpunkt nicht die Absicht hatte, seine Gefangenen zu töten, nahm ich ihm nicht ab. Georg hatte ja schon für ihn in der Hirschauer Bucht den Kahn entführt. Und Harry hatte die verschmähten Rosen den ganzen Weg aus München heraus mitgenommen.

»Einen Schreck hab ich dem Bellini einjagen wollen. Und meiner Nadine zeigen, wie lieb ich sie hab. Ich wollt sie doch behalten.«

Ein Irrwitz.

Er parkte den Astra abseits der Zivilisation in einer leer stehenden Scheune, die er kannte. Er legte Nadine ins Heu und band sie mit dem Abschleppseil an einen Pfosten.

»Da hat der Alte mich beschimpft«, brüllte Harry mich an. »›Schwein‹ hat er mich genannt, und dass ich keinen hochkrieg.«

Die volle Regentonne vor der Scheune und Nadines schwarzes Top aus hundert Prozent Polyester waren hilfreich. Das Top breitete er über Bellinis Gesicht, mit einer leeren Bierdose schöpfte er Wasser und träufelte es gemächlich und immer wieder auf die Vertiefung des Mundes in dem Tuch, wie er es einst bei den Rangers gelernt hatte. Der Stoff saugte sich fest, Bellini inhalierte die Wassertröpfchen direkt in die Lungen. Er muss lange gelitten haben. »Ich wollte, dass er mir die Nadine überlässt. ›Sag's, hab ich ihm gesagt. Sag, dass du die Nadine freigibst.‹« In der Scheune stob währenddessen Harrys Sexualorkan über Nadine hinweg. »Dem hab ich's gezeigt, dem Sauhund, dem fetten, von wegen keinen hochkriegen. Und dann hab ich die zwei ins Auto gesetzt und bin mit ihnen um den See herum in die Bucht gefahren, hin zum Kahn. Mit ihren Rosen hinten drin.«

Ich wartete eine Weile, um ihn weiterreden zu lassen. Doch die Pause wurde zu lang. Sein Kopf knickte zur Seite, die Augen waren glasig und halb geschlossen.

Ich meinte, ein leises Wimmern zu hören. Ich warf einen Blick zur Arbeitszimmertür.

Harry wach zu halten war nun oberstes Gebot.

»Und?«, rief ich ihm ins Gesicht. Ich tat absichtlich unbedarft. »Wo hast du sie dann erschossen? Im Schilf?«

Die Frage störte Harrys Ehrgeiz. Er überwand seine Müdigkeit.

»Sie sind ein blöder Kerl«, rief er zurück. »Ihr habt doch die Löcher im Kahn gefunden, oder? Außerdem hätten die Pathologen gemerkt, wenn ich sie über die Bordwand gehievt hätte.«

Erstaunlich, wie Harry es zwischendurch schaffte, klar zu denken und sich auszudrücken. Auf der anderen Seite musste er, um einen Schluck zu trinken, das Glas mit beiden Händen festhalten.

»Also im Kahn erschossen«, sagte ich halblaut.

Harry Steiner wollte die ganze Sache endlich loswerden.

Er hatte sein verrauchtes Leinenhemd bis unten hin aufgeknöpft, die Bauchdecke vibrierte, er sprach in kurzen, abgehackten Sätzen.

»Ja. Im Kahn. Zuerst Nadine in die Stirn, dann ihn in sein verdammtes Gesicht. Er hat zusehen sollen, wie ich es tu. Ihm wollt ich das Gesicht wegblasen. Nix mehr übrig bleiben sollte davon. Der Hund, der verreckte.«

Er lachte mich kurz an. Lautlos. Dann barg er das Gesicht in beide Hände und schluchzte endlos. »Sie glauben ja nicht, wie das war. Abzudrücken. Der ganze Scheiß. Nadine. Nadine!«

»Wie geht das, ein Gesicht wegblasen?«, fragte ich nach, bevor's zu spät war, und schielte in Richtung Tür.

»Du lässt ihn ein Maul voll Wasser nehmen, hältst ihm die

Knarre an die Zähne und drückst ab. Leitsatz Nummer fünf, Rangerlehrgang.«

Mit einem Mal verzog Harry Steiner das Gesicht. Er stand auf, wankend, halb weinend, und erklärte: »Aber bevor es so weit war, hab ich dem Bellini die Pistole in die Hand gedrückt und einmal in die Luft schießen lassen. Pffff.«

Er hatte große Mühe, den Arm auszustrecken, um mir den blinden Schuss vorzuführen. Er breitete die Arme aus, ballte die Hände zu Fäusten und blickte an sich hinunter, als habe er sich selbst noch nie zuvor gesehen.

»Pffff.«

Er lachte durch Tränen und eine laufende Nase hindurch, bevor er trunkenheitsbedingt nach hinten auf die Couch plumpste.

»Ich hab sie doch geliebt«, faselte er noch im Fallen.

»Ich hab sie doch geliebt.« Wie oft ich diese Phrase schon gehört habe in meinem Kriminaler-Leben. Sie macht mich jedes Mal wahnsinnig.

Die Tür zum Arbeitszimmer, die bisher angelehnt gewesen war, öffnete sich weit. Zuerst tauchte Scholls Kopf auf, dann der ganze Kerl.

»Der Abklatsch an Bellinis Hand«, sagte Scholl, »daher also.« Der Chef der Rosenheimer Mordkommission wirkte entspannt, beinahe zufrieden. »Danke, Ottakring, für Ihre Kooperation«, sagte er. »Ihr Plan hat funktioniert. Ich hab alles erfasst.«

Er machte kehrt und ging zurück ins Arbeitszimmer.

»Kommen Sie, Frau Steiner«, hörte ich ihn sagen.

Er schob die verdorrte Frau ins Wohnzimmer.

Frau Steiner stürzte sofort auf ihren Sohn zu und breitete die Schürze über ihn.

»Wie Sie vermutet haben: Sie konnte nicht glauben, dass ihr Sohn ein Mörder ist«, sagte Scholl an mich gerichtet. »Wenn sie sich beruhigt hat, wird sie uns den Rest erzählen.«

Scholl wandte sich zum Fenster und schaute hinaus in die Dunkelheit. »Wir werden erfahren – und das haben wir inzwischen auch ermittelt –, dass Harry Grafiker gelernt hat. Er war sehr begabt. Deswegen haben wir leider erst sehr spät erkannt, dass der Brief gefälscht war.«

Mir ging ein Licht auf. Natürlich, Harry hatte den Abschieds-brief in Bellinis Wohnung gefälscht. Hätte man wissen können. Nein, wissen müssen. Ich sollte meine Dosis an Spezialtablet-ten erhöhen, um meinen früheren Scharfblick wiederzuerlan-gen.

Scholls Stimme war jetzt leicht belegt. »Ich gebe zu, eine Zeit lang war ich verbohrt in meine Selbstmordtheorie. Vielleicht ist uns die SIG Sauer auch deshalb entgangen.«

»Wie, entgangen?«

»Na ja, wir haben gerade erst rausgefunden, dass die SIG Sau-er, mit der Harry Steiner die Esterding und den Bellini erschos-sen hat, schon einmal in der Kriminalgeschichte existiert hat. Sie werden sich bestimmt daran erinnern können, Ottakring, nicht wahr.« Zur Betonung lupfte er die linke Augenbraue und sah mir jetzt direkt in die Augen.

»Sagen Sie bloß«, sagte ich und schwang Scholl zu mir herum. »Die gleiche SIG wie in meinem ersten Priegelfall vor zwanzig Jahren? Die wurde doch sichergestellt damals. Wie kommt die in Harry Steiners Hand?«

»Weil er sein Sohn ist«, kam es von der Couch. Frau Steiner hatte sich neben Harry gesetzt und hielt seine Hand. »Es hat von Anfang an eine zweite Pistole dieses Typs gegeben. Ich hab sie in einer Schublade ...« Der Rest ging unter in hemmungslosem Weinen.

Harry schnarchte neben seiner Mutter.

Mit einem Schlag begriff ich. Harry Steiner sah Herbert Prie-gel sehr ähnlich. Die lange, hagere Gestalt, der schmale Kopf, der hüpfende Adamsapfel, die Augen. Es war einfach zu abwe-gig gewesen, um vorher draufzukommen oder sich mit einer so absurden Idee überhaupt zu beschäftigen.

Zwei Polizeibeamte hatten draußen gewartet. Behutsam ho-ben sie Harry von der Couch und legten ihm Handschellen an.

Ich war ans Fenster getreten.

Scholl stellte sich neben mich. »Mist«, sagte er. Niedrige Stirn. Tief liegende Augen. Heruntergezogene Lefzen. Er sah zer-knirscht aus. »Hätten wir natürlich viel früher rausfinden müs-sen. Die Steiner hat ihren damaligen Lover jedes Jahr einmal besucht. Im letzten Jahr dreimal. Sie war seine Geliebte gewesen nach der Trennung von seiner Frau.«

Eine tiefe Falte hatte sich auf seiner Stirn gebildet. »Klar, dass sie ihm von den Problemen seines Sohnes berichtet hat. Von Harry wusste er ja schon die ganze Zeit. Für ihn hat Priegel auch den Christnacht erschossen«, sagte Scholl und schaute auf die Uhr. »Das mit dem Paradiesapfel von dem kleinen Max war nur ein Vorgeplänkel. Christnacht hat von Harry wiederholt sein Geld zurückverlangt. Harry hatte keine Chance und wäre dann komplett pleite gewesen. Er hatte ja alles im Kasino verspielt. Und dem wollte Priegel zuvorkommen. Ein liebender Vater eben.«

Ich holte Christnachts dünnen grünen Ordner aus dem Schrank und gab ihn schweigend und ohne schlechtes Gewissen an Scholl weiter.

»Hab ich doch schon immer behauptet«, sagte ich und hob mein Glas. »Das Böse ist vererbbar.«

Ich wachte auf von einem Kuss.

»Liebst du mich noch?«, hörte ich eine weiche, kehlige Stimme sagen.

Eine Strähne braunen Haares kitzelte meine Nase. Eine Hand strich sanft über meinen Kopf. Dann blickte ich in leuchtend goldbraune Augen.

Lolas Augen.

»Warum bringen wir nicht unser Chaos in Ordnung?«, sagte sie und stellte eine Flasche Champagner mit zwei Gläsern auf dem Nachttisch ab.

Statt einer Antwort vergrub ich mein Gesicht an ihrem Hals.

Sie flüsterte leise Worte in mein Ohr und küsste mich zwischen den Sätzen überallhin.

Ich setzte mich im Bett auf, um den Champagner mit ihr zu trinken. Nach jedem Schluck begegneten sich unsere Blicke, und wir sprachen kaum ein Wort dabei. Wir berührten, berochen und beleckten uns. Als die eine Flasche leer war, zauberte Lola eine neue hervor. Ich wälzte mich herum und legte den Arm um ihre Hüfte. Ich schlug die Zähne in ihre nackte Schulter und zog mich in sie hinein.

Unsere Schreie hallten durch die Wohnung, drangen durch die Fenster nach draußen, und das Echo von der Hauswand gegenüber hätte durchaus Frau Steiner, den Notarzt oder gar die Mordkommission alarmieren können. Wir drangen in bisher noch nie erlebte Tiefen unserer Liebe vor und lagen später ausgepumpt und verschwitzt nebeneinander auf dem Rücken.

Lola nahm meine Hand und murmelte: »Du hast meine Frage noch nicht beantwortet.«

»Welche Frage?«

»Liebst du mich noch?«

»Heute Nacht nicht mehr«, brummte ich.

Hannsdieter Loy
ROSENSCHMERZ
Broschur, 224 Seiten
ISBN 978-3-89705-614-5

»*Ein unterhaltsam geschriebener Kriminalroman.*«
Radio Charivari Oberbayern

»*Für Krimifans einfach ein Genuss.*« Bayern im Buch

Hannsdieter Loy
ROSENMÖRDER
Broschur, 240 Seiten
ISBN 978-3-89705-686-2

»*Indem Loy in seinen ›Rosenmörder‹ immer wieder überraschende Wendungen einbaut, konstruiert er einen kontinuierlichen Spannungsbogen, der die Handlung stetig vorantreibt.*« Oberbayerisches Volksblatt

www.emons-verlag.de